LES PROCESSUS CG

BTS CG 1re et 2e années

Édition 2023-2024

PROCESSUS 2

Contrôle et production de l'information financière

Sous la direction de Christine Darlay

Florence Boudet
Jacques Boutet
Éric Favro
Jean-Philippe Gonzalez
Dominique Lami-Barbieri
Dominique Legros
Karine Rouchon
Emmanuelle Sardain
Régis Tombarel

+ liens avec le P7

Nathan TECHNIQUE

Édition : Angélique Brézillon
Conception maquette : Anne-Danielle Naname
Mise en pages : Anne-Danielle Naname
Conception couverture : Vincent Rioult et Lucas Cholewa
Infographies : Alexandre Leguedey
Fabrication : Emmanuelle Perrier
Code éditeur : 261878

ISBN : 978-2-09-501899-3

Avec ce livre, une licence i-Manuel 2.0

Le i-Manuel 2.0, un outil simple d'utilisation qui reprend l'ensemble des contenus de ce livre sous forme numérique et interactive.

Il permet d'accéder au contenu de ce manuel à tout moment et en tout lieu sur un ordinateur ou une tablette. L'utilisateur peut donc passer du papier au numérique et choisir le support qui lui convient le mieux selon le travail à faire et le lieu où il se trouve.

Une véritable interactivité entre l'enseignant et sa classe

- **Vidéoprojeter** en classe les activités, les documents et les corrections pour animer les cours et travailler collectivement.
- N **Feuilleter le livre papier enrichi et le télécharger** pour un usage sans connexion.
- N Bénéficier d'**une banque de ressources.**
- **Piloter la classe** en assurant le suivi du travail des élèves à distance et en cours (recevoir et envoyer du travail, faire des commentaires, intervenir en temps réel).
- **Intégrer et envoyer à la classe**, à un ou plusieurs élèves, **des documents personnels**.
- **Afficher les corrigés** ou la correction individuelle du travail de l'élève.
- **Imprimer** les documents nécessaires pour mettre les élèves en **situation d'examen**.

Des fonctionnalités innovantes pour favoriser l'intérêt, la motivation et l'implication des élèves

- **Saisir les réponses** en travaillant sur ordinateur ou tablette.
- **Faire les activités et les exercices**, préparer ou réviser le cours **en classe ou à la maison**.
- **Accéder** aux **ressources numériques**, vidéos, fichiers élèves (Word, Excel, GeoGebra...).
- **Sauvegarder** au **format Word** le travail effectué dans un dossier (classeur).
- **Envoyer le travail** au professeur.
- **S'enregistrer** pour les activités orales.
- **S'auto-évaluer**.

Toutes les infos et les tutos sur www.nathan.fr/i-manuel2

Avec ce livre, des ressources numériques en accès direct

Flashez les QR Codes avec votre smartphone ou saisissez les mini-liens associés pour accéder à des vidéos, animations, QCM...

BTS CG — L'ARTICULATION D'UN CHAPITRE

DÉCOUVERTE MISE EN COMPÉTENCE

REMÉDIATION APPROFONDISSEMENTS

MÉMORISATION

CONTEXTE

1

- Un rappel des compétences du référentiel
- Des liens P7 et PIX
- Une présentation du contexte professionnel et des missions

OBJECTIFS / TRAVAIL À FAIRE

2

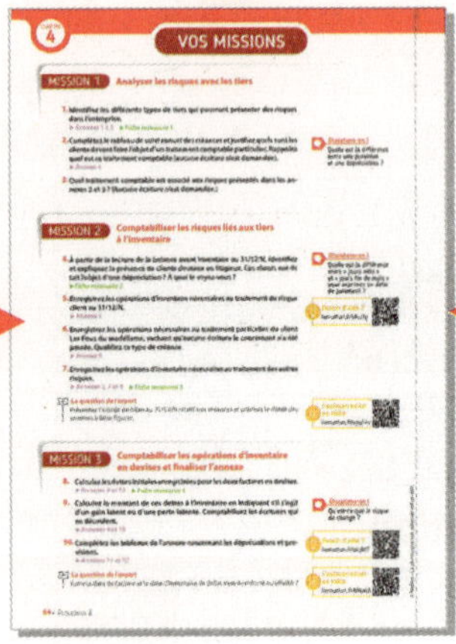

- Une présentation des missions à traiter (voir détail page 5)

DOSSIER PROFESSIONNEL

3

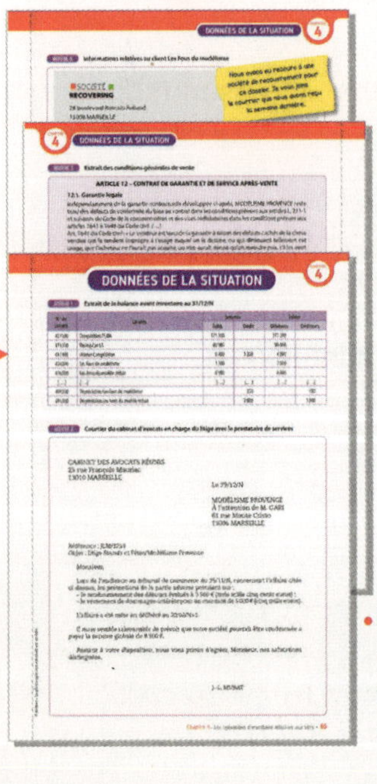

- Des annexes de forme variée : tableaux, dialogues, vidéos…

FICHES RESSOURCE NOTIONNELLES

4

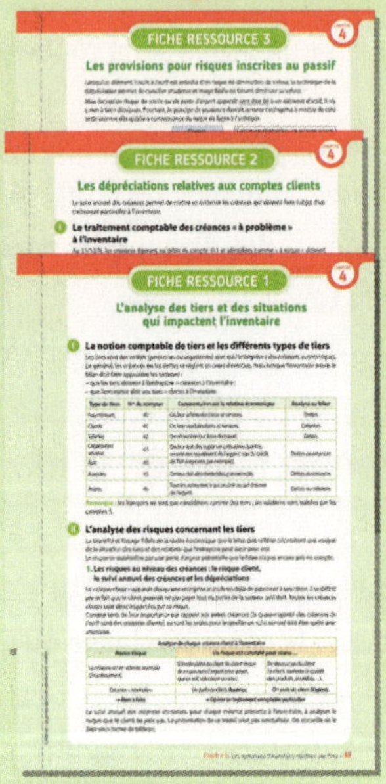

- Des fiches ressource détachables de 1 à 2 pages
- Une approche pratique, avec des exemples, des schémas, des tableaux…
- Pour vérifier ses acquis : « L'essentiel en une question » et sa réponse téléchargeable

APPLICATIONS

5

- Des applications variées (voir détail page 5)

SYNTHÈSE

6

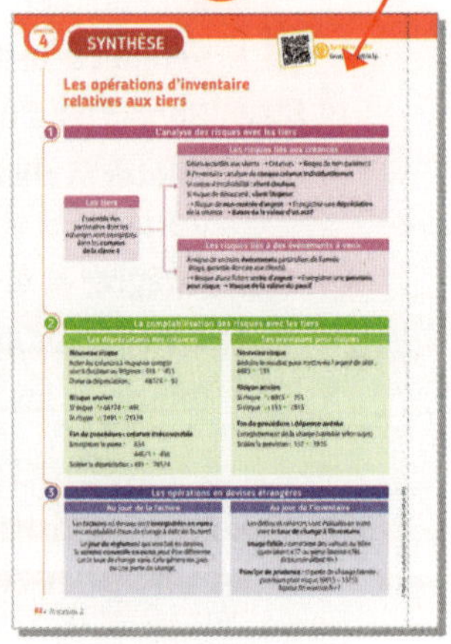

- Une synthèse en schéma, qui suit la progression des missions.
- Une bande audio associée à disposition des étudiants.

VOS MISSIONS

- Un questionnement guidant pour la découverte des notions
- Une utilisation progressive des annexes et ressources notionnelles

CHAPITRE 4

VOS MISSIONS

MISSION 1 Analyser les risques avec les tiers

1. Identifiez les différents types de tiers qui pourront présenter des risques dans l'entreprise.
▸ Annexes 1 à 3 ▸ Fiche ressource 1
2. Complétez le tableau de suivi annuel des créances et justifiez quels sont les clients devant faire l'objet d'un traitement comptable particulier. Rappelez quel est ce traitement comptable (aucune écriture n'est demandée).
▸ Annexe 4
3. Quel traitement comptable est associé aux risques présentés dans les annexes 2 et 3 ? (Aucune écriture n'est demandée.)

Discutons-en ! Quelle est la différence entre une provision et une dépréciation ?

MISSION 2 Comptabiliser les risques liés aux tiers à l'inventaire

4. À partir de la lecture de la balance avant inventaire au 31/12/N, identifiez et expliquez la présence de clients douteux ou litigieux. Ces clients ont-ils fait l'objet d'une dépréciation ? À quoi le voyez-vous ?
▸ Fiche ressource 2
5. Enregistrez les opérations d'inventaire nécessaires au traitement du risque client au 31/12/N.
▸ Annexe 5
6. Enregistrez les opérations nécessaires au traitement particulier du client Les Fous du modélisme, sachant qu'aucune écriture le concernant n'a été passée. Qualifiez ce type de créance.
▸ Annexe 6
7. Enregistrez les opérations d'inventaire nécessaires au traitement des autres risques.
▸ Annexes 2, 7 et 8 ▸ Fiche ressource 3

La question de l'expert
Présentez l'extrait de bilan au 31/12/N relatif aux créances et précisez le détail des sommes à faire figurer.

Discutons-en ! Quelle est la différence entre « jours nets » et « jours fin de mois » pour exprimer un délai de paiement ?

Besoin d'aide ? liennathan.fr/48uz7g

L'autocorrection en vidéo liennathan.fr/wpq74u

Gestion des séquences :

- Un découpage du travail en 2 ou 3 missions au rythme des séances.
- Verbes d'action, mise en compétence

Gestion du temps :

- Un questionnement court, limité, réparti entre les missions

Pédagogie différenciée :

- Il reste un peu de temps avant la fin de la séance ? **Discutons-en !** Un sujet pratique ou d'actualité, en lien avec la mission, est proposé. Un corrigé est disponible pour l'enseignant.
- **Besoin d'aide ?**
Des supports téléchargeables pour faciliter le travail sur une question donnée.
- Envie d'aller plus loin ?
La question de l'expert est accessible en toute autonomie : un corrigé en vidéo accessible *via* QR Code permet l'autocorrection.

APPLICATIONS

Des ateliers PGI

- Répartis dans l'ouvrage, portant sur des thèmes communs à plusieurs chapitres (voir sommaire page 10)
- Travaux proposés en lien avec la base Jupiter Média de EBP, mobilisable dans les processus 1, 2 et 4
- Fiche de travail à télécharger

ATELIER PGI Enregistrer les opérations d'inventaire relatives aux tiers

ebp

Chapitre concerné :
Chapitre 4 :
Les opérations d'inventaire relatives aux tiers

Téléchargez la fiche de travail liennathan.fr/2t63bp PDF

Une série d'Exos flash

- Un quiz interactif de 10 questions dans chaque chapitre
- Plusieurs exercices courts, portant généralement sur des aspects techniques, pour acquérir des réflexes

EXOS FLASH

EXO 1 Quiz interactif

Testez vos connaissances sur ce chapitre avec le quiz en ligne.
liennathan.fr/8dc2g2

Votre score

EXO 2 Réaliser un suivi annuel des créances

Le comptable de l'entreprise Bruneau souhaite repérer les créances « à problème ».

- Dans le tableau ci-dessous, en suivant l'exemple de la première ligne, calculez la date d'échéance de la créance puis indiquez s'il faut réaliser un traitement ou s'il n'y a rien à faire à l'inventaire du 31/12/N.

Créance	Montant TTC	Date de facture	Délai de paiement (en jours)	Typologie de délai (FM = fin de mois, N = nets)	Date d'échéance	Rien à faire	Traitement à opérer
a	15 000	18/11	60	FM	31/01	☑	☐

APPLICATIONS CHAPITRE 4

ENTRAÎNEMENT AU BTS 1 Mettre à jour les dépréciations des créances clients ★☆☆

Vous effectuez un stage dans l'entreprise Chauf'Sol, spécialiste dans l'installation et la maintenance de panneaux photovoltaïques.

Votre tutrice, Mme Griba, doit procéder à la clôture des comptes. Elle vous demande de traiter le dossier des créances afin de les évaluer correctement et de procéder à toutes les régularisations qui s'imposent.

La consultation des documents comptables vous a permis d'élaborer un tableau récapitulatif (annexe 1).

Mme Griba vous a également remis quelques notes sur les clients douteux (annexe 2).

P7 1 Réalisez (éventuellement avec l'aide d'un tableur) le tableau de mise en évidence des ajustements des dépréciations clients nécessaire au 31/12/N.
2 Enregistrez ces dépréciations au journal.
3 Présentez le compte de dépréciations des créances de l'entreprise puis ex-

ANNEXE 1 Tableau récapitulatif des anciennes créances

Clients	Créances TTC au 31/12/N-1	Règlement pendant l'exercice N	Dépréciations au 31/12/N-1
Alerte	7 620,00	4 020,00	1 587,50
Bernardin	5 304,00		1 989,00

Des entraînements au BTS

- Il s'agit d'exercices plus longs, contextualisés, classés par niveau de difficulté.
- Ils proposent une mise en compétence technique et des analyses diverses, comme demandé à l'examen.

SOMMAIRE

SOMMAIRE DES FICHES RESSOURCE

SOMMAIRE DES ATELIERS PGI

ebp SOLUTIONS DE GESTION — liens avec le P7

Ces ateliers PGI sont proposés en lien avec la base **Jupiter Média mise à disposition** par EBP.

Cette base couvre les modules Comptabilité, Immobilisations, Paie et Gestion commerciale ; elle répond aux besoins du référentiel de BTS CG (les composantes d'activités sont mentionnées ci-dessous entre parenthèses).

CHAPITRE 1

La veille réglementaire nécessaire à l'établissement des comptes

Activité	Composantes d'activité	Compétences	P7
2.1. Conduite d'une veille réglementaire nécessaire à l'établissement des comptes	**2.1.1.** Identification des évolutions de la réglementation comptable et fiscale **2.1.2.** Formulation de propositions et conseils sur les options comptables favorables	– Identifier les évolutions de la réglementation et les informations pertinentes au regard de situations de gestion rencontrées – Formuler des propositions répondant aux besoins de l'organisation et aux choix des dirigeants	– La conduite de veille régulière et documentée à l'aide des outils numériques – La mise en œuvre des conditions de la traçabilité des documents et des mises à jour – La fiabilité des sources d'information

SITUATION PROFESSIONNELLE

Les Petites Gourmandises, PME non cotée en Bourse située à Montlouis-sur-Loire (37), est une SARL familiale créée en 1998 par M. Debard et son épouse. Son activité est la production de chocolats et de nougats de Tours, d'une part, et la commercialisation de cupcakes fabriqués par une entreprise artisanale située à proximité et de confiseries diverses, d'autre part. L'entreprise Les Petites Gourmandises a acquis une renommée importante et son chiffre d'affaires est en hausse.

Pour des raisons familiales, Mme Sorgel, l'actuelle comptable de l'entreprise, quittera la région de Tours au début du mois d'avril. Vous avez donc été recruté(e) le 1er décembre en prévision de son remplacement. Vous travaillez sous l'autorité de Mme Sorgel, qui est chargée pour l'instant de réussir votre intégration en vous initiant progressivement à toutes les tâches qui vous incomberont dès son départ.

VOS MISSIONS

Nous sommes à la date de clôture de l'exercice et vous participez aux opérations d'inventaire. Chaque année, avant de commencer les travaux, Mme Sorgel recense les évolutions de la réglementation comptable et fiscale afin de vérifier si les options comptables choisies pour l'entreprise sont toujours les plus pertinentes. Elle vous confie cette tâche.

MISSION 1 **Comprendre la nécessité de la veille réglementaire** ▶ Fiche ressource 1

MISSION 2 **Mettre en œuvre une veille réglementaire** ▶ Fiches ressource 2 et 3

VOS MISSIONS

MISSION 1 Comprendre la nécessité de la veille réglementaire

Discutons-en !
Quels sont les différents types de veille ?

1. **À quoi correspondent les opérations d'inventaire ? Que doit produire l'entreprise Les Petites Gourmandises ?**
   ▶ Annexe 1 ▶ Fiche ressource 1
2. **Comparez les comptes du PCG en 2014 et en 2023. Indiquez à Mme Sorgel le nouveau compte pour enregistrer les gains de change.**
   ▶ Annexe 2
3. **À partir du site de l'ANC, retrouvez le document correspondant au PCG. Vérifiez, avec les différentes versions disponibles, depuis quand existe le compte correct à utiliser pour le gain réalisé sur la créance anglaise.**
   ▶ Annexe 3
4. **Analysez ce changement de compte. Quel est l'impact de cette évolution réglementaire sur la production des documents de synthèse ?**
5. **Pourquoi Mme Sorgel allait-elle commettre cette erreur ? Que pouvez-vous en conclure quant à la nécessité de la veille ?**

La question de l'expert
En suivant l'actualité, Mme Sorgel s'interroge sur les incidences comptables en cas d'acceptation de paiement en bitcoins par les clients. Identifiez le principal document des comptes annuels impacté en justifiant votre réponse puis, à l'aide d'une recherche sur Internet, indiquez si les questions soulevées en 2018 sont encore d'actualité. Démontrez la nécessité de mettre en place une veille sur ce sujet.
▶ Annexe 4

L'autocorrection en vidéo
liennathan.fr/5hb5v2

MISSION 2 Mettre en œuvre une veille réglementaire

6. **Mme Sorgel vous sollicite pour traiter l'acquisition d'une nouvelle machine. Déterminez comment calculer le coût d'acquisition de cette immobilisation grâce aux informations trouvées sur un réseau social.**
   ▶ Annexes 5 et 6 ▶ Fiche ressource 2
7. **Indiquez le principe comptable concerné par la détermination du coût d'acquisition.**
   ▶ Fiche ressource 3
8. **Contrôlez que les informations obtenues correspondent bien aux préconisations du PCG.**
   ▶ Annexe 7
9. **Que pouvez-vous en conclure ?**
10. **Après avoir accédé au site des éditions Lefebvre, repérez à quelle périodicité est proposée « L'ACTU comptable et financière à ne pas manquer ». Quel est l'intérêt pour Mme Sorgel de s'abonner à cette actualité ?**
    ▶ Annexe 8

Besoin d'aide ?
liennathan.fr/6r25ey

DONNÉES DE LA SITUATION

ANNEXE 1 **Entretien avec Mme Sorgel**

Mme Sorgel : Je suis ravie que vous soyez là pour m'épauler dans les opérations d'inventaire. C'est toujours une période qui exige beaucoup de vigilance de notre part afin d'être sûrs de produire des états comptables conformes.

Vous : Oui, je sais que les documents qui en résultent sont importants !

Mme Sorgel : Justement, j'ai une situation inédite. Cette année, nous avons vendu une partie de notre production à l'étranger. Une boutique anglaise a souhaité faire découvrir nos produits à ses clients. C'est la première fois que nous vendons à l'étranger, qui plus est dans une monnaie différente.

Vous : Oui, les Anglais utilisent la livre sterling et non l'euro.

Mme Sorgel : Tout à fait. Cela a d'ailleurs engendré une différence, car avec le taux de change applicable, notre **créance** qui s'élevait à 1 150 € a finalement donné lieu à un encaissement de 1 200 €.

Vous : Il y a donc eu un **gain purement lié au taux de change** de 50 €. C'est bien ça ?

Mme Sorgel : Oui. Je comptais l'enregistrer dans le compte 766 « Gains de change », mais notre expert-comptable m'a dit que mes connaissances dataient un peu ! Nous allons devoir vérifier cela grâce au plan comptable général, que vous connaissez bien.

Vous : Oui, c'est la référence à consulter en premier lieu pour ce type de question !

ANNEXE 2 **Extrait des comptes du PCG 2014 et 2023**

2014	2023
755 – Quotes-parts de résultat sur opérations faites en commun	**755 – Quotes-parts de résultat sur opérations faites en commun**
7551 – Quote-part de perte transférée (comptabilité du gérant)	*7551 – Quote-part de perte transférée (comptabilité du gérant)*
7555 – Quote-part de bénéfice attribuée (comptabilité des associés non-gérants)	*7555 – Quote-part de bénéfice attribuée (comptabilité des associés non-gérants)*
758 – Produits divers de gestion courante	756 – Gains de change sur créances commerciales
76 – Produits financiers	758 – Produits divers de gestion courante
761 – Produits de participations	**76 – Produits financiers**
7611 – Revenus des titres de participation	761 – Produits de participations
7612 – Produits de la fiducie, résultat de la période	*7611 – Revenus des titres de participation*
7616 – Revenus sur autres formes de participation	*7612 – Produits de la fiducie, résultat de la période*
7617 – Revenus des créances rattachées à des participations	*7616 – Revenus sur autres formes de participation*
762 – Produits des autres immobilisations financières	*7617 – Revenus des créances rattachées à des participations*
7621 – Revenus des titres immobilisés	762 – Produits des autres immobilisations financières
7626 – Revenus des prêts	*7621 – Revenus des titres immobilisés*
7627 – Revenus des créances immobilisées	*7626 – Revenus des prêts*
763 – Revenus des autres créances	*7627 – Revenus des créances immobilisées*
7631 – Revenus des créances commerciales	763 – Revenus des autres créances
7638 – Revenus des créances diverses	*7631 – Revenus des créances commerciales*
764 – Revenus des valeurs mobilières de placement	*7638 – Revenus des créances diverses*
765 – Escomptes obtenus	764 – Revenus des valeurs mobilières de placement
766 – Gains de change	765 – Escomptes obtenus
767 – Produits nets sur cessions de valeurs mobilières de placement	766 – Gains de change financiers
768 – Autres produits financiers	767 – Produits nets sur cessions de valeurs mobilières de placement
	768 – Autres produits financiers

ANNEXE 3 Les versions du PCG disponibles sur le site de l'ANC

https://www.anc.gouv.fr

ANNEXE 4 Extrait de la RF Comptable 2018

[...] Et dans les comptes ?

Se pose la difficulté de savoir de quelle manière les cybermonnaies vont être retranscrites dans les comptes de la société qui les utilise : notamment, sont-elles à comptabiliser au niveau des stocks, dans un compte de classe 5 en tant que placement de trésorerie ou devises, ou encore dans un compte de tiers ?

Une comptabilisation dans les stocks supposerait, selon nous, que l'activité de la société soit en lien avec les cybermonnaies, telles les plateformes de change de bitcoins et autres altcoins.

Les cryptomonnaies n'étant pas actuellement considérées par le législateur français comme des valeurs mobilières, ni une monnaie, on ne peut les apporter à ce titre au capital des sociétés.

En pratique, les experts-comptables et les commissaires aux comptes de sociétés [...] rencontrent de nombreuses difficultés. L'absence de qualification juridique des cybermonnaies, associée à leur forte volatilité, entraîne actuellement des refus de certification des comptes sociaux ou des demandes de report des AGO annuelles.

https://rfcomptable.grouperf.com

ANNEXE 5 Post sur LinkedIn réseau social professionnel

Consultez le lien mentionné dans le post :
liennathan.fr/zdu3ao

www.linkedin.com

ANNEXE 6 Détails du compte à l'origine du post

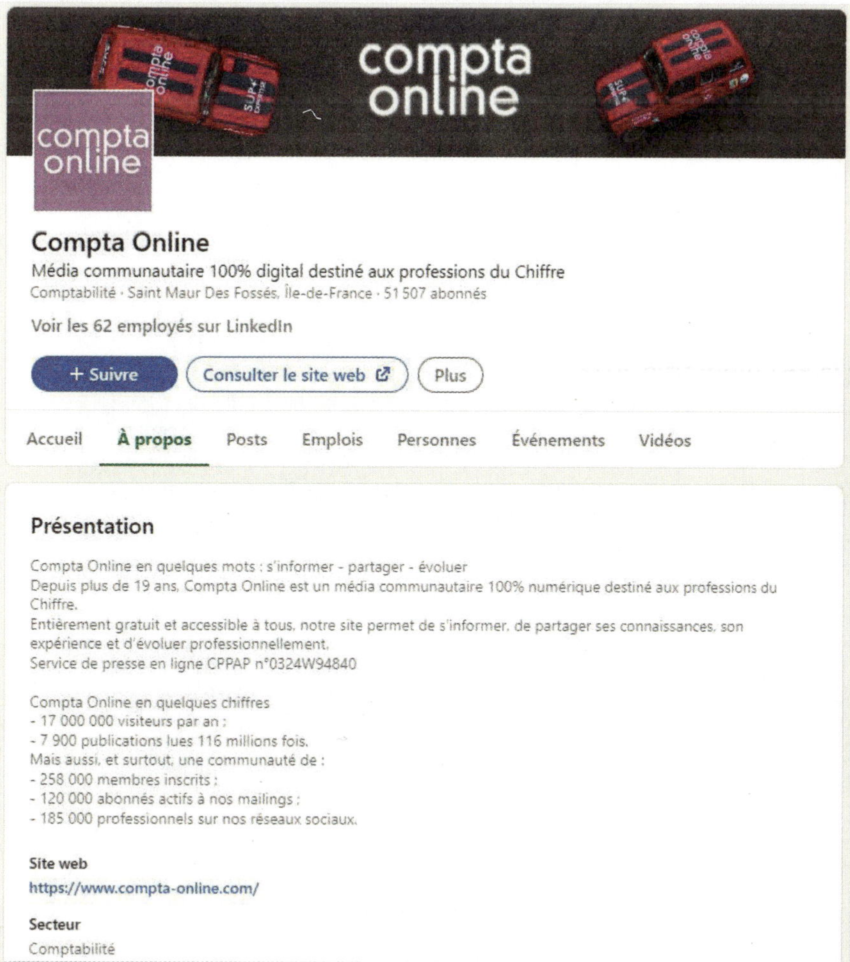

www.linkedin.com

ANNEXE 7 Extrait du site Compta Online

Calculer le coût d'acquisition d'une immobilisation

Ce coût d'acquisition de l'immobilisation est défini par l'article 213-8 du PCG.

On obtient ainsi :

Prix d'achat
+ droits de douane
+ taxes non récupérables
– rabais, remises, ristournes ⇒ Réductions commerciale
– escomptes de règlement ⇒ Réduc. Financière
+ coûts directement attribuables

www.compta-online.com

ANNEXE 8 Extrait du plan comptable général (PCG)

Art. 213-8

Le coût d'acquisition d'une immobilisation corporelle est constitué de :

• son prix d'achat, y compris les droits de douane et taxes non récupérables, après déduction des remises, rabais commerciaux et escomptes de règlement ;

• de tous les coûts directement attribuables engagés pour mettre l'actif en place et en état de fonctionner selon l'utilisation prévue par la direction. […]

ANNEXE 9 Site web des éditions Francis Lefebvre

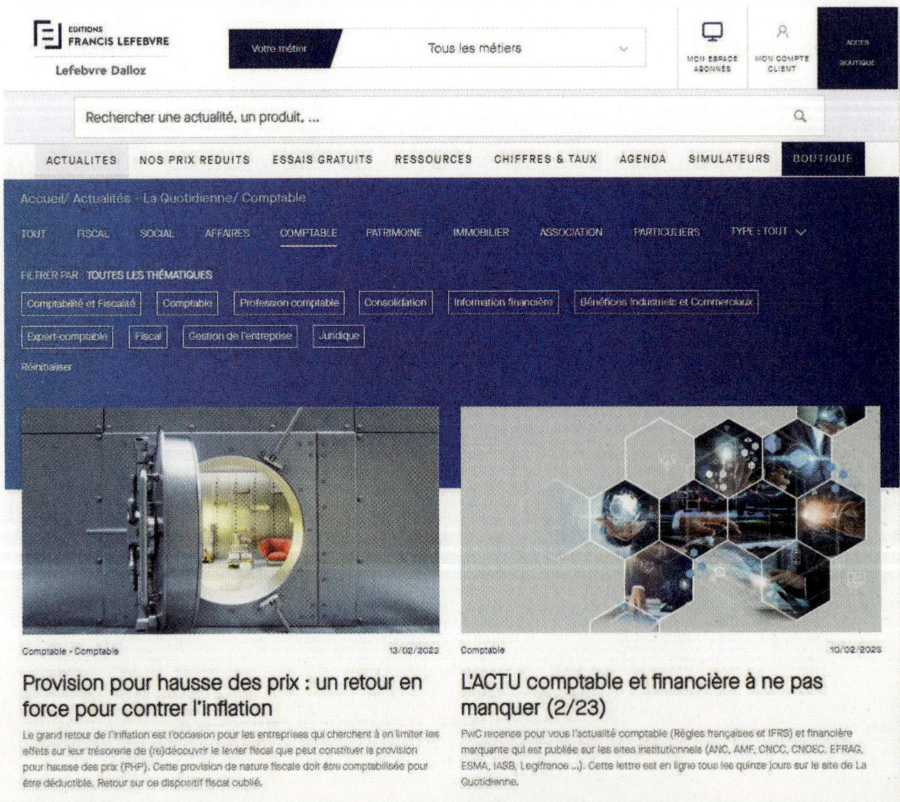

www.efl.fr/

FICHE RESSOURCE 1

La veille réglementaire

I La tenue d'une comptabilité et le besoin d'une veille réglementaire

1. La tenue d'une comptabilité

La tenue d'une comptabilité est une obligation pour une entreprise. À la **fin de l'exercice comptable**, celle-ci doit réaliser des opérations spécifiques, appelées « **opérations d'inventaire** », qui permettront d'**obtenir les comptes annuels**, qui correspondent notamment :

- au **bilan**, qui permet de connaître le patrimoine de l'entreprise ;
- au **compte de résultat**, qui permet de déterminer le bénéfice (ou la perte) réalisé(e) au cours de l'exercice écoulé ;
- à **l'annexe**, qui vient compléter les informations fournies par les documents précédents afin d'apprécier plus précisément la situation de l'entreprise.

2. Les obligations législatives lors de la tenue d'une comptabilité

La réalisation de l'ensemble de ces opérations doit respecter la **réglementation comptable**, qui provient de plusieurs sources de droit (dont le plan comptable général, qui est très important).

Sources de droit	Origines	Autorités
Normes IFRS (*International Financial Reporting Standards*)	Textes **internationaux**	IASB (*International Accounting Standards Board*)
Directives et règlements	Textes **communautaires**	Commission européenne
Lois, décrets et ordonnances	Textes **nationaux** (rédigés par les pouvoirs législatif et exécutif ou émanant d'organisations professionnelles)	Parlement, gouvernement, **ANC** (**Autorité des normes comptables**), DGFiP (Direction générale des finances publiques), OEC (Ordre des experts-comptables)
Plan comptable général, avis, recommandations		

3. L'évolution de la réglementation

Ces différentes sources de droit **ne sont pas figées dans le temps**.

Les règles à appliquer qui en découlent sont donc en évolution permanente, afin d'améliorer l'information financière, de prendre en compte des changements ou des décisions prises au niveau national ou international (en matière de normalisation, par exemple).

Par conséquent, afin que le système d'information comptable produise des informations fiables et qu'il n'y ait aucun risque de sanctions, il faut **respecter la réglementation comptable** (mais aussi fiscale ou sociale), et donc **s'assurer de toujours rester informé des modifications de la réglementation** qui concerne l'entreprise. C'est le rôle de la **veille réglementaire**.

II L'organisation comptable et le besoin d'une veille réglementaire

1. L'organisation comptable

L'organisation comptable désigne l'ensemble des opérations qui s'enchaînent afin de présenter, sous forme chiffrée, les événements qui ont affecté l'entreprise.

Il s'agit, par exemple, d'organiser la mémoire des **échanges** réalisés tout au long de l'exercice comptable entre l'entreprise et ses partenaires, d'**élaborer les différents documents comptables**, de **contrôler les travaux comptables** et, d'une manière plus large, de **définir le contrôle interne** mis en place dans l'entreprise afin de garantir une gestion efficace et rigoureuse des activités de l'entreprise.

2. La nécessité d'une veille pour améliorer l'organisation comptable

Qu'il s'agisse des règles à appliquer en cours d'exercice comptable, des modalités d'ajustement des comptes lors de l'inventaire ou dans le cadre d'un contrôle interne, tous ces éléments sont susceptibles de faire l'objet de **nouveautés**, de **changements** ou d'**évolution**. La veille réglementaire joue donc un rôle fondamental.

> Exemples
>
> • Les **cryptomonnaies** (comme le bitcoin) sont récentes et posent des problématiques inédites pour leur prise en compte en comptabilité. La veille réglementaire permet de savoir quelles sont les règles ou recommandations à appliquer sur ce sujet.
>
> • Les **attaques informatiques** ou actions malveillantes contre les entreprises se multiplient, comme la « fraude au président ». Les procédures à respecter pour réaliser des paiements en tiennent compte et sont actualisées.

III La notion de veille réglementaire

La veille réglementaire désigne l'activité par laquelle l'entreprise **identifie les sources d'information** à utiliser afin de répondre aux nouvelles exigences, et **les exploite** afin de rester parfaitement informée des évolutions réglementaires.

Identification des sources	Exploitation des sources
Les sources d'information doivent être **fiables**, c'est-à-dire avoir une légitimité reconnue et dont le contenu est digne de confiance. Un moyen d'obtenir cette garantie est d'utiliser les **sources officielles** d'information. Il existe également d'autres sources reconnues, formées par la **documentation professionnelle**, et des sources pertinentes, mais qui peuvent **nécessiter une vérification** *a posteriori* dans les sources officielles. Les **réseaux sociaux professionnels** peuvent aussi, dans une certaine mesure, être une source pertinente. Cela implique d'être vigilant à la **qualité des comptes ou personnes suivies** et de procéder, ici aussi, à des vérifications.	Les différentes sources peuvent utiliser des canaux de communication variés. Ainsi, au-delà du repérage des sources à exploiter, la veille va également consister à **définir les outils de veille** à utiliser et les **mettre en œuvre**. Il pourra s'agir de **sites web** à consulter, de **documents** (ouvrages, revues) sous forme dématérialisée ou papier, de **flux d'informations** suivis dans des réseaux *via* des abonnements ou agrégés grâce à des agrégateurs de flux (flux RSS).

> Exemples
>
> • Le **site officiel de l'Ordre des experts-comptables** propose de suivre l'actualité *via* son site web, Facebook, Twitter, YouTube, LinkedIn, Instagram ou flux RSS.
>
> • Le **site de l'ANC** propose des ressources *via* son site web et offre un abonnement *via* une newsletter pour rester informé.

? L'essentiel en une question

Pourquoi est-il absolument inconcevable qu'un comptable ou un expert-comptable n'organise pas, dans le cadre de son travail, une veille réglementaire rigoureuse ?

Consultez le corrigé
liennathan.fr/rv65t7

FICHE RESSOURCE 2

La mise en œuvre de la veille réglementaire

La conduite de la veille réglementaire consiste à déterminer les sources d'information qui seront utilisées, puis mettre en œuvre les moyens et outils requis pour y accéder.

I Les sources d'information utilisables

Les sources d'information exploitables sont nombreuses. Établir une liste exhaustive est donc difficile. Il existe toutefois des sources que l'on peut considérer comme « incontournables » :

Sources officielles	Légifrance https://www.legifrance.gouv.fr	Plateforme officielle de diffusion de l'ensemble des textes (Codes, jurisprudence…)
	Autorité des normes comptables (ANC) https://www.anc.gouv.fr	L'ANC est l'organisme de normalisation comptable en France. Le plan comptable général évolue grâce à l'ANC.
	DGFiP (Direction générale des finances publiques) https://www.impots.gouv.fr/	La DGFiP est la source de référence pour ce qui relève des questions fiscales.
	Ordre des experts-comptables https://www.experts-comptables.fr/ et sites régionaux	L'OEC est un ordre professionnel qui regroupe l'ensemble des experts-comptables. Professionnels de la comptabilité, ils sont au cœur des questions comptables et des domaines associés.
Sources professionnelles	Revue fiduciaire https://portail.grouperf.com/ Éditions Francis Lefebvre https://www.efl.fr/	La Revue fiduciaire et les éditions Francis Lefebvre publient des revues et ouvrages déclinés dans plusieurs domaines (comptabilité, fiscalité…) et sont systématiquement utilisées dans la profession. Ces éditeurs réalisent un travail de veille, de synthétisation et d'analyse des normes et textes applicables.
	Éditeurs de progiciels https://support.ebp.com/hc/fr/sections/360000019497-VEILLE-SOCIALE	Les éditeurs de progiciels comptables et de PGI proposent souvent un dispositif de veille intégré au logiciel, qui permet d'afficher les informations récentes susceptibles de présenter un intérêt.
Sources d'intérêt	Compta Online https://www.compta-online.com/ NetPME www.netpme.fr www.veegee.fr	Il ne s'agit pas de sources officielles, mais le contenu est exploitable après vérification.

II Les moyens exploitables pour la veille réglementaire

Les sources précitées proposent toutes un **site web.** L'utilisation des **marque-pages** (favoris) d'un navigateur web permet donc de conserver les adresses pour un accès ultérieur rapide. Toutefois, la plupart proposent aussi d'autres canaux de communication permettant un accès plus simple basé sur des **flux d'information** (flux RSS utilisables dans un agrégateur de flux, messages publiés sur des **réseaux sociaux** (Twitter…) et **réseaux sociaux professionnels** (LinkedIn).

Il est aussi souvent possible de souscrire à des **newsletters**, qui permettent de recevoir de nouvelles informations et publications par mail.

Les éditeurs proposent aussi des **ouvrages et revues papier**, ainsi que des accès à des **archives et bases de connaissances dématérialisées**.

? L'essentiel en une question

Comment peut-on faciliter l'accès aux différentes sources réglementaires et professionnelles ?

Consultez le corrigé
liennathan.fr/8gtf72

FICHE RESSOURCE 3

Les principes comptables

Comme les **sources de droit** ne peuvent pas tout prévoir et tout traiter, il peut y avoir des situations pour lesquelles le traitement comptable n'est pas expressément prévu dans les textes. Dans ce cas, la référence aux principes comptables permet de trouver une solution comptable, dans l'esprit des normes, afin que les comptes donnent une image fidèle et sincère de la situation de l'entreprise.
Les principes comptables sont énoncés dans le Code de commerce. Alors que la **règle** donne un **cadre juridique** à la comptabilité et a un **caractère général et impératif**, le principe permet de **guider** le professionnel de la comptabilité dans les travaux qu'il réalise.

Principe	Contenu	Incidences lors de l'inventaire
Prudence	Il faut enregistrer en comptabilité les éléments susceptibles de **diminuer la valeur du patrimoine** ou de menacer la situation à venir de l'entreprise **dès qu'ils sont probables.** En revanche, les éléments susceptibles d'**enrichir** l'entreprise ne sont pris en compte **que lorsqu'ils sont certains.**	Le comptable enregistre les risques de perte, jamais les risques de gain. Exemple : la valeur des titres de participation détenus par l'entreprise et cotés en Bourse change tous les jours. Lors de l'inventaire, la valeur actuelle des titres est comparée au coût l'acquisition. Ainsi, dans le cas d'une baisse de la valeur, le risque de perte est enregistré par prudence en comptabilité (c'est un risque car les actions ne sont pas vendues, elles peuvent reprendre de la valeur). Si, au contraire, les actions ont pris de la valeur, rien n'est enregistré en comptabilité.
Continuité de l'exploitation	La comptabilité doit être tenue dans la perspective d'une **poursuite de l'activité** de l'entreprise sur **plusieurs exercices comptables.**	Certains éléments peuvent être **étalés** sur plusieurs exercices. Exemple : les frais de remise en état de la toiture des bâtiments (travaux trop coûteux pour être réalisés sur un seul exercice) peuvent être prévus sur plusieurs années successives.
Séparation des exercices (ou d'indépendance des exercices)	Les charges et les produits sont **rattachés aux exercices comptables qu'ils concernent**, peu importe la date de règlement.	Le compte de résultat récapitule uniquement les charges et les produits nécessaires à l'activité de l'exercice, de façon à évaluer la rentabilité de l'activité sur la période de 12 mois. Exemple : si un contrat d'assurance est à cheval sur deux exercices comptables, une répartition de la charge correspondante à chaque exercice sera effectuée, indépendamment du paiement.
Permanence des méthodes	Les méthodes de tenue de la comptabilité choisies par l'entreprise doivent être conservées dans le temps sur plusieurs exercices (sauf modifications importantes de la situation de l'entreprise ou obligations réglementaires).	Ce principe se justifie par la nécessité de pouvoir effectuer des comparaisons pertinentes dans le temps. Les documents de synthèse présentent simultanément les données chiffrées de l'exercice qui s'achève et celles de l'exercice précédent.
Coûts historiques	Chaque élément du patrimoine est évalué à sa valeur d'entrée.	Les éléments du patrimoine sont valorisés soit au coût d'acquisition, soit au coût de production en fonction de leur obtention.

L'essentiel en une question

Pourquoi ces principes comptables seront-ils toujours le dernier recours en cas de veille réglementaire infructueuse ?

Consultez le corrigé
liennathan.fr/ufu927

APPLICATIONS

EXOS FLASH

EXO 1 Quiz interactif

Testez vos connaissances sur ce chapitre avec le quiz en ligne.

liennathan.fr/osdiwk

Votre score ....

EXO 2 Tenir compte des règles applicables

Vous réalisez un stage dans un garage automobile. La comptabilité est en partie tenue par un assistant de gestion qui comptabilise les opérations courantes, avant que celles-ci ne soient contrôlées par un cabinet d'expertise comptable. Un ordinateur, dont la facture est présentée en annexe, vient d'être acquis.

L'assistant de gestion compte enregistrer le bien dans un compte d'immobilisations (2183 « Matériel de bureau et matériel informatique »). Vous lui indiquez qu'il serait possible de l'enregistrer dans un compte de charges car une tolérance fiscale existe, mais celui-ci n'est pas convaincu…

1. **À l'aide de vos connaissances, expliquez pourquoi l'assistant de gestion souhaite enregistrer le bien dans un compte d'immobilisations.**
2. **Démontrez, à l'aide d'une recherche sur Internet, que votre proposition est correcte en utilisant plusieurs sources.**

ANNEXE **Facture de l'ordinateur**

COMPUSYS
190 rue de Charenton
75012 PARIS

Date : 15/02/N
Facture n° 15648

GARAGE DU PARC
Avenue de la Liberté
94220 CHARENTON-LE-PONT

Référence	Désignation	Quantité	Prix unitaire	Montant
DELLH2JFH	Dell Inspiron 15-3511-366	1	374,96	374,96
			Total HT	**374,96**
			TVA	74,99
			Montant TTC	**449,95**

Mode de règlement : comptant CB

EXO 3 Réaliser une veille réglementaire

Mme Charbin est directrice administrative et financière de l'entreprise GR (Grands Roulements), grossiste en matériel industriel. Sa clientèle est essentiellement composée d'entreprises qui s'approvisionnent auprès de GR pour disposer des pièces et composants leur permettant d'assurer leur propre production. Alertée par les éditeurs des solutions logicielles de gestion qu'elle utilise, elle s'interroge sur ses obligations actuelles et futures en matière de facturation électronique.

- **À l'aide d'une recherche sur Internet et de vos connaissances, identifiez plusieurs sources d'information utiles au problème posé à Mme Charbin puis rédigez une note qui répondra à ses préoccupations. Les sources de vos éléments de réponse devront être indiquées et croisées afin de vérifier leur fiabilité.**

ENTRAÎNEMENT AU BTS 1 Identifier les principes adaptés ★☆☆

Vous réalisez une mission complémentaire dans l'entreprise Les Petites Gourmandises. Suite à vos excellents travaux en matière de veille réglementaire, vous êtes associé(e) aux travaux réalisés en fin d'exercice comptable. Afin de mener correctement ces travaux, plusieurs opérations restent à effectuer et les situations correspondantes doivent être analysées afin de définir le traitement comptable approprié.

Déterminez, pour chaque opération (annexe), à quel principe comptable elle fait référence.

ANNEXE Opérations prévues par Mme Sorgel Séparation des exercices

1 Demander à M. Legard tous les bons de livraison et s'assurer que les factures correspondantes ont bien été reçues. Sinon, appeler les fournisseurs pour leur demander de nous les envoyer.

2 Demander à Mme Lepetit des précisions sur les clients Le Goûter Gourmand et La Fine Bouche car il n'y a pas eu de règlement depuis plus de 6 mois (ni de nouvelles factures). Font-ils l'objet d'une procédure quelconque ? Ne faut-il pas craindre une perte de la totalité ou d'une partie de notre créance ? Prudence

3 M. Dumart a dressé la liste des nouvelles machines de production acquises cette année, en remplacement de celles qui dataient d'il y a 15 ans. Je pensais retenir la méthode de l'amortissement dégressif sur ces nouvelles machines. Il faudrait demander à Mlle Caide d'éditer le tableau des amortissements de l'annexe pour savoir quelle était la méthode utilisée pour les machines précédentes. Permanence des méthodes

4 Demander à Mlle Caide le tableau du portefeuille des titres et comparer la valeur des titres figurant dans ce tableau à leur valeur réelle à la date de l'établissement des comptes annuels pour savoir comment ce portefeuille a évolué.

5 Décider d'une possibilité d'enregistrer en comptabilité le montant des futurs travaux de remise aux normes des laboratoires de fabrication des chocolats pour lesquels M. Debard a validé un devis d'un montant global de 350 000 €.

6 Demander à Mlle Cesur quels sont les stocks restants de matières premières pour pouvoir corriger les comptes de stocks sur la base de ces informations.

ENTRAÎNEMENT AU BTS 2 Réaliser une veille automatisée ★★☆

Afin de réaliser une veille réglementaire, vous vous intéressez aux informations publiées ou relayées par l'Ordre des experts-comptables. Pour cela, vous consultez le site Internet de l'Ordre accessible à l'adresse suivante : www.experts-comptables.org

1. **Indiquez à quoi correspond chacun des éléments présentés en annexe 1.**
2. **Retrouvez ces éléments sur le site, puis consultez et comparez ce que proposent les deux premiers items. Les informations sont-elles identiques ? Que retiendriez-vous pour votre veille ?**
3. **Cliquez sur le dernier item. Obtenez-vous un résultat ressemblant dans sa présentation à celui présenté en annexe 2 ? De quoi s'agit-il ? Est-ce exploitable en l'état pour votre veille ?**
4. **Le lien proposé dans le dernier item a été paramétré dans un agrégateur de flux. Le résultat correspond à l'annexe 3. Que pouvez-vous en conclure ?**

ANNEXE 1 Éléments présents sur le site de l'OEC

Suivez-nous

ANNEXE 2 Exemple de résultat renvoyé par le dernier item

This XML file does not appear to have any style information associated with it. The document tree is shown below.


```
▼<rss xmlns:dc="http://purl.org/dc/elements/1.1/" xmlns:content="http://purl.org/rss/1.0/modules/content/"
 xmlns:foaf="http://xmlns.com/foaf/0.1/" xmlns:og="http://ogp.me/ns#" xmlns:rdfs="http://www.w3.org/2000/01/rdf-
 schema#" xmlns:schema="http://schema.org/" xmlns:sioc="http://rdfs.org/sioc/ns#"
 xmlns:sioct="http://rdfs.org/sioc/types#" xmlns:skos="http://www.w3.org/2004/02/skos/core#"
 xmlns:xsd="http://www.w3.org/2001/XMLSchema#" version="2.0" xml:base="https://www.experts-comptables.org/">
  ▼<channel>
     <title>Site officiel de l'Ordre des experts-comptables</title>
     <link>https://www.experts-comptables.org/</link>
     <description/>
     <language>fr</language>
    ▶<item>
     ...
     </item>
    ▶<item>
     ...
     </item>
    ▼<item>
       <title>Loi de finances pour 2023 : les principales mesures fiscales </title>
       <link>https://www.experts-comptables.org/sic-emissions-evenements-presse/sic-webzine/loi-de-finances-pour-
       2023-les-principales-mesures-fiscales</link>
       <description> <div class="title-inner has-color text-center" style=""> <span property="schema:name">Loi de
       finances pour 2023 : les principales mesures fiscales </span> </div> <span property="schema:dateCreated"
       content="2023-01-27T08:10:14+00:00">ven 27/01/2023 - 09:10</span> <div class="container article-meta
```


ANNEXE 3 Résultat dans un agrégateur de flux RSS

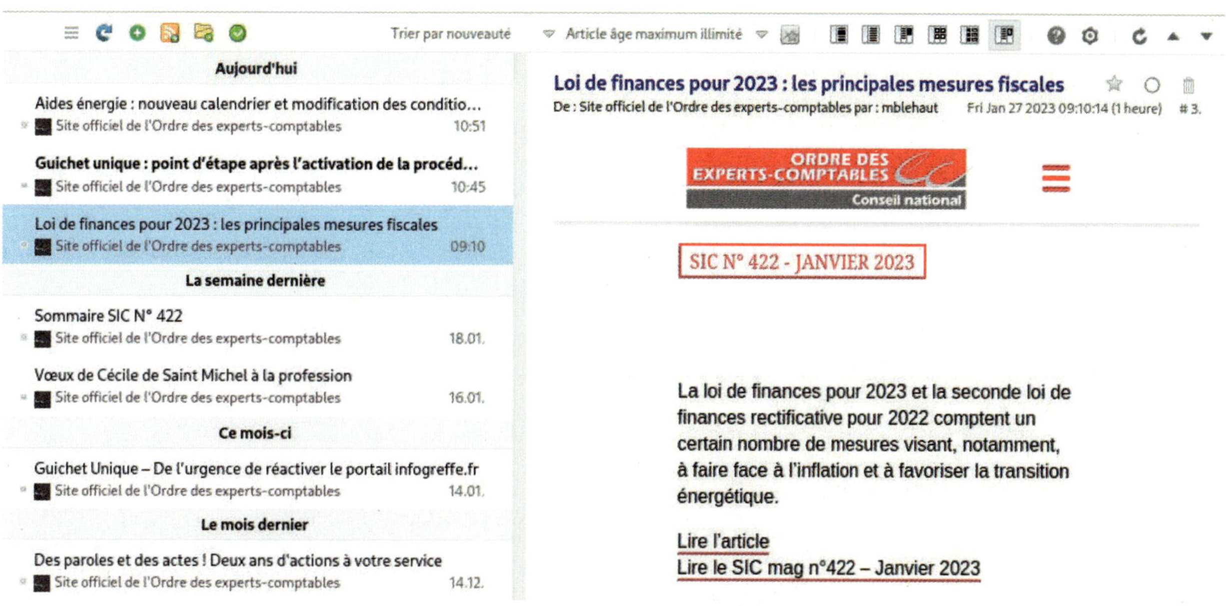

SYNTHÈSE

Synthèse audio
liennathan.fr/evkg1y

La veille réglementaire nécessaire à l'établissement des comptes

1 La nécessité d'une veille réglementaire

Les traitements comptables

Les traitements comptables doivent être réalisés dans le strict respect de la réglementation et des principes comptables.

Les sources de droit sont **nombreuses** :

- Internationales : **IASB** (normes IFRS)
- Communautaires : **Commission européenne** (directives et règlements)
- Nationales : **ANC, DGFiP**… (Code de commerce, PCG, législation fiscale…)

La réglementation **évolue dans le temps.**

Des **sanctions** sont prévues en cas de manquement aux règles de droit.

L'organisation de la comptabilité

L'organisation est définie dans des processus comptables opérationnels (échange de données) ou de pilotage de la comptabilité (définition des rôles, planning, points de contrôle…).

Nécessité de veiller **pour améliorer l'organisation.** Ex. : utilisation ou non d'un PGI, sauvegarde des données, protection contre les attaques informatiques, comment utiliser de la cryptomonnaie…

2 La mise en œuvre de la veille réglementaire

Les moyens

- Consultation de **sites web** (conservation *via* les marque-pages)
- Accès à des **flux** d'information (**réseaux sociaux**, flux RSS)
- Abonnements à des **newsletters, ouvrages** et **revues** physiques ou dématérialisés

Les sources d'information

Grande diversité de sources :

- **Sources officielles**
Ex. : site Légifrance, site ANC, OEC.
- **Sources professionnelles**
Ex. : Revue fiduciaire, Éditions Francis Lefebvre.
- **Sources d'intérêt**
Ex. : site Compta Online, netpme.fr.

CHAPITRE 2

La constitution de l'entreprise et l'évolution de son capital

Activité	Composantes d'activité	Compétences	P7
2.2. Réalisation des travaux comptables relatifs à la constitution de l'entreprise et évolution du capital	**2.2.1.** Enregistrement des opérations comptables relatives à la constitution de l'entreprise **2.2.2.** Enregistrement des opérations comptables relatives à l'augmentation de capital	– Enregistrer les opérations de constitution – Enregistrer les opérations d'augmentation de capital	L'utilisation du PGI pour effectuer les enregistrements

SITUATION PROFESSIONNELLE

La SA Modélisme Provence, située à Marseille, dans les Bouches-du-Rhône, est spécialisée dans la fabrication et la distribution de modèles réduits. Ses clients sont principalement des professionnels français et étrangers, mais elle s'adresse également aux particuliers par l'intermédiaire de son site Internet. L'entreprise n'a cessé de croître et de se diversifier dans les produits affectés aux loisirs. Elle est aujourd'hui le leader français du secteur du modélisme, connu de la profession et du grand public. Avant de constituer une société anonyme, M. Gari, patron charismatique, avait choisi de commencer son activité dans le cadre d'une entreprise individuelle, qu'il a dirigée pendant une dizaine d'années. Par la suite, face au développement important de son activité, il a décidé de s'agrandir en s'associant avec des amis et connaissances, tous aussi passionnés de modélisme que lui.

La SA Modélisme Provence, qui compte 25 salariés, a été créée il y a deux ans avec sept actionnaires, le principal étant bien entendu M. Gari. Ce dernier a apporté une partie des éléments de son entreprise individuelle, le reste des actionnaires des apports en numéraire afin d'aider au développement commercial de la nouvelle société ainsi créée.

Afin de ne pas fragiliser la nouvelle structure, les actionnaires ont convenu de ne pas percevoir de dividendes au cours des deux premières années de son existence (les exercices N-2 et N-1).

VOS MISSIONS

Face au développement de l'activité, la directrice administrative et financière (DAF), Mme Lam, a convenu avec M. Gari de refinancer l'entreprise avec une augmentation de capital. En vue de préparer cette échéance, vous consultez les archives comptables et administratives qui ont été créées lors de la constitution de la société.

MISSION 1 **Comprendre la constitution du capital à la création de l'entreprise** ▶ Fiches ressource 1, 2 et 3

MISSION 2 **Observer le traitement des frais de constitution** ▶ Fiche ressource 4

MISSION 3 **Anticiper la double augmentation de capital** ▶ Fiche ressource 5

VOS MISSIONS

MISSION 1 Comprendre la constitution du capital à la création de l'entreprise

1. Observez la liste des apports et expliquez pourquoi, au total, le capital sera de 500 000 €.
▶ Annexe 1 ▶ Fiche ressource 1

2. Calculez la part de chaque associé dans le capital de l'entreprise. Qui détient le pouvoir ?
▶ Annexe 2

3. Démontrez, en comparant les écritures de promesse d'apport et d'appel du capital, que les associés disposent d'un délai pour transmettre à l'entreprise les apports qu'ils ont promis. Quelle est la durée maximale de ce délai ?
▶ Annexe 3 ▶ Fiches ressource 2 et 3

4. Selon vous, pour quel type d'apport dispose-t-on d'un délai ? Quel montant d'apport en nature est appelé ? Quel montant d'apport en numéraire ?

5. Observez l'écriture de libération du capital au 03/03/N-2. À quoi correspond le compte de dettes fournisseurs ? Faites un lien avec la question 1.
▶ Annexe 4

6. Au 15/12/N-1, l'ensemble des apports a été appelé et versé. Quelle a été la dernière écriture liée à la constitution de l'entreprise ?

Discutons-en !
Quel est le rôle du commissaire aux apports ?

MISSION 2 Observer le traitement des frais de constitution

7. Quel choix a été effectué par la société pour l'enregistrement des frais de constitution ? Quelles sont les conséquences de ce choix ?
▶ Annexe 5 ▶ Fiche ressource 4

8. Anticipez les écritures qui doivent être enregistrées au 31/12/N en ce qui concerne le dernier amortissement des frais de constitution et la disparition de ces frais des comptes de la société.
▶ Annexes 6 et 7

MISSION 3 Anticiper la double augmentation du capital

9. Combien la société va-t-elle encaisser de fonds après cette augmentation de capital ? Enregistrez l'écriture d'encaissement des fonds.
▶ Annexe 8 ▶ Fiche ressource 5

10. Justifiez le nombre de titres nouveaux attribués aux trois associés pour l'augmentation du capital par apports en numéraire. Précisez qui va recevoir des titres gratuits et combien suite à l'augmentation de capital par incorporation de 50 000 € de réserve.
▶ Annexes 9 et 10

11. Passez au 10/09/N les écritures relatives aux deux augmentations du capital.

La question de l'expert
Effectuez le calcul du nombre de titres détenus par chaque associé après ces deux augmentations de capital. Répartissez-les par associés puis recalculez la part de chacun dans le capital. Les rapports de force sont-ils modifiés ?

Besoin d'aide ?
liennathan.fr/6fr6q5

L'autocorrection en vidéo
liennathan.fr/g954iv

DONNÉES DE LA SITUATION

ANNEXE 1 Les différents types d'apports lors de la constitution de la société

La société Modélisme Provence a été créée le 01/03/N-2 avec deux catégories d'apports : les apports en nature de M. Gari et les apports en numéraire des autres actionnaires.

• Apports en nature de M. Gari

M. Gari a apporté certains éléments corporels de son entreprise individuelle, à savoir :
- des terrains et constructions 350 000 €
- des stocks de modèles réduits 50 000 €

La société en formation a repris les dettes fournisseurs de l'entreprise individuelle, à savoir 100 000 €. Les dettes fournisseurs viendront en diminution des apports d'actif.

• Apports en numéraire des autres actionnaires

Six autres actionnaires ont apporté la somme de 200 000 €. Afin de faciliter le versement des fonds, il a été décidé que les apports en numéraire seraient libérés de moitié à la constitution de la société, le reste étant appelé ultérieurement.

• Valeur nominale de chaque action

Il a été décidé en assemblée constitutive que la valeur de chaque action serait fixée à 100 €.

ANNEXE 2 La répartition des 5 000 actions au sein de la société

ACTIONNAIRES	NOMBRE DE TITRES	ACTIONNAIRES	NOMBRE DE TITRES
M. Gari	3 000	Mme Lenoir	300
Mme Delrieux	500	M. Constantin	300
M. Pearl	500	M. Duclos	300
M. Lenoir	100		

ANNEXE 3 Écritures de promesse d'apport et d'appel du capital à la constitution de la société

Promesses d'apport

		01/03/N-2		
45611		Actionnaires – Apports en nature	300 000	
45615		Actionnaires – Apports en numéraire	200 000	
	1011	Capital souscrit, non appelé		500 000
		Promesses d'apports		

Appel du capital

		01/03/N-2		
1011		Capital souscrit, non accepté	400 000	
	1012	Capital souscrit, appelé, non versé		400 000
		Appel du capital		
		01/03/N-2		
109		Actionnaires – Capital souscrit, non appelé	100 000	
4562		Apporteurs – Capital appelé, non versé	400 000	
	45611	Actionnaires – Apports en nature		300 000
	45615	Actionnaires – Apports en numéraire		200 000
		Appel du capital		

ANNEXE 4 **Écritures de libération des apports à la constitution de la société**

Libération du capital

		03/03/N-2		
2111		Terrains	150 000	
2131		Constructions	200 000	
371		Marchandises A	50 000	
	401	Fournisseurs		100 000
	4562	Apporteurs – Capital appelé, non versé		300 000
		Libération des apports en nature		
		04/03/N-2		
5121		Banque	100 000	
	4562	Apporteurs – Capital appelé, non versé		100 000
		Libération des apports en numéraire		
		04/03/N-2		
1012		Capital souscrit, appelé, non versé	400 000	
	1013	Capital souscrit, appelé, versé		400 000
		Libération des apports		

ANNEXE 5 **Les frais de constitution et leur enregistrement comptable**

Frais de publication dans un journal d'annonces légales (HT)	250 €
Frais d'immatriculation au registre du commerce et des sociétés (HT)	50 €
Droits d'enregistrement relatifs aux apports en nature (pas de TVA)	8 000 €
Honoraires des intermédiaires – notaire, avocat, expert-comptable (HT)	1 600 €
TOTAL DES FRAIS DE CONSTITUTION	**9 900 €**

		08/03/N-2		
2011		Frais de constitution	9 900	
44562		TVA déductible sur immobilisations	380	
	5121	Banque		10 280
		Constatation et paiement des frais de constitution		

ANNEXE 6 **Extrait de la balance au 31/11/N-1**

N° des comptes	Libellés	Soldes	
		Débiteurs	Créditeurs
109	Actionnaires, capital souscrit, non appelé	100 000	
1011	Capital souscrit, non appelé		100 000
1013	Capital souscrit, appelé, versé		400 000
2011	Frais de constitution	9 900	
28011	Amortissements des frais d'établissement		3 300

ANNEXE 7 **Plan d'amortissement comptable des frais de constitution et écritures constatées au 31/12/N-2 et au 31/12/N-1**

Exercices	Valeur d'origine	Dotations aux amortissements	Cumul des amortissements	Valeur comptable nette en fin d'exercice
N-2	9 900	3 300	3 300	6 600
N-1	9 900	3 300	6 600	3 300
N	9 900	3 300	9 900	0

		31/12/N-2		
6811		Dotations sur immobilisations corporelles et incorporelles	3 300	
	28011	Amortissements des frais d'établissement		3 300
		Dotation de l'exercice N-2		

		31/12/N-1		
6811		Dotations sur immobilisations corporelles et incorporelles	3 300	
	28011	Amortissements des frais d'établissement		3 300
		Dotation de l'exercice N-1		

ANNEXE 8 **Modalités de la double augmentation de capital**

Depuis la création de la société en mars N-2, les actionnaires avaient convenu d'un commun accord de mettre la totalité du bénéfice réalisé en réserves afin de permettre le développement de l'entreprise. Lors d'une assemblée générale extraordinaire (AGE) réunie le 17/07/N, les actionnaires ont décidé de procéder à un refinancement de la société par une augmentation de son capital social afin de porter ce dernier à 700 000 €.

Il est décidé :
– d'incorporer la totalité des bénéfices réalisés au cours des exercices N-2 et N-1 et portés dans la réserve facultative pour 50 000 € (les actions nouvelles créées ont une valeur nominale de 100 €) ;
– de procéder à une augmentation de capital par apports en numéraire pour le reste, soit 150 000 €, par émission d'actions de valeur nominale 100 € mais dont le prix d'émission sera fixé à 110 €. Ces fonds seront libérés du minimum légal à la souscription du capital.

ANNEXE 9 **Extraits de certains postes du passif au 31/08/N**

Extrait des capitaux propres	Sommes
Capital (5 000 actions de valeur nominale 100 €)	500 000
Autres réserves (réserve facultative)	50 000
Montant des capitaux propres	550 000
Extrait des dettes financières	**Somme**
Emprunts et dettes auprès des établissements de crédit	485 000

Valeur réelle de l'action à cette date : 550 000 / 5 000 actions = 110 €

ANNEXE 10 **Rapport sur l'augmentation de capital**

Lors de l'assemblée générale extraordinaire du 17/07/N, seuls trois actionnaires (M. Gari, Mme Delrieux et M. Pearl) sont d'accord pour souscrire à l'augmentation de capital. Pour éviter de faire entrer de nouveaux actionnaires dans la société, seules les trois personnes citées souscriront aux 1 500 actions nouvelles en numéraire proportionnellement à leur participation dans le capital. Les nouvelles actions souscrites sont donc les suivantes : M. Gari 1 124 actions, Mme Delrieux 188 actions et M. Pearl 188 actions.

Les 500 actions relatives à l'augmentation de capital par incorporation de la réserve facultative seront distribuées à tous les actionnaires proportionnellement à leur participation dans le capital.

Les frais d'augmentation de capital s'élèvent à 500 € (droits d'enregistrement aux impôts). La société a décidé de les imputer sur la prime d'émission.

FICHE RESSOURCE 1

Les apports nécessaires à la création d'une entreprise

De nombreuses formes juridiques sont permises lors de la création d'une entreprise. Certaines entreprises n'ont pas de personnalité juridique (l'entreprise individuelle), d'autres sont des personnes morales (la SARL, la SA…). Selon la forme juridique choisie, les formalités de création peuvent être assez simples ou plus complexes (pour les sociétés, notamment).

I La nécessité de réaliser des apports et de former le capital

1. Les apports

Pour fonctionner, l'entreprise a besoin d'un minimum de biens (locaux, matériel, trésorerie…). Ses créateurs doivent apporter de quoi les financer, au moins pour partie. Ils peuvent apporter :
– des sommes d'argent, appelées « **apports en numéraire** » ;
– des biens (ex. : un véhicule), appelés « **apports en nature** ».
L'ensemble de ces apports forme le **capital social** de l'entreprise.

Remarques

Apports en industrie	Apports grevés d'un passif	Commissaire aux comptes
Les associés peuvent apporter un savoir-faire, appelé « apport en industrie ». Mais ces apports, interdits en SA, ne participent pas à la formation du capital social.	Les apports en nature grevés d'un passif (ex. : apport d'un immeuble avec son emprunt partiellement remboursé) sont évalués pour leur valeur nette dans la constitution du capital.	Lorsque les apports en nature sont supérieurs à 50 % du capital social, un commissaire aux comptes nommé par le tribunal de commerce doit certifier la valeur des biens.

2. La répartition du capital entre les associés

Le capital est divisé en **titres** (appelés « parts sociales » dans une SARL, « actions » dans une SA), chaque titre étant affecté d'une valeur unique lors de son émission : la **valeur nominale** ou valeur de départ. Cette valeur est fixée librement. Les associés reçoivent alors des titres proportionnellement au montant de leurs apports.

> **Exemple**
> Les associés d'une entreprise ont décidé que le capital de 100 000 € serait divisé en parts de 100 € : 100 000 / 100 = 1 000 parts. Mme Martin, dont l'apport est de 40 000 €, a droit à 400 titres de 100 € chacun.

II Les notions de souscription et de libération des apports

La souscription représente l'**engagement** de la part des associés à apporter l'intégralité du capital conformément au montant prévu dans les statuts (c'est une **promesse d'apport**). Cette promesse est enregistrée en comptabilité lors de la constitution de l'entreprise.
Par la suite, les associés doivent honorer leur promesse en **libérant** leur apport, c'est-à-dire en le transmettant à l'entreprise. Il faut tenir compte de quelques règles :
– dans une entreprise individuelle, on ne distingue pas souscription et libération ;
– dans une société, **les apports en nature doivent être totalement libérés dès sa constitution. Les apports en numéraire peuvent être libérés de manière échelonnée**, mais avec certaines restrictions. Par exemple, dans une SARL, libérer au moins 20 % à la constitution, le reste dans les 5 ans au maximum ; dans une SA, libérer au moins 50 % à la constitution, le reste dans les 5 ans maximum.

? L'essentiel en une question

Quelle est la seule catégorie d'apports qui peut être fractionnée ?

Consultez le corrigé
liennathan.fr/6drw42

FICHE RESSOURCE 2

L'enregistrement comptable de la souscription et de la libération des apports dans le cas d'une société

On distingue quatre étapes bien précises. Des comptes sont créés au cours de chaque étape, soldés dans les suivantes, marquant ainsi parfaitement la progression du processus.

Étapes		Schéma comptable	
		À l'actif	Au passif
1. Promesse d'apport	À la date de constitution de l'entreprise, les associés **souscrivent** au capital (promesse). La société détient sur eux une créance à court terme (4561) ou à long terme (109) pour la libération ultérieure du capital.	D 4561 Associés – Comptes d'apport en société D 109 Actionnaires – Capital souscrit, non appelé	C 1011 Capital souscrit, non appelé C 1012 Capital souscrit, appelé, non versé
2. Libération du capital	**Apports en numéraire** Les associés versent les fonds appelés (minimum la moitié).	512 Banque	45615 Associés – Apports en numéraire
	Apports en nature Les associés se libèrent de leur engagement en « versant » les biens convenus.	Apports d'actif débités	Apports de passif exigible crédités C 45611 Associés – Apports en nature
3. Constatation du capital appelé et versé	Le capital devient « appelé, versé ».	D 1012 Capital souscrit, appelé, non versé	C 1013 Capital souscrit, appelé et versé
4. Appel ultérieur du solde du capital	La créance à long terme (109) est appelée et le compte 1011 « Capital souscrit, non appelé » est annulé.	D 45621 Actionnaires – Capital appelé, non versé 1011 Capital souscrit, non appelé	C 109 Actionnaires – Capital souscrit, non appelé C 1012 Capital souscrit, appelé, non versé
5. Libération ultérieure du solde du capital	Le reste du capital est versé à la société. La totalité du capital est appelée et versée.	D 512 Banque D 1012 Capital souscrit, appelé non versé	C 45621 Actionnaires – Capital souscrit, appelé, non versé C 1013 Capital souscrit, appelé et versé
6. Constatation du capital	Après le dernier versement, le capital social est entièrement libéré. Les sous-divisions du compte 101 n'ont plus lieu d'être.		Le capital entièrement versé passe du compte 1013 au compte 101.

L'essentiel en une question

Pourquoi y a-t-il un compte de créances sur les actionnaires à court terme (456) et un autre à long terme (109) ?

Consultez le corrigé
liennathan.fr/65dk8n

FICHE RESSOURCE 3

Exemple d'enregistrement comptable de la souscription et de la libération des apports dans le cas d'une société

Une SA est constituée le 16/10/N au capital de 300 000 € :
– apports en nature : matériel industriel d'une valeur de 120 000 €, sur lequel il reste un emprunt de 20 000 €. Ils sont, conformément à la loi, intégralement appelés à la constitution, libérés le 18/10/N ;
– apports en numéraire : 200 000 €. Appelés pour les trois quarts de leur valeur à la constitution et libérés le 20/10/N.

Étape 1 – Enregistrement de la promesse d'apport à date de constitution

		16/10/N			
45611		Associés – Apports en nature	100 000		*Valeur nette*
45615		Associés – Apports en numéraire	150 000		*Fraction libérée aux 3/4*
109		Actionnaires – Capital souscrit, non appelé	50 000		*Fraction non libérée*
	1011	Capital souscrit, non appelé		50 000	
	1012	Capital souscrit, appelé, non versé		250 000	*Nature + numéraire*
		Promesse d'apport			

Étape 2 – Libération du capital à date de constitution

		16/10/N			
512		Banque	150 000		
	45615	Associés – Apports en numéraire		150 000	*Solde du compte*
		Libération des 3/4 en numéraire			
		16/10/N			
2154		Matériel industriel	120 000		
	164	Emprunts		20 000	*Reprise de la dette*
	45611	Associés – Apports en nature		100 000	*Solde du compte*
		Libération des apports en nature			

Étape 3 – Constatation du capital appelé et versé

		18/10/N			
1012		Capital souscrit, appelé, non versé	250 000		*Solde du compte*
	1013	Capital souscrit, appelé, versé		250 000	
		Pour solde du compte 1012			

Il reste 50 000 € d'apports en numéraire qui seront appelés et libérés ultérieurement.

Étapes 4, 5 et 6 – Après libération totale du capital : dernière écriture

		../../..			
1013		Capital souscrit, appelé, versé	300 000		*Solde du compte*
	101	Capital social		300 000	
		Constatation du capital			

L'essentiel en une question

Si les apports en numéraire sont intégralement libérés, quels comptes ne seront pas utilisés ?

Consultez le corrigé
liennathan.fr/cvt394

FICHE RESSOURCE 4

Le traitement des frais de constitution

I Les frais de constitution et leur affectation

La création d'une entreprise entraîne des frais tels que les droits d'enregistrement à verser au Trésor public, les frais de publicité légale, les honoraires... L'entreprise a le choix entre deux méthodes pour enregistrer les frais de constitution :

Méthode 1	Méthode 2
Enregistrement des frais dans des comptes de charges par nature	Enregistrement des frais sur option dans un compte d'actif
– Droits d'enregistrement : compte 6354 – Honoraires du notaire ou de l'avocat : compte 6226 « Honoraires », pour leur montant HT, la TVA étant déductible (44566)	Droits d'enregistrement + honoraires (HT) du notaire ou de l'avocat : compte 2011 La TVA sur honoraires est déductible (44562). Le compte 2011 sera amorti sur 5 ans maximum.
C'est la méthode recommandée par le plan comptable général. Elle permet de récupérer immédiatement ces frais par l'inscription dans un compte de charges, qui diminue d'autant le bénéfice et donc l'impôt de la première année de fonctionnement de la société.	Ce choix permet d'étaler les frais sur plusieurs années mais présente un inconvénient majeur : l'impossibilité de procéder à une distribution de bénéfices tant que les frais de constitution n'ont pas été entièrement amortis.

II L'amortissement des frais de constitution enregistrés en immobilisations

En cas d'**option** pour l'enregistrement des frais de constitution dans un compte d'immobilisations (2011) – méthode 2 –, ces frais doivent être amortis (c'est-à-dire étalés sur plusieurs exercices comptables) en mode linéaire sur une durée maximale de 5 ans, sans *prorata temporis* la première année (on prend en compte l'année entière même si ce n'est pas le cas).

Exemple

Une société constituée le 15/09/N a enregistré pour 1 500 € HT de frais de constitution dans le compte 2011. On étale donc le montant HT du compte 2011 sur la durée choisie par la société, soit 3 ans, en divisant le montant des frais par 3.

Le plan d'amortissement des frais de constitution est le suivant :

Exercice	Valeur d'acquisition	Dotations aux amortissements	Cumul des amortissements	Valeur nette comptable en fin d'exercice
N	1 500	500	500	1 000
N+1	1 500	500	1 000	500
N+2	1 500	500	1 500	0

À la fin de chaque exercice comptable, la société enregistre l'écriture suivante :

		31/12/N		
6811		Dotations aux amortissements – Charges d'exploitation	500	
	28011	Amortissements des frais de constitution		500
		Dotation annuelle des frais de constitution		

Au bout de 3 ans, la valeur nette comptable sera égale à 0. En soldant les deux comptes (2011 et 28011), la ligne des frais de constitution disparaît.

La société pourra commencer à distribuer des bénéfices.

L'essentiel en une question

Peut-on distribuer des bénéfices si les frais de constitution sont enregistrés dans un compte d'immobilisations ?

Consultez le corrigé
liennathan.fr/d6cj29

CHAPITRE 2

FICHE RESSOURCE 5

Les augmentations de capital

Les augmentations ultérieures du capital sont votées en assemblée générale extraordinaire (AGE) et possibles uniquement si le capital initial est déjà intégralement libéré. Les apports en numéraire ou en nature représentent des apports externes (nouvelles ressources). Il peut arriver qu'une augmentation de capital soit réalisée à l'aide d'un apport interne (incorporation d'une partie des réserves dans le capital).

I La valorisation des titres et la prime d'émission

Valeur nominale	Prix convenu pour les titres **lors de la création** de la société. Elle n'a rien à voir avec la valeur que peut avoir le titre quelques années plus tard.
Valeur réelle	Valeur boursière si l'action est cotée en Bourse, ou valeur que le titre dégagerait en cas de vente de l'entreprise.
Prix d'émission	Valeur choisie pour les nouveaux titres émis à l'occasion d'une augmentation de capital. – Au minimum : valeur nominale – Au maximum : valeur réelle – Un prix entre les deux permet de séduire des actionnaires qui disposeront alors de titres dont la valeur réelle sera supérieure au prix auquel ils les auraient achetés. La différence entre le prix d'émission et la valeur nominale est appelée « prime d'émission ». Elle constitue un complément d'apport. **Prix d'émission = Valeur nominale + Prime d'émission**

II Les frais relatifs à une augmentation de capital

Dans le cas d'une constitution de société, ils sont généralement enregistrés par nature (honoraires, droits d'enregistrement…). Mais dans le cas d'une augmentation de capital, ils peuvent être déduits de la prime d'émission. Ainsi, le complément d'apport donné par l'associé sert pour partie à payer les frais de constitution. La prime d'émission devient plus faible.

Prime d'émission = Prix d'émission – Valeur nominale – Frais de constitution

Schéma d'écriture : D: 1041 C: 512 ou option cas 2013

III L'enregistrement comptable d'une augmentation de capital

Étape 1 – L'encaissement des fonds

Quelle que soit la forme juridique de l'entreprise, **on doit encaisser immédiatement au moins 25 % de la valeur nominale**. Le solde est à encaisser dans un délai de 5 ans au maximum.

L'intégralité de la **prime d'émission** doit être immédiatement encaissée dans une SA, ce n'est pas une obligation dans une SARL.

Ce n'est qu'après l'encaissement des fonds que l'on pourra créer les titres.

Exemple

Le 10/10/N, l'entreprise Richard réalise une augmentation de capital par apports en numéraire. Elle a émis 1 000 titres à 120 €. La valeur nominale est de 100 €.

Détermination des sommes à encaisser : 100 × 0,25 + 20 = 45 € par action

		10/10/N			
512		Banque	45 000		*Constat d'une dette car les actionnaires n'ont pas encore reçu les titres (non encore créés)*
	4563	Actionnaires – Versements reçus sur augmentation de capital		45 000	
		Encaissement des fonds			

Étape 2 – L'augmentation de capital

Cette étape consiste à créer les nouveaux titres et à solder la dette vis-à-vis des actionnaires.

Exemple (suite)

On utilise le compte 1011 (capital non appelé) pour 75 % de la valeur nominale, soit 75 € par action, soit 75 000 €. On utilise le compte 1013 (capital appelé, versé) pour 25 % de la valeur nominale, soit 25 € par action, soit 25 000 €. Comme les titres ont été émis à une valeur supérieure à la valeur nominale, il faut enregistrer une prime d'émission (20 000 €) dans un compte distinct : 1041.

		10/10/N			
4563		Actionnaires – Vrs[ts] reçus sur aug. de capital	45 000		*Dette annulée*
	1013	Capital souscrit, appelé, versé		25 000	*25 % nominal appelé*
	1041	Primes d'émission		20 000	*100 % prime*
109		Actionnaires – Capital souscrit, non appelé	75 000		*Non exigible*
	1011	Capital souscrit, non appelé		75 000	
		Aug. de capital par apports en numéraire			

Remarques

1. Les primes d'émission ne constituent pas le capital social (compte 101). Elles resteront dans un compte proche (104).
2. Dans le cas d'une augmentation de capital par apports en nature, on parle de « prime d'apport » au lieu de prime d'émission et on utilise le compte 1043 à la place du compte 1041.

IV Les augmentations de capital par incorporation de réserve

L'incorporation d'une partie des réserves dans le capital est une opération de communication financière qui vise à améliorer l'image de l'entreprise auprès des actionnaires et des tiers. En fait, aucune ressource nouvelle n'est apportée le jour de cette augmentation de capital, seule la ventilation entre les comptes de capital et de réserves est modifiée.

Cela n'est pas pour autant complètement fictif. En effet, ces réserves correspondent à une partie du bénéfice que les actionnaires ont souhaité, chaque année, laisser à la disposition de l'entreprise. C'est un peu comme si les associés, en se privant de dividendes, avaient chaque année apporté des ressources financières à l'entreprise, sans recevoir de titres en contrepartie. Transformer ces réserves en capital revient à distribuer des titres aux actionnaires pour les fonds laissés chaque année à disposition de l'entreprise.

Comme pour une augmentation de capital par apport, un prix d'émission est fixé. Il faudra donc aussi tenir compte de primes liées au capital.

Les écritures au journal sont simplifiées. Au lieu d'enregistrer des biens à l'actif, on réduit les réserves de l'entreprise (compte 106 à l'actif).

Exemple

Une SA au capital de 300 000 € décide le 20/03/N d'incorporer à son capital une partie de la réserve facultative à hauteur de 100 000 €. Il s'agit donc de transférer une partie de la réserve facultative dans le capital social.

		20/03/N		
1068		Autres réserves	100 000	
	1013	Capital souscrit, appelé, versé		100 000
		Augmentation de capital par incorporation de réserve		

À l'issue de cette augmentation, les associés recevront des actions gratuitement.

L'essentiel en une question

Pourquoi le prix d'émission des actions émises suite à une incorporation de réserve est-il nul ?

Consultez le corrigé
liennathan.fr/v3p53j

APPLICATIONS

EXOS FLASH

EXO 1 Quiz interactif

Testez vos connaissances sur ce chapitre avec le quiz en ligne.

liennathan.fr/kd335s

Votre score ....

EXO 2 Traiter la constitution d'une SA avec apports en numéraire

La société Astra se constitue le 14/02/N avec un capital de 50 000 € (actions de 100 €) composé exclusivement d'apports en numéraire libérés de la moitié. Le montant appelé est libéré le 28/02/N.

1. **De combien de titres est composé le capital social ?**
2. **Présentez les écritures d'appel et de libération du capital.**
3. **Le solde du capital est appelé le 15/03/N+1 et libéré le 31/03/N+1. Présentez les écritures.**

EXO 3 Traiter la constitution d'une SA avec apports en numéraire et en nature

La société Bonnaud se constitue le 16/10/N avec un capital de 800 000 € (actions de 100 €).
M. Bonnaud apporte un immeuble d'une valeur de 440 000 € et des dettes fournisseurs à hauteur de 40 000 €. Le reste des apports est constitué par du numéraire, libérés de la moitié lors de l'augmentation de capital le 18/10/N. Les apports en numéraire ont été déposés chez un notaire, qui les restitue à la société le 30/10/N sous déduction de 5 800 € de frais de constitution (4 000 € de droits d'enregistrement et 1 800 € TTC d'honoraires du notaire, dont 300 € de TVA récupérable). La société a décidé d'enregistrer les frais de constitution dans des comptes de charges par nature.

1. **Quelle autre possibilité s'offrait à la société pour l'enregistrement des frais de constitution ? Présentez l'écriture dans cet autre cas.**
2. **Déterminez le nombre d'actions relatives aux apports en nature et en numéraire.**
3. **Enregistrez les écritures de constitution de la société, y compris les frais de constitution.**
4. **Le solde du capital est appelé le 08/11/N+1 et libéré le 30/11/N+1. Présentez les écritures.**

EXO 4 Enregistrer une augmentation de capital par apports en numéraire

La société Marchand a procédé le 01/10/N à une augmentation de capital par apports en numéraire. Elle a émis 10 000 titres d'une valeur nominale de 100 € qui ont été libérés des trois quarts à la souscription. Le prix d'émission a été fixé à 120 € par titre.

1. **Déterminez la somme encaissée par la société (par titre et globalement).**
2. **Enregistrez les écritures relatives à l'augmentation de capital.**
3. **Le solde du capital est appelé le 28/06/N+1 et libéré le 15/07/N+1. Présentez les écritures.**

EXO 5 Enregistrer une augmentation de capital par incorporation de réserve

La société Maurin possède un capital de 3 000 000 € (actions de 500 €). Elle décide d'incorporer une partie de la réserve facultative à hauteur de 1 000 000 € le 15/04/N.

1. **Combien la société doit-elle émettre d'actions nouvelles ?**
2. **Quel est le montant du prix d'émission des nouveaux titres ?**
3. **Présentez l'écriture relative à cette augmentation de capital.**

ENTRAÎNEMENT AU BTS 1 Procéder aux opérations de création d'une SARL ★★☆

Vous travaillez en qualité de comptable au sein du cabinet d'expertise comptable Louis Malley. Ce dernier vous confie le dossier d'un futur client, la SARL Altiar, actuellement en formation : M. Albertini est propriétaire d'une entreprise individuelle dont il a assuré le développement depuis une dizaine d'années. Il s'est spécialisé dans la fourniture en gros de matériel de bureau destiné aux collectivités locales et aux entreprises.

Le développement de ce marché le conduit à procéder à l'agrandissement de son entreprise par la recherche d'associés. Il a décidé de créer une nouvelle société en faisant appel à deux amis d'enfance qui apporteront les capitaux nécessaires à son développement.

Vous disposez des principaux renseignements sur cette société en formation (annexe 1) et de la facture du notaire relative aux frais de constitution (annexe 2).

1. **Distinguez les apports en nature et les apports en numéraire puis évaluez leurs montants respectifs. Quel sera le montant du capital social ?**
2. **Expliquez et justifiez l'existence du rapport (annexe 3).**
3. **Déterminez, pour chaque associé, le nombre de parts correspondant à leur apport et précisez la nature des parts sociales (en numéraire ou en nature).**
4. **Les parts relatives aux apports en numéraire sont intégralement libérées lors de la constitution. Une autre solution est-elle possible ? Si oui, précisez laquelle.**
5. **Indiquez les deux possibilités qui s'offrent à la société pour l'enregistrement des frais de constitution.**
6. **Présentez les écritures relatives à la constitution de la société en sachant que la société a choisi la méthode préférentielle pour l'enregistrement des frais de constitution. Enregistrez ces écritures dans le PGI en procédant à la création des comptes de la société.** P7
7. **Quel est l'intérêt de choisir la méthode préférentielle pour l'enregistrement des frais de constitution ?**
8. **Quelles seront les formalités juridiques à effectuer après la signature des statuts ?**

ANNEXE 1 Renseignements sur la SARL Altiar

La SARL Altiar se constitue le 05/01/N entre quatre personnes physiques : MM. Albertini, Raymondi, Petit et Prévôt.

M. Albertini apporte certains éléments de son entreprise individuelle qui va constituer la base essentielle de la nouvelle société, à savoir :

- Constructions (les locaux de la société) 250 000 €
- Fonds commercial (la valeur marchande de la clientèle) 110 000 €
- Mobilier divers 50 000 €
- Matériel informatique 7 000 €
- Marchandises issues du stock de son ancienne entreprise 74 000 €

ANNEXE 1 **(suite)**

En contrepartie, la SARL en formation s'engage à reprendre à sa charge les dettes fournisseurs (80 000 €) et les dettes envers la Sécurité sociale non encore réglées (11 000 €).

MM. Raymondi et Prévôt apportent chacun la somme de 50 000 € en espèces, déposés chez le notaire chargé des opérations juridiques et fiscales relatives à la constitution de la société. Les associés ont décidé que les apports en numéraire seraient intégralement versés le jour de la constitution de la société.

Le 10/01/N, la libération des apports est effectuée dans les locaux de l'étude de maître Richard, notaire, qui s'occupe de toutes les opérations légales relatives à la constitution. À cet effet, les 100 000 € d'apports en numéraire sont déposés sur le compte du notaire, qui les restitue le 18/01/N sous déduction des frais de constitution (annexe 2).

La valeur de chaque part sociale est fixée à 100 €.

ANNEXE 2 **Facture des frais de constitution**

M. RICHARD Notaire
PARIS

Utiliser le compte 467 « Notaire »

Remboursement : 18/01/N

Le 18/01/N

Facture n° 580
Société ALTIAR
PARIS

TVA payée sur les débits

Référence	Désignation	Montant
DA	Droits d'enregistrement aux impôts	8 004
HON1	Honoraires du commissaire aux apports : base HT	2 000
HON2	Honoraires du notaire : base HT	1 000
	Montant HT	11 004
	TVA à 20 % (sur honoraires)	600
	Sommes versées	– 100 000
	Net en votre faveur	**88 396**

ANNEXE 3 **Extrait du rapport du commissaire aux apports**

M. Pierre Dessanges a été désigné en qualité de commissaire aux apports en application de l'article L 223-9 du Code de commerce, suivant délibération en date du 05/01/N prise à l'unanimité des futurs associés de la SARL en formation […].

Il a été chargé d'établir un rapport sur l'évaluation à donner au fonds de commerce de M. Albertini qui sera repris par la SARL en formation […].

Le soussigné, après avoir pris connaissance des documents comptables qui lui ont été présentés par M. Albertini et avoir visité les lieux, constate :

– que les éléments corporels du fonds de commerce, à savoir les locaux, le mobilier et le matériel informatique, sont correctement évalués ;

– que la valeur du stock repris correspond à son coût d'achat sans application d'une quelconque décote ;

– que la valeur de la clientèle du fonds commercial peut être estimée à six mois de chiffre d'affaires moyen observé sur les trois dernières années.

En conséquence, le commissaire soussigné évalue à ladite somme la valeur du fonds de commerce désigné et affirme que la valeur de cet apport correspond à la valeur des parts à émettre en contrepartie.

Ledit rapport a été remis aux futurs associés et annexé aux statuts de la société le 07/01/N.

ENTRAÎNEMENT AU BTS 2

Procéder aux opérations de création d'une SA avec apports fractionnés ★★☆

La SA Lycosystèmes, spécialisée dans les analyses d'échantillons marins afin de détecter d'éventuelles pollutions, se constitue le 03/05/N au capital de 1 500 000 €, composé de 3 000 actions de valeur nominale 500 €.

Vous disposez de tous les renseignements relatifs à la constitution de la société (annexe).

1. **Déterminez le nombre d'actions correspondant aux apports en nature et aux apports en numéraire.**
2. **Quel est le minimum légal à libérer pour les actions relatives aux apports en numéraire ? La société respecte-t-elle cette règle ?**
3. **Quel est le montant du capital souscrit non appelé ?**
4. **Enregistrez les écritures relatives à la constitution de la société.**
5. **En sachant que la société a choisi d'enregistrer les frais de constitution dans un compte d'immobilisations, enregistrez l'écriture correspondante.**
6. **Quel est l'inconvénient d'opter pour l'enregistrement des frais de constitution dans un compte d'immobilisations en ce qui concerne la distribution des futurs bénéfices ?**
7. **Présentez le plan d'amortissement (ou d'étalement) sur 4 ans des frais de constitution. Quelle est la durée maximale d'amortissement autorisée ?**
8. **Enregistrez les écritures d'appel et de libération du solde du capital social.**

ANNEXE **Informations sur la constitution de la SA Lycosystèmes**

La société s'est constituée le 03/05/N avec un principal actionnaire non majoritaire, M. André Bonnand, qui apporte une partie des éléments d'actif et de passif exigible de son ancienne entreprise individuelle, à savoir :

- Terrains 150 000 €
- Constructions 320 000 €
- Matériel et outillage 200 000 €
- Stock de matières premières 135 000 €
- Créances clients 85 000 €
- Dettes fournisseurs (reprises par la société) 90 000 €
- Emprunt bancaire (repris par la société) 200 000 €

Le reste du capital, 900 000 €, est apporté sous forme d'apports en numéraire par plusieurs actionnaires. Les actionnaires ont décidé de procéder à la libération des trois quarts du montant des apports en numéraire.

Le 18/05/N, les apports en numéraire sont déposés sur le compte du notaire *(utiliser le compte 467 « Notaire »)* et sont donc libérés en même temps que les apports en nature. Le notaire restitue les fonds relatifs à l'encaissement de la fraction du capital versé le 22/05/N, sous déduction de 10 000 € de frais de constitution. Le virement du notaire s'est effectué sur le compte bancaire de la société.

Le solde du capital est appelé le 01/12/N. Tous les actionnaires titulaires d'actions en numéraire versent les fonds le 15/12/N sur le compte bancaire de la société.

ENTRAÎNEMENT AU BTS 3

Procéder à une augmentation de capital en numéraire et en nature dans une SARL ★★★

La SARL Le Pêcheur des Hauts-Plateaux est spécialisée dans la distribution d'articles de pêche dans le département de la Loire. Elle envisage d'étendre son activité à l'ensemble des autres départements limitrophes et, pour cela, elle a besoin de fonds supplémentaires. Elle souhaite donc procéder à une augmentation de capital par apports en numéraire.

Vous disposez de tous les renseignements relatifs à cette augmentation de capital (annexe 1). Vous êtes chargé(e) de préparer les opérations relatives à cette augmentation.

1. **Vérifiez, à l'aide de l'annexe 2, que le prix d'émission des parts nouvelles est bien égal à 120 €.**
2. **La SARL a fixé le prix d'émission des parts nouvelles en se basant sur la valeur réelle des titres. Cette disposition est-elle conforme à la réglementation en vigueur ? Rappelez les règles qui régissent la libération de la prime d'émission.**
3. **Quels apports doivent obligatoirement être intégralement libérés ?**
4. **Quelle est la règle à respecter en ce qui concerne la libération des apports en numéraire ? Cette règle est-elle respectée ?**
5. **Quelle est la somme versée par chaque associé porteur de nouvelles parts en numéraire ?**
6. **Parmi les 14 400 € d'apport en nature, distinguez ce qui relève de l'augmentation de capital et ce qui relève de la prime d'apport.**
7. **Présentez les écritures relatives à cette augmentation de capital.**
8. **Quelles sont les deux possibilités de traitement comptable des frais d'augmentation de capital ?**
9. **Présentez l'écriture relative au traitement des frais d'augmentation de capital en suivant l'option choisie par la société.**

ANNEXE 1 Renseignements relatifs à l'augmentation de capital

L'augmentation de capital sera effectuée au début du mois de février N. La société souhaite émettre 1 000 parts d'une valeur nominale de 100 € mais émises à la valeur réelle des titres, soit 120 €. Les apports en numéraire seront libérés des trois quarts lors de l'augmentation de capital. En plus de ces apports, un associé apportera un véhicule de livraison d'une valeur de 14 400 € en contrepartie de 120 parts sociales émises à 100 € en nominal mais avec un prix d'apport égal à la valeur réelle des titres, soit 120 €.

Les frais d'augmentation de capital s'élèvent à 1 000 € et sont réglés par chèque bancaire le 07/02/N. La SARL souhaite les comptabiliser conformément à la méthode préférentielle recommandée par le plan comptable général et les imputer sur la prime d'apport.

ANNEXE 2 Extrait des comptes de capitaux

Comptes	Au 31/12/N-1	Au 31/12/N(1)
Capital (parts sociales de 100 €)	300 000	412 000(2)
Prime d'émission	0	20 000(3)
Prime d'apport	0	2 400

(1) Montant prévisible du capital et des primes à la fin de l'exercice N.
(2) Dont capital souscrit, appelé et versé : 375 000 €.
(3) La prime d'émission a été intégralement libérée, conformément aux souhaits des associés.

ENTRAÎNEMENT AU BTS 4

Procéder à une augmentation de capital par incorporation de réserves dans une SA

★★☆

La société Delta est spécialisée dans la fabrication et la distribution de matériel de bureau, aussi bien sur des sites physiques (magasins spécialisés) que dématérialisés (commerce électronique). Elle dispose d'une centaine de magasins répartis sur le territoire national. Sa réputation est telle qu'elle envisage de se développer à l'étranger, dans un premier temps sur les secteurs frontaliers.

La société dispose d'importantes réserves accumulées depuis plus de 40 ans, d'expérience et de bénéfices conséquents. Elle souhaite incorporer une partie de la réserve facultative au capital social afin que ce dernier atteigne la somme de 15 000 000 €.

Vous êtes chargé(e) de procéder aux opérations relatives à cette augmentation de capital (annexe 1).

1 **Quel doit être le montant prélevé sur la réserve facultative afin de doter le capital au niveau souhaité ?**

2 **Ce type d'augmentation de capital va-t-il dégager de nouvelles ressources pour la société ? Expliquez les raisons qui peuvent pousser l'entreprise à effectuer ce type d'opération.**

3 **Quel sera le nombre d'actions nouvelles à émettre ? Quel sera le prix (éventuel) d'émission de ces nouvelles actions, sachant que la réserve facultative est la propriété des actionnaires ?**

4 **Quelle sera la valeur nominale des nouveaux titres émis ?**

5 **Quelles seront les formalités légales à accomplir suite à cette augmentation de capital ?**

6 **Procédez à l'enregistrement de cette augmentation de capital en date du 15/04/N.**

7 **Présentez l'extrait des capitaux propres après augmentation de capital (annexe 2).**

8 **La société ne connaît pas encore le montant des frais d'augmentation de capital mais elle souhaite procéder à leur enregistrement dans un compte d'immobilisations. Cette méthode est-elle celle recommandée par le plan comptable général ? Quelle est la durée maximale d'amortissement (étalement) des frais d'augmentation de capital ?**

ANNEXE 1 **Extrait des capitaux propres avant augmentation de capital**

Comptes	Sommes
Capital (actions de 100 €)	5 625 000
Réserve légale	562 500
Réserve réglementée	185 500
Réserve facultative	14 000 000

ANNEXE 2 **Extrait des capitaux propres après augmentation de capital**

Comptes	Sommes
Capital (actions de 100 €)	....
Réserve légale	562 500
Réserve réglementée	185 500
Réserve facultative	....

ENTRAÎNEMENT AU BTS 5

Procéder à une augmentation de capital par apports en numéraire et par incorporation de réserves dans une SA ★★★

La SA LTG est spécialisée dans la conception, la fabrication et la vente de chaudières à gaz. Elle envisage d'étendre ses activités en Italie en implantant une usine près de Milan. Afin, d'une part, de financer partiellement l'investissement dans la nouvelle usine et, d'autre part, de donner confiance aux clients italiens, elle envisage de procéder, au début de l'année N, à une double augmentation de capital.

Vous êtes chargé(e) des opérations relatives à cette double augmentation de capital. Vous disposez des informations fournies dans les annexes 1 et 2.

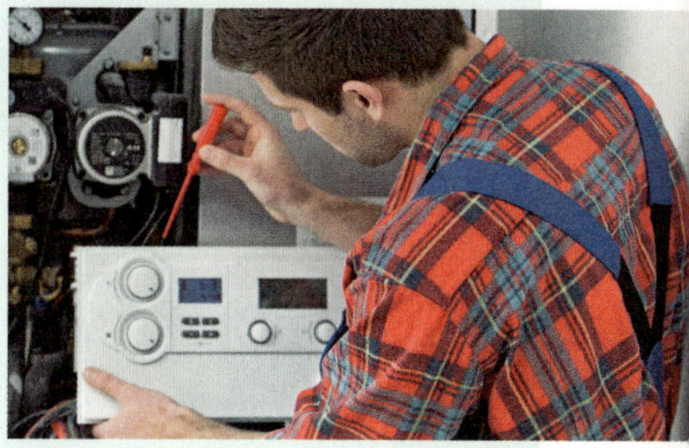

1. **Quel sera le montant du capital après ces augmentations ? Déterminez le nombre de titres avant augmentations et celui après augmentations.**
2. **Le prix d'émission des actions en numéraire est-il conforme à la réglementation en vigueur ? Pour quelle raison, selon vous, la société a-t-elle fixé le prix d'émission en dessous de la valeur réelle de l'action ?** Prix respecté — Permet de séduire des actionnaires
3. **Déterminez la valeur de la prime d'émission (unitaire et globale) et indiquez si elle peut être libérée intégralement lors de l'augmentation de capital.** 200 − 100 = 100 €
4. **Calculez les sommes perçues par la société lors de l'augmentation de capital.**
5. **Présentez les écritures relatives aux deux augmentations de capital qui seront effectuées le même jour, soit le 02/02/N.**
6. **Présentez l'extrait des capitaux propres après augmentations de capital au 02/02/N (complétez l'annexe 3).**
7. **Présentez les écritures relatives à l'appel et à la libération du solde du capital.**

ANNEXE 1 **Informations sur la double augmentation de capital**

La société LTG souhaite procéder à une double augmentation de capital au début du mois de février N :

- émission de 10 455 actions gratuites de valeur nominale 100 € relatives à une incorporation d'une partie de la réserve facultative à hauteur de 1 045 500 € ;
- émission de 20 910 actions relatives à des apports en numéraire de valeur nominale 100 € mais émises à 200 €. La valeur réelle des titres est estimée à 250 €.

Les actions nouvelles en numéraire seront libérées de la moitié. Il est prévu d'appeler le solde du capital le 01/12/N, les actionnaires devant se libérer au plus tard le 15/12/N.

Capital initial — Partie de la Réserve — 20 910 actions apport en numéraire → Valeur nominale de 100 €

3 136 500 + 1 045 500 + 2 091 000 = 6 273 000

ANNEXE 2 **Extrait des capitaux propres au 31/12/N-1**

Comptes	Sommes
Capital (actions de 100 €) – *Dont capital souscrit, appelé, versé : 3 136 500*	3 136 500
Réserve légale	282 480
Réserve facultative	2 691 440

ANNEXE 3 **Extrait des capitaux propres au 02/02/N après augmentations de capital**

Comptes	Sommes
Capital (actions de 100 €) – *Dont capital souscrit, appelé, versé :*	....
Prime d'émission	....
Réserve légale	282 480
Réserve facultative	....

CHAPITRE 2

SYNTHÈSE

Synthèse audio
liennathan.fr/qw82t7

La constitution de l'entreprise et l'évolution de son capital

1 La constitution du capital à la création d'une société

Apports	Capital	Réception des apports
Faits par les associés. Permettent de financer l'entreprise. → **Apport en numéraire** → **Apports en nature** → Apports en industrie	= Apports **nature** + **numéraire** → Total divisé en **titres** Valeur 1 titre = **valeur nominale** Titres répartis entre les associés au prorata de leurs apports	Les associés disposent de temps pour transmettre concrètement les apports promis. La constitution du capital se fait en plusieurs étapes.

Promesse	Appel	Libération	Formation du capital
Date de constitution : les associés s'engagent sur une promesse. La société détient une créance.	Date de constitution : la société réclame les apports. A. Nature : 100 % B. Numéraire : minimum = 20 % SARL, 50 % SA Le reste dans les 5 ans	Les associés effectuent les apports appelés. Une partie du capital devient « appelé, versé ».	Après le dernier versement (au plus tard en 5 ans), le capital est formé.
D 4561 – C 1011 **D 109 – C 1012**	**D 512 – C Dettes** **D Actifs – C 4561**	**D 1012 – C 1013**	**D 1013 – C 101** (autres comptes soldés)

2 Le traitement des frais de constitution

Frais de constitution	Traitement comptable
Droits d'enregistrement, publicité légale, honoraires…	Soit dans des comptes de charges par nature (PCG) Soit en compte 2011, amortissable en linéaire (sans *prorata temporis*) sur 5 ans maximum

3 Les augmentations de capital

Incorporation des réserves	Apports nouveaux	Traitement comptable
Réserves → Capital **Capital augmente** **Capitaux propres stables** Création de titres répartis gratuitement sur l'**ensemble des associés** au prorata de leurs parts actuelles	Apports → Capital **Capital augmente** **Capitaux propres augmentent** Création de **titres** répartis sur nouveaux apporteurs → Nouvelle répartition des pouvoirs	**Prix émission = Valeur nominale + Prime d'émission** Valeur nominale : augmente le capital (101). Au moins 25 % à libérer immédiatement. Prime d'émission : n'augmente pas le capital (104). À libérer à 100 %.

CHAPITRE
3 Les opérations d'inventaire relatives aux stocks

Activité	Composante d'activité	Compétence	P7
2.3. Réalisation des opérations d'inventaire	**2.3.1.** Réalisation, enregistrement, contrôle des travaux d'inventaire relatifs aux stocks	Analyser, traiter et enregistrer les opérations d'inventaire nécessaires et obligatoires relatives aux stocks dans le respect des principes comptables et fiscaux en vigueur	– L'utilisation du PGI pour effectuer les enregistrements des écritures, les contrôler et mettre à jour les données – Une utilisation du tableur (tris, simulation, regroupements) adaptée aux besoins de l'utilisateur

SITUATION PROFESSIONNELLE

La SA Modélisme Provence, dirigée par M. Gari, est le leader français du secteur du modélisme. Cette PME, connue de la profession et du grand public, n'a cessé de croître et de se diversifier dans les produits affectés aux loisirs.

Vous avez participé cette année à l'ensemble des opérations comptables courantes. Vous avez organisé au quotidien la tenue et le suivi des dossiers clients et fournisseurs, contrôlé les opérations, archivé les documents commerciaux, enregistré et suivi les opérations comptables relatives aux achats, aux ventes, aux opérations de financement… Chaque mois, vous avez œuvré pour l'élaboration et l'enregistrement des paies ou des déclarations de TVA.

Fin décembre, l'exercice comptable s'achève. Il s'agit désormais pour le service Comptabilité de procéder, pendant plusieurs semaines, aux opérations d'inventaire. Celles-ci doivent permettre de mettre à jour la valeur du patrimoine de l'entreprise, de réaliser quelques ajustements sur les charges et les produits de l'année, et de clôturer les comptes pour présenter des documents de synthèse représentant fidèlement la réalité.

Les travaux sont nombreux. Mme Lam, DAF, a choisi de commencer par la valorisation du montant des stocks qui apparaîtront au bilan. Compte tenu de l'activité de l'entreprise, les stocks sont très divers. La vente de modèles réduits (véhicules terrestres et nautiques, drones…) à monter soi-même ou achevés entraîne la gestion de stocks de produits finis et de marchandises. La nécessité d'utiliser des fournitures et accessoires pour la fabrication et d'en proposer la vente aux clients pour personnaliser leurs modèles entraîne la gestion de stocks de matières premières, matières consommables et marchandises.

L'entreprise Modélisme Provence a choisi de les mettre à jour en comptabilité une fois par an, à chaque clôture des comptes.

VOS MISSIONS

Mme Lam vous sollicite pour participer à la clôture des comptes et vous confie le dossier des stocks. Vous devez collecter toutes les données nécessaires et réaliser les opérations d'inventaire qui s'y rapportent.

MISSION 1 **Comprendre l'organisation des inventaires physique et comptable des stocks** ▶ Fiches ressource 1 et 2

MISSION 2 **Mettre à jour le montant des stocks en fin d'exercice comptable** ▶ Fiche ressource 3

MISSION 3 **Prendre en compte les dépréciations des stocks** ▶ Fiche ressource 4

VOS MISSIONS

MISSION 1 Comprendre l'organisation des inventaires physique et comptable des stocks

1. Sur la devanture du magasin de la SA Modélisme Provence, on a pu lire pendant deux jours : « Fermé pour cause d'inventaire ». Selon vous, de quel type d'inventaire s'agissait-il ?
▶ Fiche ressource 1

2. Quel est l'intérêt d'organiser ce type d'inventaire ? Est-ce obligatoire ?

3. Démontrez que, du point de vue comptable, l'entreprise réalise un inventaire des stocks intermittent. Quels sont les avantages et les limites de cette méthode ?
▶ Annexes 1 et 2

4. L'inventaire physique des stocks est terminé. Le responsable a mis à jour les quantités inscrites sur les fiches de stock. Comment la valeur des stocks en fin d'année est-elle calculée ? Qui sera destinataire de cette information ?
▶ Fiche ressource 2

Discutons-en !
Comment compter les produits en stock sans risque d'erreur ?

MISSION 2 Mettre à jour le montant des stocks en fin d'exercice comptable

5. Observez l'évolution de chaque famille de stocks. Précisez si la situation est un surstockage ou un sous-stockage et expliquez concrètement ce que cela signifie.
▶ Annexes 2 et 3 ▶ Fiche ressource 3

6. Passez au journal l'écriture de mise à jour des stocks en comptabilité. Pourquoi utilise-t-on un compte de charges pour les variations de stocks de matières premières et de marchandises et un compte de produits pour la variation de stock de produits finis ?

7. Calculez l'impact de cette écriture sur le résultat comptable. Commentez.

8. Complétez l'extrait du compte de résultat. Pourquoi la variation des stocks de marchandises apparaît-elle dans le compte de résultat avec un signe négatif alors que les stocks de marchandises ont augmenté ?
▶ Annexe 4

La question de l'expert
Calculez le coût d'achat des marchandises vendues. Expliquez le lien avec les ventes de marchandises et le principe d'indépendance des exercices, puis démontrez l'importance de ces écritures de variation des stocks quant à l'image fidèle.

Besoin d'aide ?
liennathan.fr/ps9yao

L'autocorrection en vidéo
liennathan.fr/j88pqv

MISSION 3 Prendre en compte les dépréciations des stocks

9. De mauvaises conditions de stockage ont détérioré une partie des stocks, qui ont perdu de leur valeur. Procédez aux enregistrements nécessaires.
▶ Annexe 5 ▶ Fiche ressource 4

10. Pourquoi, lors de la mise à jour des stocks en comptabilité (question 6), n'avez-vous pas directement enregistré en compte de stock leur valeur dépréciée ?

11. Calculez l'impact de vos enregistrements sur le résultat comptable. Expliquez pourquoi et comment, en cas de contrôle, l'entreprise doit être en mesure de justifier ces dépréciations.
▶ Annexe 6

12. Présentez un extrait du bilan après inventaire.
▶ Annexe 7

DONNÉES DE LA SITUATION

ANNEXE 1 Méthode d'inventaire retenue par Modélisme Provence

Pour mettre à jour les stocks de l'entreprise, Mme Lam a choisi la méthode de l'inventaire intermittent préconisée par le PCG.

ANNEXE 2 Extrait du bilan au 01/01/N et au 31/12/N avant inventaire

ACTIF au 01/01/N	Brut	Amortissements / Dépréciations	Net
[...]	[...]	[...]	[...]
Stocks de matières premières et consommables	17 597,00	390,00	17 207,00
Stocks de produits finis	70 989,80	410,00	70 579,80
Stocks de marchandises	23 363,20		23 363,20
[...]	[...]	[...]	[...]

ACTIF au 31/12/N avant inventaire	Brut	Amortissements / Dépréciations	Net
[...]	[...]	[...]	[...]
Stocks de matières premières et consommables	17 597,00	390,00	17 207,00
Stocks de produits finis	70 989,80	410,00	70 579,80
Stocks de marchandises	23 363,20		23 363,20
[...]	[...]	[...]	[...]

ANNEXE 3 Résultat de l'inventaire physique des stocks (en €)

Matières premières et consommables	16 964,50
Produits finis	69 659,30
Marchandises	25 740,38

ANNEXE 4 Impact des écritures de mise à jour des stocks sur le compte de résultat (extrait)

Charges		Produits	
Achats de marchandises	340 182,60	Ventes de marchandises	379 042,00
Variation des stocks de marchandises		Production vendue	1 307 752,25
Achats de matières 1res et autres approv.	79 177,83	**Total du CA**	**1 686 794,25**
Variation des stocks de matières 1res		Production stockée	
[...]			

ANNEXE 5 Informations relatives aux dépréciations des stocks

- Le stock de marchandises est déprécié de 505,79 €.
- Le stock de matières premières est déprécié de 500 €.

ANNEXE 6 Comment justifier la dépréciation des stocks ?

La dépréciation des stocks n'impacte pas la trésorerie d'une entreprise. Elle n'implique pas d'encaissement, ni de décaissement. Par contre, elle peut entraîner des modifications sur le compte de résultat. Une augmentation ou une diminution du **résultat comptable** peut être observée selon que les écritures de dotations favorisent une augmentation ou une réduction.

Quelles justifications pour prouver une dépréciation des stocks ?

Avant tout, il faut savoir qu'une attention particulière est accordée par l'**administration fiscale** aux justifications d'une dépréciation des stocks. […]

Une société doit pouvoir justifier la perte de la valeur des stocks, surtout si elle constitue une provision pour dépréciation. En d'autres termes, il faut expliquer à l'administration fiscale que le cours du jour des stocks est inférieur à leur coût de revient au moment de la clôture de l'exercice comptable. Pour ce faire, il faut fournir des **arguments convaincants** expliquant le risque de revente des produits à un coût inférieur au prix de revient. Ces justifications doivent aussi inclure une **évaluation de l'éventuelle perte calculée avec une approximation suffisante**. Ce n'est qu'ainsi que la provision de dépréciation de produits peut être décomptée du résultat fiscal.

https://fiches-pratiques.chefdentreprise.com

ANNEXE 7 Extrait du bilan après inventaire au 31/12/N

ACTIF	N			N-1
	Brut	Amort. / Dépr.	Net	Net
[…] Stocks de matières premières Stocks de produits finis Stocks de marchandises […]				

FICHE RESSOURCE 1

L'inventaire des stocks

I La notion de stock

1. Définition

Un stock est un réservoir de biens (matières premières, fournitures, produits…) destinés à être rapidement consommés dans le processus de fabrication ou vendus aux clients.

2. Caractéristiques

La notion de stock n'est pas liée au bien mais à sa destination.

> **Exemple**
> Dans une entreprise dont l'activité est la commercialisation de matériels informatiques, l'ordinateur acquis pour le service Comptabilité et utilisé par le personnel est comptabilisé en immobilisation alors que les ordinateurs achetés pour être revendus aux clients sont enregistrés dans les stocks.

Le stock apparaît au bilan de l'entreprise et plus précisément à l'actif circulant. En effet, les biens en stock sont censés être détenus pendant une courte période.

II La notion d'inventaire

Le terme « inventaire » comporte plusieurs sens qu'il est important de distinguer.

1. L'inventaire comptable

Il correspond à une période durant laquelle le comptable prépare les documents de synthèse, à la fin de l'exercice. Pour cela, il réalise de nombreuses opérations destinées à s'assurer que les documents correspondent fidèlement à la réalité.

2. L'inventaire des stocks

Il est réalisé en deux temps :

- **l'inventaire physique** : il s'agit du recensement concret et exhaustif de tous les éléments détenus en stock afin d'en évaluer les quantités. Ce comptage est obligatoire et doit être effectué au moins une fois par an, et dans les trois mois suivant la fin de l'exercice comptable. Il permet de corriger d'éventuels écarts (pertes, vols, détériorations) avec les données théoriques de la comptabilité. Pour pouvoir le réaliser correctement, l'entreprise est amenée à fermer pendant un ou deux jours ;
- **l'inventaire comptable des stocks** : dans le même temps, le comptable estime la valeur des stocks dans les comptes de l'entreprise, à l'aide des informations issues de la comptabilité. Avant de présenter les documents de synthèse, il corrige ses estimations à partir des résultats de l'inventaire physique.

III Les différentes méthodes d'inventaire comptable

Deux méthodes permettent de réaliser l'inventaire comptable des stocks.

1. L'inventaire intermittent

C'est la méthode préconisée par le plan comptable général. Pendant toute la durée de l'exercice comptable, les comptes de stocks ne sont pas mouvementés ; ce sont les comptes des classes 6 et 7 qui sont utilisés pour enregistrer les achats et les ventes.

Ainsi, les soldes des comptes de stocks conservent toute l'année le montant inscrit en à-nouveau au 01/01/N. Ils sont corrigés une seule fois, au 31/12/N, lors des écritures d'inventaire.

2. L'inventaire permanent

Avec cette méthode (autorisée exceptionnellement), les comptes de stocks sont mis à jour après chaque mouvement grâce à l'informatique. Ainsi, les soldes des comptes de stocks expriment à tout moment la valeur théorique des stocks, et l'ajustement du stock le 31/12/N à partir d'un inventaire physique n'est plus requis (même s'il demeure conseillé).

? L'essentiel en une question

Quelle différence peut-on faire entre l'inventaire physique et l'inventaire comptable des stocks ?

Consultez le corrigé
liennathan.fr/h5wlcv

FICHE RESSOURCE 2

La valorisation des stocks

Lorsque l'entreprise utilise la méthode de l'inventaire intermittent, la valeur des stocks en comptabilité (classe 3) est mise à jour une fois par an à l'occasion de l'élaboration des documents de synthèse. Cela ne signifie pas pour autant que l'entreprise ne se préoccupe pas de la gestion quotidienne des stocks à sa disposition.
Cette tâche est souvent confiée à une personne dédiée (magasinier, responsable des achats…), qui tient compte des entrées et des sorties de matières premières, marchandises ou produits fabriqués utilisés chaque jour de l'année, de manière extra-comptable (c'est-à-dire sans enregistrement en comptabilité). Ce suivi donne généralement lieu à l'élaboration de fiches de stock.

I La fiche de stock

Ce document permet de connaître à tout moment les quantités en stock par différence entre les entrées et les sorties.

Entrées en stock	Sorties de stock
– Achats de matières premières, marchandises, matières et fournitures consommables. – Mise en stock des produits finis ou semi-finis fabriqués en atelier…	– Consommation des matières premières, consommables ou produits semi-finis dans le processus de production. – Ventes des marchandises ou produits finis.
Entrées – Sorties = Quantités en stock	

La fiche de stock présente à la fois des quantités et des valeurs :

- les **quantités** en stock sont indispensables aux différents acteurs (acheteurs, responsables de fabrication, commerciaux…) pour connaître les disponibilités ;
- la **valeur** des stocks est indispensable au comptable pour valoriser l'actif du bilan.

En général, on élabore une fiche de stock par matière ou produit en utilisant le PGI de l'entreprise ou un tableur.

II La valorisation du stock de fin d'année

À partir de la fiche de stock, le comptable détermine la valeur du stock final à prendre en comptabilité. Le plan comptable propose plusieurs méthodes de valorisation des quantités restantes. L'entreprise est libre de choisir celle qui lui paraît la plus pertinente. La méthode la plus couramment retenue est celle du coût moyen pondéré (CMP).

Exemple
Stock de matières premières A, valorisées au CMP

Stock initial / Entrées				Sorties / Stock final			
	Q	Coût unitaire	Montant		Q	CMP	Montant
Stock initial	20	2,60	52,00	08/12/N	15	2,52	37,80
03/12/N	30	2,55	76,50	12/12/N	60	2,52	151,20
09/12/N	50	2,54	127,00	23/12/N	135	2,52	340,20
15/12/N	50	2,53	126,50	Stock final	40	2,52	100,80
19/12/N	100	2,48	248,00				
Totaux	250	2,52	630,00	Totaux	250	2,52	630,00

Le CMP permet de valoriser toutes les sorties.

Le CMP permet de valoriser le stock final qui sera pris en compte par le comptable.

630 / 250 = 2,52
= coût moyen pondéré (CMP)

Les quantités finales seront contrôlées avec l'inventaire physique.

L'essentiel en une question

Quel rapport peut-on faire entre les fiches de stock du magasinier et l'inventaire comptable ?

Consultez le corrigé
liennathan.fr/yebwip

CHAPITRE 3

FICHE RESSOURCE 3

La mise à jour des stocks en comptabilité

I Les raisons de la mise à jour

La méthode de l'inventaire intermittent préconisé par le plan comptable général induit que les comptes de stocks ne sont pas utilisés pendant toute la durée de l'exercice. La valeur figurant dans les comptes de stocks correspond donc à la valeur du stock de début d'année.

Pour donner une image fidèle de la réalité, il faut procéder au remplacement de cette valeur par celle trouvée lors de l'inventaire physique du stock.

II La procédure de mise à jour

La mise à jour comptable du stock se fait en deux étapes : l'annulation du stock initial puis la constatation du stock final.

Pour cela, un compte de variation des stocks est utilisé. En effet, cette mise à jour peut faire apparaître :
– soit un déstockage (si le stock final est moins important que le stock initial) : c'est le cas lorsque l'entreprise a consommé ou vendu plus que ce qu'elle a acheté ou produit ;
– soit un surstockage (quand le stock final est plus important que le stock initial) : c'est le cas lorsque l'entreprise a acheté ou produit plus que ce qu'elle a consommé ou vendu.

Le compte de variation des stocks à utiliser diffère selon le type de biens :

Compte 603	Pour la variation des stocks de matières premières, fournitures et marchandises (biens achetés) À décliner en 6031, 6032, 6037
Compte 713	Pour la variation des stocks des produits À décliner en 7133 et 7135

III Les enregistrements comptables

Exemple

Le stock de produits finis figurant à la balance avant inventaire s'élève à 15 400 €, celui de matières premières est de 10 580 € et celui de marchandises est de 35 800 €.

Écriture d'annulation du stock initial au 01/01/N

6031		Variation des stocks de MP	10 580	
6037		Variation des stocks de march.	35 800	
713555		Variation des stocks de PF	15 400	
	310	Stocks de MP		10 580
	370	Stocks de march.		35 800
	355	Stocks de PF		15 400

L'inventaire extra-comptable a permis d'évaluer les stocks finaux pour les produits finis, les matières premières et les marchandises à respectivement 14 600 €, 12 200 € et 34 700 €.

Écriture de constatation du stock final au 31/12/N

310		Stocks de MP	12 200	
370		Stocks de march.	34 700	
355		Stocks de PF	14 600	
	6031	Variation des stocks de MP		12 200
	6037	Variation des stocks de march.		34 700
	713555	Variation des stocks de PF		14 600

IV Les effets des enregistrements comptables

1. Les incidences sur le bilan

Exemple (suite)

31 – Stocks de matières 1res (Débit)	31 – Stocks de matières 1res (Crédit)	355 – Stocks de produits finis (Débit)	355 – Stocks de produits finis (Crédit)	370 – Stocks de marchandises (Débit)	370 – Stocks de marchandises (Crédit)
10 580[(1)]	10 580	15 400[(1)]	15 400	35 800[(1)]	35 800
12 200		14 600		34 700	

(1) Ces valeurs sont celles figurant dans la balance avant inventaire (stock initial), elles ne correspondent pas à une écriture.

Grâce à l'écriture de variation des stocks, le stock initial est soldé (en rouge). Les comptes sont alors à zéro. Puis le stock final (en bleu) est enregistré et correspond au nouveau solde du compte. C'est bien le stock final qui apparaîtra au bilan.

2. Les incidences sur le compte de résultat

Les comptes de variation des stocks sont des comptes de charges ou de produits dont le fonctionnement engendre des répercussions sur le résultat de l'exercice.

Exemple (suite)

6031 – Variation des stocks de matières premières	
10 580	12 200
SC : 1 620	

7135 – Variation des stocks de produits finis	
15 400	14 600
	SD : 800

6037 – Variation des stocks de marchandises	
35 800	34 700
	SD : 1 100

Charges		Produits	
Achats de marchandises	**54 000**	Ventes de marchandises	178 000
Variation des stocks de marchandises	1 100	Production vendue	580 000
Achats de matières premières	**75 000**	**Chiffre d'affaires**	**758 000**
Variation des stocks de matières premières	– 1 620	Production stockée	– 800

Impact sur le montant du résultat comptable :
Charges : + 1 100 – 1 620 = – 520 = hausse du RNC car réduit les charges
Produit : – 800 = baisse du RNC car réduit les produits
} Impact global = baisse de 280 du RNC

Impact sur les achats de marchandises : les stocks ont baissé de 1 100. Cela signifie que l'entreprise n'a pas assez acheté. Elle a puisé dans ses stocks (qui correspondent à des achats des années précédentes). Le coût d'achat des marchandises vendues (CAMV = 54 000 + 1 100 = 55 100) montre le total des achats de marchandises (achat N + achats avant N) qu'il a fallu pour réaliser les ventes des marchandises de cette année (178 000).

Les écritures de variations des stocks participent au respect du **principe d'indépendance des exercices**. Les achats de marchandises, par exemple, correspondent aux factures de l'année, alors qu'une partie des achats peut rester en stock et être utilisée l'année suivante. *A contrario*, le coût d'achat des marchandises vendues correspond uniquement aux achats consommés dans l'année en regard des ventes de l'année. Le compte de résultat présente donc **fidèlement** les charges et produits de l'activité de l'année, et de l'année seulement.

3. Tableau récapitulatif des incidences sur le bilan et le compte de résultat

Stocks de mat. 1res ou de marchandises	Si valeur ↗	Stockage	Actif bilan ↗	SI – SF : variation comptable négative	Charges ↘	Résultat ↗
	Si valeur ↘	Déstockage	Actif bilan ↘	SI – SF : variation comptable positive	Charges ↗	Résultat ↘
Stocks de produits finis	Si valeur ↗	Stockage	Actif bilan ↗	SF – SI : variation comptable positive	Produits ↗	Résultat ↗
	Si valeur ↘	Déstockage	Actif bilan ↘	SF – SI : variation comptable négative	Produits ↘	Résultat ↘

L'essentiel en une question

Que représente le coût d'achat des marchandises vendues ?

Consultez le corrigé
liennathan.fr/pq5loz

FICHE RESSOURCE 4

Les dépréciations des stocks

I Qu'est-ce que la dépréciation des stocks ?

La dépréciation des stocks correspond à une baisse de valeur des stocks. Les causes sont diverses : péremption, évolution technologique, détérioration des biens ou changement de mode.

II Pourquoi constater la dépréciation des stocks en comptabilité ?

L'enregistrement comptable est la conséquence du principe de prudence qui impose de comptabiliser tout élément de nature à menacer l'entreprise.
Cet enregistrement en comptabilité permet de respecter l'objectif d'image fidèle du patrimoine et du résultat.

III Comment constater la dépréciation des stocks en comptabilité ?

1. La dépréciation est une charge qui appauvrit l'entreprise

La dépréciation représente une charge : il faut effectuer une dotation aux dépréciations des stocks. Le compte à utiliser est le 68173 « Dotations aux dépréciations des stocks ».

2. La dépréciation n'affecte pas les valeurs brutes

La dépréciation ne doit pas affecter le compte de stocks qui apparaît en colonne « Brut » de l'actif du bilan (principe du coût historique). Elle est donc enregistrée dans un compte distinct qui porte le chiffre 9 en 2e position et apparaîtra en colonne centrale du bilan.

> **Exemple**
> La dépréciation des stocks de marchandises (compte 37) est enregistrée en compte 397.

Ainsi, la dépréciation affecte la VNC (valeur nette comptable) des stocks.

3. La dépréciation est reconstituée chaque année dans son intégralité

Alors que les dépréciations de biens immobilisés ou de créances clients s'ajustent d'une année sur l'autre (on enregistre en comptabilité la variation d'une année sur l'autre – voir chapitres 4 et 6), en matière de stock, **on reprend systématiquement l'intégralité de l'éventuelle dépréciation N-1 (compte 78173)** avant de doter l'intégralité de la dépréciation N.

IV Exemple

Extrait du bilan au 31/12/N après mise à jour des stocks mais avant mise à jour des dépréciations :

Bilan au 01/01/N (extrait)

ACTIF	Brut	Amort. ou dépréc.	Net
Stocks			
– de matières premières	10 580	1 200	…
– de produits finis	15 400	800	…
– de marchandises	35 800	1 400	…

1. Étape 1 : reprise des dépréciations de l'année N-1

Reprises sur dépréciations des stocks initiaux

391		Dépréciations des stocks de matières premières	1 200	
397		Dépréciations des stocks de marchandises	1 400	
3955		Dépréciations des stocks de produits finis	800	
	78173	Reprises sur dépréciations des stocks		3 400

2. Étape 2 : dotation aux dépréciations de l'année N

Le risque de perte de valeur de chacun des stocks de matières premières, de marchandises et de produits finis a été évalué respectivement à 1 300 €, 600 € et 200 €.

Création de la dépréciation sur les stocks au 31/12/N

68173		Dotations aux dépréciations des stocks	2 100	
	391	Dépréciations des stocks de matières premières		1 300
	397	Dépréciations des stocks de marchandises		600
	3955	Dépréciations des stocks de produits finis		200

? L'essentiel en une question

Pourquoi les dépréciations des stocks sont-elles enregistrées dans un compte distinct des comptes de stocks ?

Consultez le corrigé
liennathan.fr/c2v3jx

ATELIER PGI — La gestion des stocks avec le PGI

ebp SOLUTIONS DE GESTION

Chapitre concerné :
Chapitre 3 :
Les opérations d'inventaire relatives aux stocks

Téléchargez la fiche de travail
liennathan.fr/5w4kz4
PDF

EXOS FLASH

EXO 1 Quiz interactif

Testez vos connaissances sur ce chapitre avec le quiz en ligne.

liennathan.fr/rtyhlm

Votre score
....

EXO 2 Calculer le coût moyen pondéré (CMP)

Un distributeur de jouets a passé plusieurs commandes pour faire face à la demande des clients à l'approche de Noël.

- **Calculez le CMP à l'aide des informations de l'annexe.**

ANNEXE **Récapitulatif des commandes**

– Commande 1 : 35 unités à 26,50 € l'unité
– Commande 2 : 10 000 unités à 28 € l'unité
– Commande 3 : 5 000 unités à 30,80 € l'unité

EXO 3 Mettre à jour les stocks en comptabilité

1. **Passez les écritures nécessaires pour mettre les stocks à jour à l'inventaire (annexe).**
2. **Enregistrez la dépréciation estimée à 1 230 € du stock de marchandises au 31/12/N.**

ANNEXE **États des stocks**

		Stock au 01/01/N	Stock au 31/12/N
310	Stock de matières premières	15 480 €	16 520 €
355	Stock de produits finis	21 450 €	19 690 €
370	Stock de marchandises	31 587 €	28 540 €

ENTRAÎNEMENT AU BTS 1 Tenir une fiche de stock selon la méthode du CMP ★☆☆

La SARL Les Petites Gourmandises, qui fabrique et commercialise des cupcakes, confiseries et chocolats, doit réaliser l'inventaire de son stock d'emballages.

Mme Sorgel, comptable de l'entreprise, a choisi de tenir les fiches de stock des emballages selon la méthode du CMP en fin de période. Les emballages sont achetés par lots de tailles et modèles différents. Le stock au début du mois de décembre est de 50 lots avec une valeur unitaire de 12,25 €. Elle vous remet le détail des mouvements du mois de décembre (annexe).

1 Établissez la fiche de stock selon la méthode retenue par Mme Sorgel.

L'inventaire physique fait apparaître un stock de 240 lots. Cette différence vous surprend et vous vous renseignez auprès du magasinier. Celui-ci vous précise qu'il a retourné au fournisseur 10 lots qui ne correspondaient pas à ce qu'il avait commandé.

2 Quelle valeur du stock faudra-t-il retenir pour l'établissement du bilan ?

3 Dans le cadre d'un contrôle interne pertinent, quelle aurait dû être l'attitude du magasinier lors de ce retour ?

ANNEXE Détail des mouvements concernant le stock d'emballages

Entrées			Sorties	
Dates	Quantités	CU	Dates	Quantités
03/12	100	12,19	05/12	100
08/12	200	12,16	15/12	400
11/12	450	12,08	20/12	200
18/12	250	12,15	23/12	300
30/12	200	12,16		

ENTRAÎNEMENT AU BTS 2 Évaluer et mettre à jour les stocks en utilisant le PGI ★★☆

Mme Sorgel, comptable de l'entreprise Les Petites Gourmandises, vous remet les résultats de l'inventaire physique des stocks (annexes 1 à 4) afin que vous procédiez à la mise à jour des stocks pour l'établissement des documents de synthèse.

Vous disposez également d'un extrait du grand-livre de l'entreprise relatif aux stocks (annexe 5).

1 Procédez à l'évaluation des stocks au 31/12/N.

2 Passez les écritures nécessaires pour la mise à jour complète des stocks.

ANNEXE 1 Résultats de l'inventaire physique des stocks de MP

Éléments	Quantités	Unités	Éléments	Quantités	Unités
Fèves	1 215	kg	Farine	3	tonne
Amandes	245	kg	Fruits confits	175	kg
Confitures	845	kg	Sucre	2	tonne

ANNEXE 2 Résultats de l'inventaire physique des marchandises et fournitures

240 lots d'emballages à 12,15 € le lot

1 670 boîtes de confiseries

122 lots de cupcakes

ANNEXE 3 État des stocks de produits finis

Il reste :
- 3 743 ballotins de chocolats
- 165 coffrets de nougats

ANNEXE 4 CMP des différents éléments en stock

Éléments	CMP	Unités	Éléments	CMP	Unités
Fèves	8,50 €	kg	Sucre	650,00 €	tonne
Amandes	5,40 €	kg	Chocolats	6,00 €	ballotin
Confitures	1,80 €	kg	Nougats	5,40 €	coffret
Farine	800,00 €	tonne	Confiseries	7,10 €	boîte
Fruits confits	5,60 €	kg	Cupcakes	38,00 €	lot

ANNEXE 5 Extrait de la balance avant inventaire de l'entreprise

Nos de compte	Libellés	Sommes		Soldes	
		Débit	Crédit	Débiteurs	Créditeurs
311000	Stock de fèves	10 542,00		10 542,00	
312000	Stock d'amandes	1 236,00		1 236,00	
313000	Stock de confitures	1 452,00		1 452,00	
314000	Stock de farine	2 310,00		2 310,00	
315000	Stock de fruits confits	1 035,00		1 035,00	
316000	Stock de sucre	1 069,00		1 069,00	
326000	Stock d'emballages	2 590,00		2 590,00	
355100	Stock de chocolats	26 874,00		26 874,00	
355200	Stock de nougats	758,00		758,00	
371000	Stock de confiseries	11 568,00		11 568,00	
372000	Stock de cupcakes	6 916,00		6 916,00	
391100	Dépréciation sur le stock de fèves		645,00		645,00
395510	Dépréciation sur le stock de chocolats		854,00		854,00

ENTRAÎNEMENT AU BTS 3 Mettre à jour les stocks et analyser leur évolution ★★☆

Vous travaillez dans une entreprise qui fabrique des vérandas et installe des stores et des moustiquaires. Elle vend également des stores et des moustiquaires à des artisans agréés par les fabricants.

Le comptable vous remet toutes les informations nécessaires à la mise à jour des stocks à la clôture des comptes (annexes 1 à 3).

1. **Passez toutes les écritures nécessaires à la mise à jour des stocks.**
2. **Enregistrez les dépréciations au 31/12/N.**
3. **Indiquez comment ont évolué les stocks pendant l'année (stockage ou déstockage).**
4. **Précisez quel sera l'impact de ces opérations de mise à jour sur les documents de synthèse.**

ANNEXE 1 Extrait de la balance avant inventaire

N^{os} de compte	Libellés	Sommes		Soldes	
		Débit	Crédit	Débiteurs	Créditeurs
[...]	[...]	[...]	[...]	[...]	[...]
311000	Stock de fournitures A	21 200,00		21 200,00	
312000	Stock de fournitures B	20 650,00		20 650,00	
355100	Stock de produits finis P1	34 200,00		34 200,00	
355200	Stock de produits finis P2	28 650,00		28 650,00	
371000	Stock de marchandises M1	41 520,00		41 520,00	
371200	Stock de marchandises M2	53 415,00		53 415,00	
371300	Stock de marchandises M3	39 680,00		39 680,00	
391100	Dépréciation sur le stock de A		700,00		700,00
395520	Dépréciation sur le stock de P2		1 350,00		1 350,00
[...]	[...]	[...]	[...]	[...]	[...]

ANNEXE 2 Données issues de l'inventaire physique des stocks

Éléments	Valeurs	Éléments	Valeurs
Stock de fournitures A	23 500,00 €	Stock de marchandises M1	38 650,00 €
Stock de fournitures B	19 800,00 €	Stock de marchandises M2	46 850,00 €
Stock de produits finis P1	30 750,00 €	Stock de marchandises M3	41 380,00 €
Stock de produits finis P2	29 370,00 €		

ANNEXE 3 Informations sur les dépréciations des stocks au 31/12

- La dépréciation à constituer sur le stock de produits finis P2 a été évaluée à 2 % du stock.
- Il faut également enregistrer une dépréciation sur le stock de marchandises M3 de 960 €.

ENTRAÎNEMENT AU BTS 4 — Corriger et analyser les documents de synthèse ★★★

Dans ses ateliers situés à Aix-en-Provence, l'entreprise Provence Poteries propose à ses clients des poteries fabriquées de manière traditionnelle.

L'entreprise clôture ses comptes au 31 décembre. Pour la mise à jour des comptes de stocks, elle utilise la méthode de l'inventaire intermittent, préconisée par le plan comptable général. Mme Fros, responsable de la production, réalise chaque année l'inventaire physique des stocks (annexe 2) afin de transmettre les données à la responsable administrative, Mme Laydar. Celle-ci prépare actuellement les écritures d'inventaire. Elle vous confie le dossier des stocks.

1 Vous mettez à jour les comptes de stocks au bilan de l'entreprise.

a) Observez la balance (annexe 1). À quoi correspondent les montants inscrits en stock ? Justifiez.

b) Comment chacun des stocks a-t-il évolué physiquement entre le début et la fin de l'exercice comptable ?

c) Enregistrez au journal l'écriture de mise à jour des stocks de matières premières, marchandises et produits finis.

d) Présentez un extrait du bilan au 31/12/N.

2 Vous analysez la variation des stocks.

a) À partir de vos écritures et de l'annexe 3, présentez un extrait du compte de résultat à la fin de l'année N.

b) Comparez la variation physique calculée à la question 1b et la variation comptable de chaque stock présentée dans le compte de résultat. Expliquez.

c) Quel sera l'impact de ces écritures sur le résultat comptable de fin d'année ? Justifiez-le.

ANNEXE 1 Balance comptable

Balance au 31/12/N avant inventaire (extrait)

N^os de compte	Libellés	Sommes		Soldes	
		Débit	Crédit	Débiteurs	Créditeurs
[...]	[...]	[...]	[...]	[...]	[...]
311	Argile	8 456		8 456	
355	Jarres	29 214		29 214	
371	Pots XXL	5 678		5 678	
[...]	[...]	[...]	[...]	[...]	[...]

ANNEXE 2 Résultats de l'inventaire physique réalisé par Mme Fros

Valeur des stocks au 31/12/N

- Argile : 12 789 €
- Jarres : 35 678 €
- Pots XXL : 4 902,11 €

ANNEXE 3 Informations extraites du compte de résultat au 31/12/N

- Achats de matières premières : 34 567 €
- Achats de marchandises : 12 098 €
- Ventes de marchandises : 28 900 €
- Ventes de produits finis : 88 654 €

ENTRAÎNEMENT AU BTS 5 Vérifier et corriger des écritures de mise à jour des stocks ★★☆

Vous travaillez dans un cabinet d'expertise comptable. Votre responsable, Mme Michel, avait sollicité un stagiaire, Gilles, pour la mise à jour des stocks. Par souci de sécurité, elle vous remet ses brouillons (annexes 1 à 4) et vous demande de vérifier si les écritures ont été complètement et correctement passées.

1 **Relevez toutes les anomalies éventuelles et expliquez en quoi Gilles s'est trompé.**

2 **Comment devez-vous procéder pour corriger ces anomalies ?**

3 **Passez les écritures comptables correctes.**

ANNEXE 1 Extrait de la balance avant inventaire au 31/12/N

Nos de compte	Libellés	Sommes		Soldes	
		Débit	Crédit	Débiteurs	Créditeurs
[...]	[...]	[...]	[...]	[...]	[...]
310	Stocks de matières premières	44 240,00		44 240,00	
322	Stocks de fournitures consommables	7 485,00		7 485,00	
326	Stocks d'emballages	936,00		936,00	
331	Stocks de produits en cours	1 520,00		1 520,00	
355	Stocks de produits finis	21 653,00		21 653,00	
37	Stocks de marchandises	38 100,00		38 100,00	
[...]	[...]	[...]	[...]	[...]	[...]
391	Dépréciations des stocks de matières 1res		1 060 ,00		1 060,00
392	Dépréciations des stocks de fournitures		910,00		910,00
397	Dépréciations des stocks de marchandises		2 025,00		2 025,00
[...]	[...]	[...]	[...]	[...]	[...]

ANNEXE 2 Résultat de l'inventaire physique des stocks au 31/12/N

Éléments	Valeurs
Stock de matières premières	45 138,00
Stock de fournitures	7 250,00
Stock d'emballages	850,00
Stock de produits en cours	1 487,00
Stock de produits finis	23 596,00
Stock de marchandises	37 258,00

ANNEXE 3 Informations relatives aux dépréciations au 31/12/N, prévues par Mme Michel

Éléments	Valeurs
Dépréciation du stock de matières premières	940,00
Dépréciation du stock de fournitures	1 010,00
Dépréciation du stock de produits finis	1 425,00
Dépréciation du stock de marchandises	1 800,00

ANNEXE 4 Brouillon des écritures passées par Gilles

		1		
310		Stock de matières premières	45 138,00	
322		Stock de fournitures consommables	7 250,00	
326		Stock d'emballages	850,00	
331		Stock de produits en cours	1 487,00	
355		Stock de produits finis	23 596,00	
37		Stock de marchandises	37 258,00	
	603	Variation des stocks		115 579,00
		Enregistrement des stocks au 31/12/N		
		2		
391		Dépréciation des stocks de matières premières	120,00	
	78173	Reprises sur dépréciations des stocks		120,00
		Mise à jour de la dépréciation du stock de matières premières		
		3		
68173		Dotations pour dépréciations des stocks	100,00	
	392	Dépréciation des stocks de fournitures		100,00
		Mise à jour de la dépréciation du stock de fournitures		
		4		
391		Dépréciation des stocks de marchandises	225,00	
	78173	Reprises sur dépréciations des stocks		225,00
		Mise à jour de la dépréciation du stock de marchandises		
		5		
68173		Dotations pour dépréciations des stocks	1 425,00	
	3955	Dépréciation des stocks de produits finis		1 425,00
		Mise à jour de la dépréciation du stock de produits finis		

SYNTHÈSE

Synthèse audio
liennathan.fr/tpjlo6

Les opérations d'inventaire relatives aux stocks

1 L'organisation des inventaires physique et comptable des stocks

L'inventaire physique →

Décompte précis des **quantités** de tous les éléments en stock.

Obligatoire au moins une fois par an.

Permet d'évaluer les **écarts** (vols, pertes) par rapport aux estimations et de mettre à jour les données.

La valorisation →

Plusieurs méthodes existent pour calculer la **valeur** des quantités en stock.

La méthode **CMP (coût moyen pondéré)** est la plus utilisée.

Quantité en stock × CMP = Valeur du stock

L'inventaire comptable

Inscription de la valeur des stocks dans les **comptes** de l'entreprise.

Soit une fois par an **(inventaire intermittent)**, soit à chaque mouvement de stock **(inventaire permanent)**.

Montants mis à jour avec les résultats de l'inventaire physique.

2 La mise à jour des stocks en fin d'exercice comptable

L'analyse des mouvements →

Si SF > SI : stockage
L'entreprise a trop acheté ou trop produit par rapport aux besoins.
Le surplus augmente les stocks.

Si SF < SI : déstockage
L'entreprise n'a pas assez acheté ou produit, elle a dû puiser dans ses stocks.

L'écriture au journal

En deux temps :

1. Annulation stock initial
Ex. : D6031 ← C310

2. Saisie stock final
Ex. : D310 ← C6031

Attention : compte variation = 603.. pour les biens achetés (MP ou marchandises), 713.. pour les biens fabriqués (PF).

L'impact sur le bilan

À l'actif, colonne « Brut » : valeur du stock final

Au passif : impact sur le résultat

L'impact sur le compte de résultat

Solde du compte variation des stocks en charges (603..) ou en produits (713..)

Respect du principe d'indépendance des exercices :
607 + 6037 = CAMV
601 + 6031 = CAMP consommées
701 + 7135 = production de l'exercice

3 Les dépréciations des stocks

La dépréciation

Valeur à la date de clôture < valeur d'entrée (détérioration, évolution technologique, mode…)

Elle doit pouvoir être **justifiée** et calculée avec une précision suffisante.

L'écriture au journal

En deux temps :

1. Reprise dépréciation N-1 (s'il en existe une)
Ex. : D391 ← C78173

2. Dotation dépréciation N
Ex. : D68173 ← C391

L'impact sur le bilan

À l'actif, colonne « Dépréciations » : montant de la dépréciation N (impact sur VNC)

Au passif : impact sur le résultat

L'impact sur le compte de résultat

Dépréciation N ↗ Charges N

Reprise dépréciation N-1 ↗ Produits N

CHAPITRE 4

Les opérations d'inventaire relatives aux tiers

Activité	Composante d'activité	Compétence	P7
2.3. Réalisation des opérations d'inventaire	**2.3.1.** Réalisation, enregistrement, contrôle des travaux d'inventaire relatifs aux clients et aux fournisseurs	Analyser, traiter et enregistrer les opérations d'inventaire nécessaires et obligatoires relatives aux tiers dans le respect des principes comptables et fiscaux en vigueur	– L'utilisation du PGI pour effectuer les enregistrements des écritures, les contrôler et mettre à jour les données – Une utilisation du tableur (tris, simulation, regroupements) adaptée aux besoins de l'utilisateur

SITUATION PROFESSIONNELLE

La SA Modélisme Provence, située à Marseille, dans les Bouches-du-Rhône, est spécialisée dans la fabrication et la distribution de modèles réduits.
Mme Lam, directrice administrative et financière (DAF), supervise les services Comptabilité et Ressources humaines. L'exercice comptable de l'entreprise court du 1er janvier au 31 décembre et Mme Lam a récemment débuté les opérations d'inventaire. La mise à jour des stocks est désormais achevée, il s'agit à présent de réaliser les travaux relatifs aux clients et aux fournisseurs.

Les clients de la SA Modélisme Provence sont principalement des professionnels français et étrangers, mais l'entreprise s'adresse également aux particuliers par l'intermédiaire de son site Internet.
Par ailleurs, l'entreprise est amenée à se procurer régulièrement des accessoires nécessaires à la fabrication des modèles (composants électriques et électroniques, plastiques, moteurs, bras de suspension, bougies…). Pour cela, elle a tissé des partenariats avec quelques fournisseurs réguliers.

VOS MISSIONS

Afin de poursuivre les travaux d'inventaire, vous devez vérifier que les opérations liées aux tiers sont correctement prises en compte.

MISSION 1 **Analyser les risques avec les tiers** ▶ Fiche ressource 1

MISSION 2 **Comptabiliser les risques liés aux tiers à l'inventaire** ▶ Fiches ressource 2 et 3

MISSION 3 **Comptabiliser les opérations d'inventaire en devises et finaliser l'annexe** ▶ Fiche ressource 4

VOS MISSIONS

MISSION 1 Analyser les risques avec les tiers

1. Identifiez les différents types de tiers qui pourront présenter des risques dans l'entreprise.
   ▶ Annexes 1 à 3 ▶ Fiche ressource 1

2. Complétez le tableau de suivi annuel des créances et justifiez quels sont les clients devant faire l'objet d'un traitement comptable particulier. Rappelez quel est ce traitement comptable (aucune écriture n'est demandée).
   ▶ Annexe 4

3. Quel traitement comptable est associé aux risques présentés dans les annexes 2 et 3 ? (Aucune écriture n'est demandée.)

Discutons-en !
Quelle est la différence entre une provision et une dépréciation ?

MISSION 2 Comptabiliser les risques liés aux tiers à l'inventaire

4. À partir de la lecture de la balance avant inventaire au 31/12/N, identifiez et expliquez la présence de clients douteux ou litigieux. Ces clients ont-ils fait l'objet d'une dépréciation ? À quoi le voyez-vous ?
   ▶ Fiche ressource 2

5. Enregistrez les opérations d'inventaire nécessaires au traitement du risque client au 31/12/N.
   ▶ Annexe 5

6. Enregistrez les opérations nécessaires au traitement particulier du client Les Fous du modélisme, sachant qu'aucune écriture le concernant n'a été passée. Qualifiez ce type de créance.
   ▶ Annexe 6

7. Enregistrez les opérations d'inventaire nécessaires au traitement des autres risques.
   ▶ Annexes 2, 7 et 8 ▶ Fiche ressource 3

La question de l'expert
Présentez l'extrait de bilan au 31/12/N relatif aux créances et précisez le détail des sommes à faire figurer.

Discutons-en !
Quelle est la différence entre « jours nets » et « jours fin de mois » pour exprimer un délai de paiement ?

Besoin d'aide ?
liennathan.fr/48uz7g

L'autocorrection en vidéo
liennathan.fr/wpq74u

MISSION 3 Comptabiliser les opérations d'inventaire en devises et finaliser l'annexe

8. Calculez les dettes initiales enregistrées pour les deux factures en devises.
   ▶ Annexes 9 et 10 ▶ Fiche ressource 4

9. Calculez le montant de ces dettes à l'inventaire en indiquant s'il s'agit d'un gain latent ou d'une perte latente. Comptabilisez les écritures qui en découlent.
   ▶ Annexes 9 et 10

10. Complétez les tableaux de l'annexe concernant les dépréciations et provisions.
    ▶ Annexes 11 et 12

La question de l'expert
Entre la date de facture et la date d'inventaire, le dollar s'est-il renforcé ou affaibli ?

Discutons-en !
Qu'est-ce que le risque de change ?

Besoin d'aide ?
liennathan.fr/ukq687

L'autocorrection en vidéo
liennathan.fr/t84wt6

DONNÉES DE LA SITUATION

ANNEXE 1 **Extrait de la balance avant inventaire au 31/12/N**

N^{os} de compte	Libellés	Sommes		Soldes	
		Débit	Crédit	Débiteurs	Créditeurs
411100	Compétition TEAM	171 350		171 350	
411300	Racing Car 63	80 000		80 000	
411400	Winner Compétition	5 400	1 200	4 200	
416200	Les Fous du modélisme	1 500		1 500	
416500	Les Amis du modèle réduit	6 000		6 000	
[...]	[...]	[...]	[...]	[...]	[...]
491200	Dépréciation Les Fous du modélisme		350		350
491500	Dépréciation Les Amis du modèle réduit		1 800		1 800

ANNEXE 2 **Courrier du cabinet d'avocats en charge du litige avec le prestataire de services**

CABINET DES AVOCATS RÉUNIS
25 rue François Mauriac
13010 MARSEILLE

Le 29/12/N

MODÉLISME PROVENCE
À l'attention de M. GARI
61 rue Monte Cristo
13006 MARSEILLE

Référence : JLM/1254
Objet : litige Stands et Fêtes/Modélisme Provence

Monsieur,

Lors de l'audience au tribunal de commerce du 25/11/N, concernant l'affaire citée ci-dessus, les prétentions de la partie adverse portaient sur :
- le remboursement des débours évalués à 3 500 € (trois mille cinq cents euros) ;
- le versement de dommages-intérêts pour un montant de 5 000 € (cinq mille euros).

L'affaire a été mise en délibéré au 20/02/N+1.

Il nous semble raisonnable de prévoir que votre société pourrait être condamnée à payer la somme globale de 8 500 €.

Restant à votre disposition, nous vous prions d'agréer, Monsieur, nos salutations distinguées.

J.-L. MURAT

ANNEXE 3 Extrait des conditions générales de vente

ARTICLE 12 – CONTRAT DE GARANTIE ET DE SERVICE APRÈS-VENTE

12.1. Garantie légale

Indépendamment de la garantie contractuelle développée ci-après, MODÉLISME PROVENCE reste tenu des défauts de conformité du bien au contrat dans les conditions prévues aux articles L. 211-1 et suivants du Code de la consommation et des vices rédhibitoires dans les conditions prévues aux articles 1641 à 1649 du Code civil. [...]

Art. 1641 du Code civil : « Le vendeur est tenu de la garantie à raison des défauts cachés de la chose vendue qui la rendent impropre à l'usage auquel on la destine, ou qui diminuent tellement cet usage, que l'acheteur ne l'aurait pas acquise, ou n'en aurait donné qu'un moindre prix, s'il les avait connus. »

Art. 1648, al. 1er du Code civil : « L'action résultant des vices rédhibitoires doit être intentée par l'acquéreur dans un délai de deux ans à compter de la découverte du vice. »

12.2. Garantie contractuelle

MODÉLISME PROVENCE s'engage à assurer le remplacement à ses frais de tous les modèles réduits défaillants lors des manifestations (hors accidents volontaires et prévisibles). Cette garantie est proposée à titre gratuit.

[...]

ANNEXE 4 Tableau de suivi annuel des créances

Créance	Montant	Date de facture	Délai de paiement	Date d'échéance	Informations en provenance du service commercial
411100	171 350	21/12/N	45 jours	....	–
411300	80 000	15/11/N	30 jours	....	Client contacté : réponse vague et peu rassurante.
411400	....	21/10/N	30 jours fin de mois	....	Client contacté : il semble avoir de réelles difficultés économiques.

ANNEXE 5 Notes de Mme Lam

WINNER COMPÉTITION

Racing Car 63

Les Amis du modèle réduit

Le client Winner Compétition rencontre des difficultés et il faut s'attendre à un règlement maximal de 75 % de sa part.

Il faut prévoir une perte probable de 10 % pour le client Racing Car 63.

Pour le client Les Amis du modèle réduit, la perte probable est estimée finalement à 1 500 € HT.

ANNEXE 6 **Informations relatives au client Les Fous du modélisme**

Nous avons eu recours à une société de recouvrement pour ce dossier. Je vous joins le courrier que nous avons reçu la semaine dernière.

SOCIÉTÉ
RECOVERING

28 boulevard Romain Rolland
13008 MARSEILLE

Le 29 décembre N

MODÉLISME PROVENCE
À l'attention de Mme LAM
61 rue Monte Cristo
13006 MARSEILLE

Objet : dossier « Les Fous du modélisme »
Réf. : PL25874
PJ : factures impayées du client

Madame,

À la suite de toutes les actions que nous avons mises en œuvre à l'égard de votre client suscité, nous sommes dans le regret de vous annoncer que la créance de 1 500 € TTC (mille cinq cents euros, toutes taxes comprises) ne pourra plus faire l'objet d'aucun recouvrement.

En effet, cette société a fait l'objet d'une procédure de liquidation judiciaire et la réalisation de l'actif n'a pas permis l'extinction de l'ensemble des dettes.

Nous vous prions d'agréer, Madame, nos meilleures salutations.

P. LAMBERTIN

ANNEXE 7 **Extrait d'un entretien avec Mme Lam**

Vous : Comment avez-vous calculé le montant de 24 932 € pour la provision pour garanties l'an dernier ?

Mme Lam : En fait, je fais un récapitulatif des dépenses réellement supportées lors des opérations prises en garanties diverses pendant l'année. J'évalue ce que ce représentent ces dépenses par rapport aux ventes de produits finis et au chiffre d'affaires des événements que nous organisons et j'utilise ce pourcentage pour constituer la provision pour garanties. Je ne tiens pas compte des garanties sur les ventes de marchandises car, dans ce cas, c'est le constructeur qui prend la garantie à sa charge.

Vous : Ce qui devrait faire pour cette année…

Mme Lam : Il faut constituer une provision de 1 % de la valeur du chiffre d'affaires (ventes de produits finis et prestations de services) !

DONNÉES DE LA SITUATION

ANNEXE 8 Extrait de la balance avant inventaire au 31/12/N

N^os de compte	Libellés	Sommes		Soldes	
		Débit	Crédit	Débiteurs	Créditeurs
[...]	[...]		[...]		[...]
701110	Ventes de produits finis		909 752,25		909 752,25
706000	Prestations de services		398 000,00		398 000,00
707100	Ventes de marchandises		379 042,00		379 042,00

ANNEXE 9 Informations relatives aux factures du fournisseur américain habituel

Nous avons deux factures non encore réglées du fournisseur AirPlane Models Corporation :

- la facture n° FR 28563 en date du 25/10/N d'un montant de 3 500 $;
- la facture n° FR 31258 en date du 28/11/N d'un montant de 2 450 $.

ANNEXE 10 Évolution des taux de change du dollar

Dates	Valeur du dollar
25/10/N	1 $ = 0,910 €
28/11/N	1 $ = 0,953 €

À l'arrêté des comptes, le dollar vaut 0,932 €.

ANNEXE 11 Tableau des dépréciations de l'annexe comptable

	Situations et mouvements (b)			
	A	B	C	D
Rubriques (a)	Dépréciations au début de l'exercice	Augmentations : dotations de l'exercice	Diminutions : reprises de l'exercice	Dépréciations à la fin de l'exercice (c)
Immobilisations incorporelles				
Immobilisations corporelles				
Stocks				
Créances				
Immobilisations financières				
TOTAL				

(a) À développer si nécessaire. (b) Les entités subdivisent les colonnes pour autant que de besoin.
(c) Le montant des dépréciations à la fin de l'exercice est égal à la somme algébrique des colonnes précédentes (A + B – C = D).

ANNEXE 12 Tableau des provisions de l'annexe comptable

	Situations et mouvements (b)			
	A	B	C	D
Rubriques (a)	Provisions au début de l'exercice	Augmentations : dotations de l'exercice	Diminutions : reprises de l'exercice	Provisions à la fin de l'exercice (c)
Provisions réglementées				
Provisions pour risques				
Provisions pour litiges				
Provisions pour garanties données				
Provisions pour pertes de change				
Provisions pour charges				
TOTAL				

(a) À développer si nécessaire. (b) Les entités subdivisent les colonnes pour autant que de besoin.
(c) Le montant des provisions à la fin de l'exercice est égal à la somme algébrique des colonnes précédentes (A + B – C = D).

FICHE RESSOURCE 1

L'analyse des tiers et des situations qui impactent l'inventaire

I La notion comptable de tiers et les différents types de tiers

Les tiers sont des entités (personnes ou organismes) avec qui l'entreprise a des relations économiques. En général, les créances ou les dettes se règlent en cours d'exercice, mais lorsque l'inventaire arrive, le bilan doit faire apparaître les sommes :
– que les tiers doivent à l'entreprise = créances à l'inventaire ;
– que l'entreprise doit aux tiers = dettes à l'inventaire.

Type de tiers	Nos de comptes	Commentaires sur la relation économique	Analyse au bilan
Fournisseurs	40	On leur achète des biens et services.	Dettes
Clients	41	On leur vend des biens et services.	Créances
Salariés	42	On rémunère leur force de travail.	Dettes
Organismes sociaux	43	On leur doit des impôts et cotisations (parfois, ce sont eux qui doivent de l'argent : cas du crédit de TVA à reporter, par exemple).	Dettes ou créances
État	43		
Associés	45	On leur doit des dividendes, par exemple.	Dettes ou créances
Autres	46	Tous les autres tiers à qui on doit ou qui doivent de l'argent.	Dettes ou créances

Remarque : les banques ne sont pas considérées comme des tiers ; les relations sont traitées par les comptes 5.

II L'analyse des risques concernant les tiers

La sincérité et l'image fidèle de la réalité économique que le bilan doit refléter nécessitent une analyse de la situation des tiers et des relations que l'entreprise peut avoir avec eux.
Le risque se matérialise par une perte d'argent potentielle que le bilan n'a pas encore pris en compte.

1. Les risques au niveau des créances : le risque client, le suivi annuel des créances et les dépréciations

Le « risque client » apparaît dès qu'une entreprise accorde un délai de paiement à son client. Il se définit par le fait que le client pourrait ne pas payer tout ou partie de la somme qu'il doit. Toutes les créances clients sont donc impactées par ce risque.
Compte tenu de leur importance par rapport aux autres créances (la quasi-majorité des créances de l'actif sont des créances clients), ce sont les seules pour lesquelles un suivi annuel doit être opéré avec attention.

Analyse de chaque créance client à l'inventaire		
Aucun risque	**Un risque est constaté pour cause…**	
La créance est en attente normale d'encaissement.	D'insolvabilité du client (le client risque de ne pas avoir l'argent pour payer, que ce soit volontaire ou non).	De désaccord du client (le client conteste la qualité des produits, les délais…).
Créance « normale »	On parle de client **douteux**.	On parle de client **litigieux**.
→ Rien à faire	**→ Opérer un traitement comptable particulier**	

Le suivi annuel des créances consistera, pour chaque créance présente à l'inventaire, à analyser le risque que le client ne paie pas. La présentation de ce travail n'est pas normalisée. On conseille de le faire sous forme de tableau.

Le traitement comptable à opérer sera alors de constater une écriture particulière : une **dépréciation** (voir FR 2).

Exemple

En vue de préparer le bilan au 31/12/N, le comptable de l'entreprise Alfa analyse les créances présentes dans les comptes.

Tableau de suivi annuel des créances

Créances	Montant	Date de facture	Délais de paiement	Date d'échéance	Analyse au 31/12/N
Client W	41 000	25/09/N	30 jours	25/10/N	Le client conteste la facture, prétextant qu'une partie des marchandises n'était pas conforme à sa commande. ce jour, il n'a réglé que la moitié de la somme due. Il faudra **opérer une dépréciation** (voir FR 2).
Client X	1 500	15/12/N	30 jours	15/01/N+1	La créance est encore dans les délais. **Rien à faire au 31/12/N**
Client Y	2 500	15/10/N	30 jours fin de mois	30/11/N	Le client a été relancé le 02/12. Il a répondu avoir oublié de nous envoyer le paiement et a confirmé la régularisation. **Rien à faire au 31/12/N**
Client Z	1 000	15/10/N	45 jours	30/11/N	Le client a été relancé le 03/12. Nous n'avons eu aucune réponse. Il faudra **opérer une dépréciation** (voir FR 2).

2. Les risques au niveau des dettes avec les tiers : les provisions

Les dettes qui figurent au bilan matérialisent déjà la sortie d'argent que l'entreprise devra faire. Il n'y a pas, à proprement parler, de risque à ce niveau.

Le risque avec les tiers provient donc d'une sortie d'argent future qui n'aurait pas été matérialisée au passif par une dette.

Le comptable doit alors analyser tous les événements de l'exercice qui sont particuliers et pourraient donner lieu à une sortie d'argent future. Il doit aussi étudier les engagements contractuels de l'entreprise pour savoir s'ils peuvent causer une perte d'argent future.

Exemple (suite)

En vue de préparer le bilan au 31/12/N, le comptable de l'entreprise Alfa interroge le dirigeant et apprend :

– qu'un procès va avoir lieu à la suite d'un litige avec un salarié qui conteste les conditions de son licenciement prononcé le 30/11/N. Le salarié a mené l'affaire devant le conseil de prud'hommes. D'après l'avocat engagé par l'entreprise, celle-ci risque de devoir verser des dommages et intérêts estimés à environ 15 000 € ;

– que l'entreprise offre une garantie de trois ans à ses clients sur les produits qu'elle vend et que, sur l'année qui vient de s'écouler, cette garantie (remplacement ou réparation de produits défectueux) a coûté 156 000 € à l'entreprise. L'année prochaine, on peut s'attendre à un montant comparable.

Le traitement comptable à opérer sera alors de constater une écriture particulière, qui ne sera appuyée sur aucune pièce justificative externe : une **provision** (voir FR 3).

L'essentiel en une question

Quels sont les deux traitements comptables d'inventaire liés aux tiers ?

Consultez le corrigé
liennathan.fr/25jem2

FICHE RESSOURCE 2

Les dépréciations relatives aux comptes clients

Le suivi annuel des créances permet de mettre en évidence les créances qui doivent faire l'objet d'un traitement particulier à l'inventaire.

I Le traitement comptable des créances « à problème » à l'inventaire

Au 31/12/N, les créances figurant au débit du compte 411 et identifiées comme « à risque » doivent être séparées du reste des créances de façon à pouvoir être identifiées et suivies avec précision dans les comptes. On utilise alors le compte **416 « Clients douteux ou litigieux »**.

Exemple

Au 31/12/N, le client Paul n'a pas payé la facture n° 41100500025 du 15/05 d'un montant de 8 700 €. En effet, il a exprimé des réclamations relatives à plusieurs lots de produits livrés et conteste le montant de cette facture.

		31/12/N		
416000		Paul – Clients douteux ou litigieux	8 700	
	411000	Créances – Client Paul		8 700
		Paul conteste la facture à la suite de ses réclamations.		

II L'anticipation du risque de non-paiement client : la dépréciation client

Une dépréciation est une technique comptable qui permet :

– de mettre de côté une somme d'argent (**principe de prudence**) en constatant une charge qui ne sera jamais décaissée ;

On débite le compte 68174 « Dotations pour dépréciations des créances » (c'est une charge « calculée »).

– de diminuer la valeur d'un élément d'actif au bilan de façon à la rendre conforme à une réalité estimée (**principe d'image fidèle**).

On crédite le compte 491 « Dépréciation des comptes de clients ».

La dépréciation se calcule toujours sur le montant HT de la créance.

Exemple (suite)

Après discussion avec le client Paul, il s'avère que sa réclamation porte sur 70 % de la facture. Le client indique qu'il pense régler 30 %. La TVA est au taux normal de 20 %.
On calcule la dotation sur le montant HT de la facture et sur ce que l'on pense perdre.
Montant HT dû par le client au 31/12/N : 8 700 / 1,2 = 7 250
On pense perdre 70 %.
La dépréciation nécessaire au 31/12/ N : 7 250 × 0,70 = 5 075

		31/12/N		
681740		Dotations pour dépréciations des créances	5 075	
	491	Dépréciations des comptes clients		5 075

Total TTC des créances au 31/12/ N (solde du 411)

Montant du risque de perte (solde du 4911)

Valeur TTC des créances après déduction de la dépréciation

Extrait du bilan N

ACTIF N				PASSIF N	
	Brut	Amortissements et dépréciations	Net		Net
[...] Créances [...]	8 700	5 075	3 625	Compte de résultat	– 5 075

Respect du principe du coût historique

Respect du principe de prudence

Respect du principe d'image fidèle

III L'évolution des dépréciations dans le temps

Une dépréciation étant une perte de valeur temporaire, cette perte de valeur peut fluctuer selon la façon dont évolue le risque qui en est la cause :
– augmentation (dotation complémentaire) si le risque s'accroît ;
– diminution (reprise) si le risque diminue ou disparaît parce que le client règle la totalité ou, au contraire, devient irrécouvrable.

Exemple (suite)
En N+1, le client Paul a bien voulu régler 1 200 €. Après de longues renégociations, il s'avère que sa réclamation ne porte plus que sur 60 % de la facture au 31/12/N+1. On rappelle que la dépréciation N est de 5 075.

On calcule la dotation sur le montant HT de la facture au 31/12/N+1 et compte tenu de la nouvelle **estimation de risque**.

Montant HT dû par le client au 31/12/N+1 : (8 700 – 1 200) / 1,2 = 6 250

On pense perdre 60 %.

Dépréciation nécessaire au 31/12/N+1 : 6 250 × 0,6 = 3 750

Dépréciation existante au 31/12/N+1 : 5 075

Ajustement de la dépréciation = 3 750 – 5 075 = – 1 325 → C'est une reprise (baisse de la dépréciation).

		31/12/N+1		
491		Dépréciations des comptes clients	1 325	
	781740	Reprises sur dépréciations des créances		1 325

Total TTC des créances au 31/12/N+1

Montant du risque de perte (solde du 4911)

Valeur TTC des créances après déduction de la dépréciation

Extrait du bilan N+1

ACTIF N+1				PASSIF N+1	
	Brut	**Amortissements et dépréciations**	**Net**		**Net**
[…] Créances […]	7 500	3 750	3 750	Compte de résultat	+ 1 325

Le client a réglé 1 200.

Ajustement de la dépréciation (5 075 – 1 325)

Respect du principe d'image fidèle

Exemple (fin)
En N+2, on apprend que l'entreprise Paul a été liquidée et que la créance ne sera jamais remboursée. On parle alors de **créance irrécouvrable**.

La perte sur la créance correspond à une charge relevant de l'exploitation courante de l'entreprise.

La TVA collectée au moment de la vente est reversée au fisc. Toutefois, lorsque tout ou partie de la créance n'a pas été payé, l'entreprise récupère la TVA non payée par le client auprès du fisc. Donc on débite le 44571 pour diminuer le montant de TVA collectée de la période.

654		Pertes sur créances irrécouvrables	6 250	
44571		TVA collectée	1 250	
	416	Clients douteux ou litigieux		7 500
		Créance devenue irrécouvrable		

Dans ce cas, la dépréciation sera totalement reprise au 31/12/N+2 :

		31/12/N+1		
491		Dépréciations des comptes clients	3 750	
	781740	Reprises sur dépréciations des créances		3 750

? L'essentiel en une question

Quels principes comptables sont concernés par une dépréciation ?

Consultez le corrigé
liennathan.fr/76x3ra

FICHE RESSOURCE 3

Les provisions pour risques inscrites au passif

Lorsqu'un élément inscrit à l'actif est entaché d'un risque de diminution de valeur, la technique de la dépréciation permet de concilier prudence et image fidèle en faisant diminuer sa valeur.

Mais lorsqu'un risque de sortie ou de perte d'argent apparaît sans être lié à un élément d'actif, il n'y a rien à faire diminuer. Pourtant, le principe de prudence devrait amener l'entreprise à mettre de côté cette somme dès qu'elle a connaissance du risque de façon à l'anticiper.

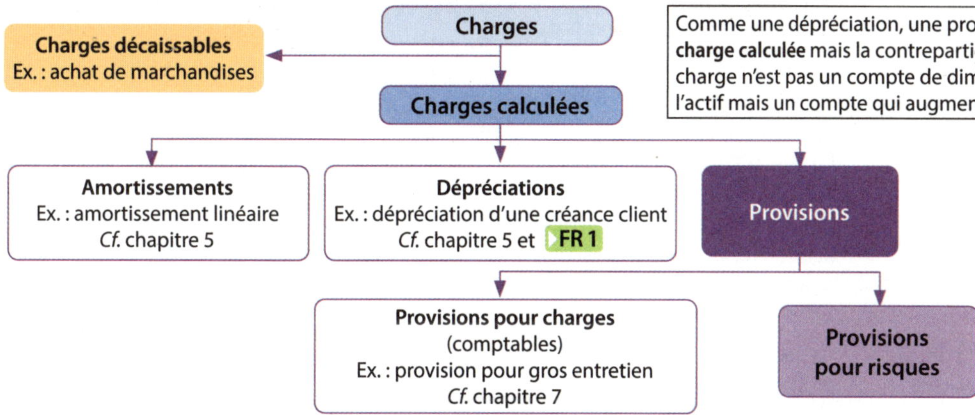

Comme une dépréciation, une provision est une **charge calculée** mais la contrepartie de cette charge n'est pas un compte de diminution de l'actif mais un compte qui augmente le passif.

I L'anticipation du risque futur de sortie d'argent : la constitution de la provision pour risques et charges

Une provision est une somme mise de côté pour faire face à une dépense future non encore réalisée. On distingue :

– les **provisions pour risques** : dictées par le **principe de prudence**, ce sont des dépenses incertaines dans leur existence et *a fortiori* dans leur échéance et/ou leur montant ;

– les **provisions pour charges** : dictées par le **principe d'indépendance des exercices**, elles seront étudiées au chapitre 7.

Exemple

En N, une provision pour risques de 20 a été comptabilisée.

En N, la dotation réduira le résultat. S'agissant d'une charge calculée qui n'affecte pas sa trésorerie, on peut dire que l'entreprise a « mis de côté » 20, qu'elle fait apparaître en tant que « ressource » dans son bilan (poste « Provisions pour risques et charges »).

On utilise un compte 681**5** au débit.

Le 5 en 4e position matérialise une dotation à une provision.

		31/12/N		
6815		Dotations aux provisions	20	
	151	Provisions pour risques		20

On utilise le compte 151 au crédit.

Vue du bilan après écriture :

PASSIF	N
Capitaux propres	
…	
Résultat comptable	– 20
…	
Provisions pour risques et charges	+ 20

II Le suivi des provisions dans le temps

En fonction de l'évolution du risque entre N et N+1, on distingue deux situations.

- Le risque amène à une sortie d'argent plus forte que la provision existante : **dotation complémentaire.**

		31/12/N+1		
6815		Dotations aux provisions	X	
	151	Provisions pour risques		X

- Le risque se réduit ou disparaît : **reprise sur provisions.**

		31/12/N+1		
151		Provisions pour risques	X	
	7815	Reprises sur provisions		X

III Les principales provisions pour risques et leurs comptes

La comptabilisation (dotation ou reprise) étant identique aux principes énoncés précédemment, nous nous contenterons d'indiquer les types de provisions et leurs comptes respectifs.

Remarque : le compte de reprise est le symétrique du compte de dotation (ex. : si dotation = 6865 → reprise = 7865).

Compte	Raison de la dotation	Montant à doter	Dotation	Reprise
1511 Provisions pour litiges	En cas de litige avec un tiers (salarié, fournisseur, client…), l'entreprise risque d'être condamnée à payer.	Basé sur l'estimation d'un avocat ou d'un conseiller juridique (dommages, intérêts, frais de procès…).	6815[a]	7815
1512 Provisions pour garanties données aux clients	En présence de garantie légale (ou contractuelle), l'entreprise doit prendre à sa charge les produits défectueux (coût des réparations, remplacement…).	Basé sur une estimation statistique calculée à partir des années précédentes (estimée par un pourcentage du chiffre d'affaires).	6815	7815
1514 Provisions pour amendes et pénalités	En présence d'une infraction probable ou certaine à la législation ou à un contrat.	Basé sur une estimation de l'amende encourue, des frais annexes (avocats, publication de la décision…).	6875[b]	7875
1515 Provisions pour pertes de change	En présence d'une perte de change (voir FR 4).		6815[c]	7815
1518 Autres provisions pour risques	Tous risques autres que ceux répertoriés ci-dessus.		6815, 6865, 6875[d]	7815, 7865, 7875[d]

(a) Ce risque pourrait être classé en 6875 (exceptionnel) selon son caractère majeur et inhabituel.
(b) Ce risque n'est ni habituel ni fréquent ; on le classe donc en résultat exceptionnel.
(c) Si la créance/dette n'est pas « commerciale » mais financière, alors le risque est de type financier et on utilise les comptes 6865 et 7865.
(d) Selon la catégorie du risque traité (d'exploitation, financier ou exceptionnel).

Remarque : certaines provisions ne sont pas ajustées mais reprises puis dotées. C'est le cas des provisions pour garanties.

Exemple

L'entreprise Delta considère que les frais liés aux garanties accordées aux clients représentent 2 % de son chiffre d'affaires. En N-1, la provision s'est élevée à 28 501 € et en N, elle sera de 25 096 €.

		31/12/N		
1512		Provisions pour garanties données aux clients	28 501	
	7815	Reprises sur provisions d'exploitation		28 501
		Annulation provision N-1		

		31/12/N		
6815		Dotations aux provisions d'exploitation	25 096	
	1512	Provisions pour garanties données aux clients		25 096
		Dotation aux provisions pour garanties données aux clients		

L'essentiel en une question

Quel principe comptable justifie les provisions pour risques ?

Consultez le corrigé
liennathan.fr/7xh73t

FICHE RESSOURCE 4

Les créances et dettes en devises

Les transactions opérées avec des partenaires situés en dehors de la zone euro impliquent un traitement comptable particulier dû au fait que **la comptabilité française est toujours tenue en euros.**

I Le principe de facturation en devises et les risques associés

1. Le principe de facturation en devises

Une créance ou une dette est en devises si la facture est rédigée dans une monnaie autre que l'euro.

L'entreprise française est…	Client	Fournisseur	
Le tiers est…	Fournisseur étranger (hors zone euro)	Client étranger (hors zone euro)	
Qui facture ?	Le fournisseur étranger	**L'entreprise française**	
Monnaie de facturation (dans laquelle sera rédigée et payée la facture)	Devise du pays d'origine du fournisseur	**Principe**	**Exception***
		Euro	Devise du pays d'origine du client
Risque pour l'entreprise	Oui (évolution défavorable du taux de change)	Aucun	Oui (évolution défavorable du taux de change)

* Pour des raisons commerciales (ex. : faire plaisir à son client), économiques (ex. : importance de la devise à l'international) ou de facilités administratives, toute entreprise française peut facturer dans une devise autre que l'euro à partir du moment où la devise est reconnue à l'international et convertible en euros. L'entreprise s'entend alors avec son client pour valider le cours de conversion à la facturation.

2. L'évolution du taux de change et l'impact sur la créance ou la dette

Il faut faire attention aux deux manières dont peut être exprimé le taux de change **ET** au fait d'avoir une créance ou une dette.

2 façons d'exprimer un taux de change	Euros contre devises	Devises contre euros
Exemple	**1 €** = 1,25 $	**1 $** = 0,80 €
Exemple de conversion d'un montant de 1 000 €	1 000 € × 1,25 = 1 250 $	1 000 € / 0,80 = 1 250 $
Exemple de conversion d'un montant de 1 000 $	1 000 $ / 1,25 = 800 €	1 000 $ × 0,80 = 800 €

Évolution	Le dollar se renforce		Le dollar s'affaiblit	
	Avec 1 €, on a **moins** de dollars. Avec 1 $, on a **plus** d'euros.		Avec 1 €, on a **plus** de dollars. Avec 1 $, on a **moins** d'euros.	
Exemples	1 € = 1,10 $	1 $ = 0,91 €	1 € = 1,35 $	1 $ = 0,74 €
J'ai une dette ou une créance de 1 000 $.	= 910 € (au lieu de 800 €) La dette convertie en euros augmente. La créance convertie en euros augmente.		= 740 € (au lieu de 800 €) La dette convertie en euros diminue. La créance convertie en euros diminue.	

II Les écritures d'inventaire sur les opérations en devises

Lors de l'inventaire :

– **pour respecter l'objectif d'image fidèle**, on doit recalculer la dette ou la créance avec le taux de change à la date d'inventaire et **corriger les valeurs au bilan** à l'aide du compte 477 (gain latent) ou 476 (perte latente) ;

– **pour respecter le principe de prudence**, on doit enregistrer une **provision pour risques** si la situation présente un **risque de perte** car le taux de change évoluerait en défaveur de l'entreprise. On utilisera les comptes 6815 et 1515.

Exemple

Gain latent de change

La SARL Transvia a reçu la facture d'un fournisseur japonais au mois d'octobre, dont le montant est de 6 000 000 ¥, soit 44 918,92 €, le cours du yen étant alors de 133,574 ¥ pour 1 €. À l'arrêté des comptes, le cours est de 134,616 ¥ pour 1 €. La baisse du cours du yen va faire diminuer la dette (6 000 000 / 134,616 = 44 571,22 €). Il s'agit d'un gain de change latent.

		31/12/N		
401		Fournisseurs	347,70	
	4772	Diminution des dettes		347,70

Perte latente de change

Un fournisseur américain a livré à Transvia des marchandises pour 50 000 $ en novembre. À la facturation, 1 $ = 0,787 €, soit une dette de : 50 000 × 0,787 = 39 350 €.

À la clôture de l'exercice, le dollar vaut 0,812 €. L'augmentation du cours du dollar va faire augmenter la dette (50 000 × 0,812 = 40 600 €), ce qui représente un risque de perte de change. Il s'agit d'une perte de change latente.

		31/12/N			
4762		Augmentation des dettes	1 250,00		Constatation d'une perte latente au bilan (image fidèle)
	401	Fournisseurs		1 250,00	

		31/12/N			
6815		Dotations aux provisions financières	1 250,00		Constatation d'une charge au résultat (prudence)
	1515	Provisions pour pertes de change		1 250,00	

III Les écritures obligatoires à l'ouverture de l'exercice

Le gain latent (477) ou la perte latente (476) sont **systématiquement extournés à l'ouverture de l'exercice suivant** pour remettre la créance ou la dette dans son état originel, MAIS **la provision n'est pas touchée.** Elle reste inscrite au bilan.

IV Les paiements en devises et leur impact sur l'inventaire

Les opérations qui sont payées dans un exercice mais avaient fait l'objet d'une provision à l'inventaire précédent obligent à reprendre la provision devenue sans objet.

Exemple

La SA Alfa a vendu à un client américain le 05/11/N pour 1 666,67 $ de marchandises converties en euros à 1 500 € (1 $ = 0,9 €).

À l'inventaire du 31/12/N, 1 $ = 0,8 €. La créance vaut donc : 1 666,67 × 0,8 = 1 333,34 €, soit une **perte latente en euros** de : 1 500 – 1 333,34 = 166,66 €, qui est provisionnée.

		31/12/N			
4761		Diminution des créances	166,66		Écriture extournée au 01/01/N+1
	411	Clients		166,66	

		31/12/N		
6815		Dotations aux provisions d'exploitation	166,66	
	1515	Provisions pour pertes de change		166,66

Le 15/01/N+1, le client règle sa facture. Au jour du règlement, 1 $ = 1,10 €.

L'entreprise Alfa encaisse 1 666,67 $, qu'elle convertit en euros : 1 666,67 × 1,10 = 1 833,34 €.

		15/01/N+1			
512		Banque	1 833,34		La provision devenue sans objet sera reprise au plus tard à l'inventaire N+1 : NE PAS OUBLIER de la reprendre si cela n'a pas été fait avant.
	411	Clients		1 500,00	
	756	Gains de change sur créances et dettes commerciales		333,34	

		31/12/N+1		
1515		Provisions pour pertes de change	166,66	
	7815	Reprises sur provisions d'exploitation		166,66

? L'essentiel en une question

Qu'est-ce qu'un gain latent ou une perte latente ?

Consultez le corrigé
liennathan.fr/7ww8p9

APPLICATIONS

ATELIER PGI

Enregistrer les opérations d'inventaire relatives aux tiers

ebp SOLUTIONS DE GESTION

Chapitre concerné :

Chapitre 4 :
Les opérations d'inventaire relatives aux tiers

Téléchargez la fiche de travail
liennathan.fr/2t63bp
PDF

EXOS FLASH

EXO 1 Quiz interactif

Testez vos connaissances sur ce chapitre avec le quiz en ligne.

liennathan.fr/8dc2g2

Votre score
....

EXO 2 Réaliser un suivi annuel des créances

Le comptable de l'entreprise Bruneau souhaite repérer les créances « à problème ».

- **Dans le tableau ci-dessous, en suivant l'exemple de la première ligne, calculez la date d'échéance de la créance puis indiquez s'il faut réaliser un traitement ou s'il n'y a rien à faire à l'inventaire du 31/12/N.**

Créance	Montant TTC	Date de facture	Délai de paiement (en jours)	Typologie de délai (FM = fin de mois, N = nets)	Date d'échéance	Rien à faire	Traitement à opérer
a	*15 000*	*18/11*	*60*	*FM*	*31/01*	☑	☐
b	8 000	19/10	45	N		☐	☐
c	7 000	21/12	45	FM		☐	☐
d	6 500	28/12	30	N		☐	☐
e	8 600	02/12	45	N		☐	☐
f	9 000	14/11	60	N		☐	☐
g	12 500	08/10	45	N		☐	☐
h	14 000	05/09	30	FM		☐	☐

EXO 3 Maîtriser les ajustements de dépréciations

Le cabinet KPO souhaite vous recruter pour effectuer des travaux d'inventaire. Son comptable vous soumet un test de connaissance pour vérifier votre maîtrise des concepts liés aux dépréciations clients.

- **Complétez le tableau ci-dessous avec les valeurs qui conviennent.**

Créance	Montant TTC de la créance à la clôture	Montant HT de la créance à la clôture	Dépréciation nécessaire à l'inventaire	Dépréciation existante (issue de l'inventaire précédent)	Ajustement	
					Dotation	Reprise
a	15 000	12 500	6 000	2 000	4.000	………
b	6 000	5 000	2.840	3 000	0	160
c	7 200	6 000	3 890	5 000	………	1.110
d	4 800	4 000	3 750	1.000	2 750	0
e	2 400	2 000	250	0	250	0
f	6 000	5 000	4020	500	3 520	0
g	4 800	4 000	320	5 000	0	4 680
i	10 800	9 000	6.320	0	6 320	0
j	1 200	1 000	840	600	240	0

EXO 4 Maîtriser les calculs en devises

L'entreprise Tesson travaille avec les États-Unis et souhaite former son personnel comptable pour lui permettre de maîtriser les calculs avec les devises.

- **Complétez le tableau ci-dessous en fournissant les informations demandées. Aidez-vous de l'exemple proposé.**

Montant de la créance en $	Expression du taux de change	Calcul pour convertir en euros la créance en devises	Valeur en € de la créance en $	Expression inverse du taux de change	Calcul pour convertir en € la créance en devises
1 000	*1 € = 0,50 $*	*1 000/0,5*	*2 000 €*	*1 $ = 2 €*	*1 000 × 2*
10 000	1 € = 0,80 $				
11 000	1 $ = 0,70 €				
12 000	1 € = 1,20 $				
13 000	1 $ = 1,30 €				
14 500	1 € = 0,90 $				
15 000	1 $ = 0,60 €				

ENTRAÎNEMENT AU BTS 1 Mettre à jour les dépréciations des créances clients ★☆☆

Vous effectuez un stage dans l'entreprise Chauf'Sol, spécialiste dans l'installation et la maintenance de panneaux photovoltaïques.

Votre tutrice, Mme Griba, doit procéder à la clôture des comptes. Elle vous demande de traiter le dossier des créances afin de les évaluer correctement et de procéder à toutes les régularisations qui s'imposent.

La consultation des documents comptables vous a permis d'élaborer un tableau récapitulatif (annexe 1).

Mme Griba vous a également remis quelques notes sur les clients douteux (annexe 2).

P7 **1** **Réalisez (éventuellement avec l'aide d'un tableur) le tableau de mise en évidence des ajustements des dépréciations clients nécessaire au 31/12/N.**

2 **Enregistrez ces dépréciations au journal.**

3 **Présentez le compte de dépréciations des créances de l'entreprise puis expliquez en quoi ce compte permet de donner une image fidèle de la réalité.**

ANNEXE 1 **Tableau récapitulatif des anciennes créances**

Clients	Créances TTC au 31/12/N-1	Règlement pendant l'exercice N	Dépréciations au 31/12/N-1
Alerte	7 620,00	4 020,00	1 587,50
Bernardin	5 304,00		1 989,00
Bourelly	3 210,00	1 410,00	1 337,50
Duchasson	4 542,00	942,00	567,75

ANNEXE 2 **Notes de Mme Griba**

Le client Bourelly ne paiera plus rien et notre créance correspondante doit être considérée comme totalement irrécouvrable.

Un nouveau client, Eugène, conteste sa facture dont le montant est de 9 780 €. Il n'accepterait de payer que 80 % de la valeur de la créance.

Il faudra porter respectivement à 65 % et à 25 % du solde de la créance les dépréciations relatives aux clients Alerte et Bernardin.

La situation du client Duchasson s'est considérablement dégradée. Il faut porter la dépréciation à 50 % du solde de la créance.

ENTRAÎNEMENT AU BTS 2 Donner une image fidèle des créances clients ★★☆

L'entreprise Dugrand a pour activité le développement, la commercialisation et l'installation de logiciels à destination des architectes. Elle assure également la formation des collaborateurs de ses clients aux produits qu'elle leur livre. La comptable, Mlle Tronchay, vous communique les documents relatifs aux créances clients (annexes 1 et 2).

1. Calculez les dotations et les reprises sur dépréciations à effectuer.
2. Procédez à tous les enregistrements comptables nécessaires.
3. Présentez l'extrait du bilan correspondant.
4. Indiquez quel est l'impact global de ces écritures sur le résultat de l'entreprise.

ANNEXE 1 Extrait de la balance âgée clients

Clients	Soldes au 01/01/N	Règlements en N
Bertaud	5 580 €	1 500 €
Cartoux	2 574 €	
Duval	9 408 €	2 208 €
Franchu	9 978 €	3 378 €

ANNEXE 2 Informations complémentaires sur les clients

Clients	Commentaires
Bertaud	Une dépréciation de 50 % avait été créée à l'exercice précédent. Il faudrait la porter à 60 % du solde de la créance.
Cartoux	Ce client est devenu totalement insolvable et la créance correspondante est irrécouvrable. Une dépréciation de 30 % avait été enregistrée.
Duval	Une dépréciation de 2 500 € existe déjà. Il est raisonnable d'estimer que le client ne pourra payer que 65 % de sa dette.
Franchu	En N-1, une dépréciation de 30 % avait été créée. Il faudra la porter à 60 % du solde à cet inventaire.

Le nouveau client Aubert a un compte qui présente un solde débiteur de 7 236 €. Il faut s'attendre à ce qu'il ne paie que la moitié de ce qu'il nous doit.

ENTRAÎNEMENT AU BTS 3 — Assurer le traitement comptable d'une opération en devises à l'inventaire

★☆☆

La société Sabrent a acheté un mobilier de bureau destiné à son PDG auprès d'un fournisseur suisse (annexe 1).

ANNEXE 1 Facture du fournisseur suisse

MARMOTTAN

ALGIERSTRASSE 1 – 8048 ZURICH – SUISSE

Comptabilisé - Pièce PGI - N° écriture 12655

05/11/N		Doit	Sabrent 17 rue Poulie 31000 Toulouse	
Facture	**Quantité**	**Description**	**Prix unitaire**	**Total**
	1	Ensemble bureau chaise cuir	CHF 2 450	CHF 2 450
			Sous-total	CHF 2 450
			Total dû au 15/01/N+1	CHF 2 450

1. Calculez, à l'aide de l'annexe 2, la valeur de la dette qui a été comptabilisée à la facturation.
2. Calculez la valeur de cette dette à l'inventaire.
3. Comptabilisez les écritures qui en découlent à l'inventaire du 31/12/N (l'amortissement de ce mobilier a déjà été correctement comptabilisé).
4. Comptabilisez l'écriture nécessaire à l'ouverture de l'exercice N+1.

ANNEXE 2

Date	Franc suisse	Euro
05/11/N	1 CHF	0,87209 €
31/12/N	1 CHF	0,88120 €

ENTRAÎNEMENT AU BTS 4 Prendre en compte les risques induits par les relations avec les tiers ★★☆

Vous travaillez au sein de la SARL Fournier, qui fabrique et commercialise auprès d'épiceries fines des assortiments de chocolats à partir de fèves de cacao de qualité.

Répondez aux questions suivantes à l'aide des annexes 1 à 3.

1. **Précisez pourquoi ces événements doivent faire l'objet d'un enregistrement en comptabilité.**
2. **Calculez les différentes provisions nécessaires.**
3. **Passez toutes les écritures qui s'imposent. Précisez le(s) principe(s) comptable(s) qui justifie(nt) chacune d'elles.**
4. **Présentez l'extrait du bilan récapitulant ces provisions.**

ANNEXE 1 Les garanties accordées aux clients

Compte tenu de la qualité des produits, il est extrêmement rare que des clients soient mécontents mais, pour préserver son image de marque, l'entreprise a l'habitude de prendre en charge une éventuelle perte de fraîcheur des articles que les épiceries fines signalent, en remplaçant la livraison initiale.

Le coût de cette opération est évalué à 1,5 % du chiffre d'affaires réalisé avec cette catégorie de clients.

Le chiffre d'affaires réalisé avec les épiceries fines a été de 38 000 € pendant l'exercice N.

À l'inventaire précédent, une provision pour garanties de 950 € avait été constituée. Pendant l'année N, aucun retour pour garanties n'a été enregistré.

ANNEXE 2 Dette libellée en devise étrangère

Nous avons une dette envers notre fournisseur brésilien de fèves de cacao, libellée en réaux brésiliens (BRL). Le montant de la dette est de 15 000 BRL.

À la date de la facture, le 25/11/N-1, le cours du réal était le suivant : 1 BRL valait 0,296 €. Au 31/12/N, 1 BRL vaut 0,31 €. Le règlement doit être adressé à notre fournisseur au 30/03/N+1.

À l'inventaire précédent, une provision pour pertes de change avait été enregistrée pour un montant de 354,20 €.

ANNEXE 3 Litige en cours

L'entreprise a eu un différend avec le propriétaire du local. Une procédure de justice est en cours. L'avocat a estimé que les frais de justice pourraient s'élever à 1 500 € et qu'il est vraisemblable que nous soyons condamnés à verser une indemnité de 4 000 € au propriétaire.

SYNTHÈSE

Synthèse audio
liennathan.fr/6fi43p

Les opérations d'inventaire relatives aux tiers

1 L'analyse des risques avec les tiers

Les tiers

Ensemble des partenaires dont les échanges sont enregistrés dans les **comptes de la classe 4**

Les risques liés aux créances

Délais accordés aux clients → Créances → Risque de non-paiement

À l'inventaire : analyse de **chaque créance individuellement**

Si risque d'insolvabilité : **client douteux**

Si risque de désaccord : **client litigieux**

→ Risque de **non-rentrée d'argent** → Enregistrer une **dépréciation** de la créance → **Baisse de la valeur d'un actif**

Les risques liés à des événements à venir

Analyse de certains **événements** particuliers de l'année (litige, garantie donnée aux clients)

→ Risque d'une future **sortie d'argent** → Enregistrer une **provision pour risque** → **Hausse de la valeur du passif**

2 La comptabilisation des risques avec les tiers

Les dépréciations des créances

Nouveau risque

Isoler les créances à risque en compte client douteux ou litigieux : 416 ← 411

Doter la dépréciation : 68174 ← 91

Risque ancien

Si risque ↗ : 68174 ← 491

Si risque ↘ : 1491 ← 78174

Fin de procédure : créance irrécouvrable

Enregistrer la perte : 654
44571 ← 416

Solder la dépréciation : 491 ← 78174

Les provisions pour risques

Nouveau risque

Réduire le résultat pour mettre de l'argent de côté : 6815 ← 151

Risque ancien

Si risque ↗ : 6815 ← 151

Si risque ↘ : 151 ← 7815

Fin de procédure : dépense avérée

Enregistrement de la charge (variable selon sujet)

Solder la provision : 151 ← 7815

3 Les opérations en devises étrangères

Au jour de la facture

Les **factures** en devises sont **enregistrées en euros** en comptabilité (taux de change à date de facture).

Le **jour du règlement** qui sera fait en devises, la **somme convertie en euros** peut être différente car le taux de change varie. Cela génère un gain ou une perte de change.

Au jour de l'inventaire

Les dettes et créances sont évaluées en euros avec le **taux de change à l'inventaire.**

Image fidèle : correction des valeurs au bilan (gain latent 477 ou perte latente 476).
Extournée début N+1

Principe de prudence : si perte de change latente : provision pour risque (6815 – 1515).
Reprise fin exercice N+1

CHAPITRE 5

Les amortissements et dépréciations des immobilisations

Activité	Composante d'activité	Compétences	P7
2.3. Réalisation des opérations d'inventaire	**2.3.2.** Réalisation, enregistrement, contrôle des travaux d'inventaire relatifs aux immobilisations	Analyser, traiter et enregistrer les opérations d'amortissements, de dépréciations et de cessions	– L'utilisation du PGI pour effectuer le calcul des amortissements, l'enregistrement des écritures d'inventaire, les contrôler et mettre à jour les données – Une utilisation du tableur (tris, simulation, regroupements) adaptée aux besoins de l'utilisateur

SITUATION PROFESSIONNELLE

La SA Modélisme Provence, leader français de son secteur, n'a cessé de croître et de se diversifier dans les produits destinés aux loisirs. Face à la progression constante de son chiffre d'affaires et pour accompagner son expansion, M. Gari, son dirigeant, prévoit des investissements importants : il souhaite agrandir ses locaux afin de pouvoir organiser des événements qui pourront regrouper les amateurs de modélisme de toute l'Europe. Il lui faudra renouveler ses équipements vieillissants et prévoir l'achat d'un matériel de transport. Il a déjà investi dans un PGI et s'apprête à renouveler le matériel informatique.

VOS MISSIONS

Assistant(e) comptable de l'entreprise, vous poursuivez vos travaux sur la clôture des comptes. Mme Lam vous demande de lui préparer le dossier concernant les travaux d'inventaire relatifs aux immobilisations.

MISSION 1 Collecter des informations afin de préparer le plan d'amortissement des acquisitions de l'exercice ▶ Fiches ressource 1 et 2

MISSION 2 Comptabiliser des amortissements ▶ Fiches ressource 3 et 4

MISSION 3 Comptabiliser des dépréciations ▶ Fiches ressource 5 à 7

MISSION 4 Traiter les cas particuliers ▶ Fiches ressource 8 à 10

VOS MISSIONS

MISSION 1 Collecter des informations afin de préparer le plan d'amortissement des acquisitions de l'exercice

1. Repérez les immobilisations acquises au cours de l'exercice N. Distinguez celles qui sont amortissables de celles qui ne le sont pas. Justifiez.
▶ Annexe 1 ▶ Fiche ressource 1

2. Selon vous, pourquoi le camion fait-il l'objet d'une décomposition en composants ? Quelle est la conséquence en termes de plan d'amortissement ?

3. Afin de préparer la saisie des paramètres d'amortissement dans le logiciel d'immobilisations, identifiez les informations à récolter pour ces immobilisations.
▶ Annexes 2 et 3 ▶ Fiche ressource 2

Besoin d'aide ? liennathan.fr/v5j6f2

MISSION 2 Comptabiliser des amortissements

4. Sans faire le plan d'amortissement, déterminez le montant des annuités N et N+1 pour le climatiseur. Déduisez-en les VNC respectives au 31/12/N et 31/12/N+1.
▶ Fiche ressource 3

5. Réalisez les plans d'amortissement concernant le camion.

6. Présentez les écritures d'OD au 31/12/N concernant les amortissements du camion.
▶ Fiche ressource 4

Besoin d'aide ? liennathan.fr/w928pc

La question de l'expert
En un seul calcul, déterminez le cumul des amortissements au 31/12/N+3 pour le climatiseur.

L'autocorrection en vidéo liennathan.fr/4k8a2c

MISSION 3 Comptabiliser des dépréciations

7. Dans quelles situations le comptable est-il amené à calculer des dépréciations sur immobilisations corporelles ou incorporelles ? Quelle différence y a-t-il avec un amortissement ?
▶ Fiche ressource 5

8. Calculez et comptabilisez toutes les dépréciations que vous jugerez nécessaires au 31/12/N.
▶ Annexes 4 et 5 ▶ Fiches ressource 5 et 6

Besoin d'aide ? liennathan.fr/585syj

9. En prenant l'exemple de la caisse du camion, calculez l'impact de la dépréciation sur la dotation aux amortissements de N+1.
▶ Fiche ressource 7

Besoin d'aide ? liennathan.fr/hg8s67

MISSION 4 Traiter les cas particuliers

10. Quel évènement va obliger le comptable à revoir le plan d'amortissement du véhicule utilitaire ? Modifiez le plan d'amortissement en conséquence.
▶ Annexe 6 ▶ Fiche ressource 8

11. Identifiez les étapes manquantes pour parfaire la cession du matériel de bureau puis enregistrez les écritures manquantes au 31/12/N.
▶ Annexe 7 ▶ Fiche ressource 9

Discutons-en ! Que sont les plus ou moins-values en comptabilité ?

La question de l'expert
Complétez l'extrait de bilan au 31/12/N à l'aide de l'annexe 8 et de toutes les informations que vous jugerez nécessaires dans ce chapitre.
▶ Annexe 8 ▶ Fiche ressource 10

L'autocorrection en vidéo liennathan.fr/79a5ap

DONNÉES DE LA SITUATION

ANNEXE 1 Quelques immobilisations détenues par Modélisme Provence

DÉSIGNATION DE L'IMMOBILISATION	DATE D'ACQUISITION	NUMÉRO DE COMPTE	NOM DU COMPTE	COÛT D'ACQUISITION
Terrain	Création de l'entreprise	211000	Terrains	190 000
Locaux	Création de l'entreprise	213000	Construction	350 000
Logiciel de traitement d'images	N-2	205000	Concessions et droits	12 000
Divers matériels et outillages	Création de l'entreprise et années suivantes	215400 215500	Matériel industriel Outillage industriel	30 000 150 590
Matériel de bureau	Création de l'entreprise et N-1	218300	Matériel de bureau et matériel informatique	42 030
Climatiseur	08/08/N	218110	Installations générales	4 780
Camion (caisse)	01/09/N	218220	Matériel de transport	30 000
Camion (moteur)	01/09/N	218210	Matériel de transport	6 000
Véhicule utilitaire	N-2	218209	Matériel de transport	25 000
Armoires et fauteuils	Création de l'entreprise	218401	Mobilier	25 000
Titres Vivendi	N-1	271	Autres titres immobilisés	7 500
Titres Gourmandises	N-2	2611	Titres de participation	2 500
Titres Douceur	N-2	2612	Titres de participation	9 180

NB : les terrains et les immobilisations financières sont considérés comme n'ayant pas de durée de vie limitée dans le temps. Toutes les autres immobilisations voient leur durée de vie limitée.
Lors de l'achat du camion (36 000 € HT), le vendeur a expliqué que, du fait du kilométrage que l'on compte faire avec ce camion, le moteur n'aurait pas la même durée de vie que le camion dans sa globalité (caisse) et qu'il était tout à fait possible d'effectuer l'échange du moteur pour un montant d'environ 6 000 €.

ANNEXE 2 L'acquisition d'un climatiseur

Un climatiseur est acquis le 8 août N et mis en service le 10 août N. Compte tenu de l'utilisation qui va en être faite par l'entreprise, sa durée d'utilisation réelle est de 5 ans (linéaire), tandis que la durée d'usage (fixée par l'administration fiscale) pour ce type de bien est de 10 ans (linéaire). L'entreprise étant une PME, elle a décidé de bénéficier de la mesure simplificatrice des PME pour ses immobilisations non décomposées.
Le contrat d'installation de ce climatiseur prévoit une valeur de rachat (valeur résiduelle) de 280 € en fin de vie.

ANNEXE 3 **L'acquisition d'un camion de livraison**

La date d'acquisition et de mise en service de ce camion est le 1er septembre N.
Dans ce véhicule, il a été identifié un composant « moteur » et la structure est représentée par la « caisse » du camion.

• Le mode d'amortissement qui mesure le mieux la consommation des avantages économiques pour le moteur est l'amortissement proportionnel aux kilomètres parcourus.
M. Gari a fourni les prévisions de distances parcourues pour les quatre années à venir :

EXERCICES COMPTABLES	KILOMÈTRES PARCOURUS
N	5 000
N+1	30 000
N+2	40 000
N+3	15 000

• La caisse est amortie selon le mode linéaire. Sa durée d'utilisation est de 7 ans.
La valeur résiduelle est nulle pour la caisse et le moteur.

ANNEXE 4 **Compte rendu de l'entretien avec le dirigeant**

Au 31/12/N :

- une partie du terrain acquis en N est gelée administrativement par la mairie de la commune suite à un éventuel projet de route. L'expert immobilier mandaté estime que le terrain vaut à ce jour 170 000 € ;
- les locaux de l'entreprise ont été évalués à 360 000 € par l'expert suite à la hausse du prix de l'immobilier ;
- la caisse du camion a fait l'objet de tags disgracieux. Vu le montant des réparations, le garagiste indique qu'on ne pourrait vendre ce camion qu'avec un rabais. Il estime le prix de vente à 24 000 € ;
- l'évaluation des titres à l'inventaire est la suivante :

Titres Vivendi	8 200
Titres Gourmandises	2 000
Titres Douceur	9 800

ANNEXE 5 **Extrait de la balance au 31/12/N avant inventaire**

Balance générale

		Exercice : en cours			
Compte	Libellé	Mouvements		Soldes	
		Débit	Crédit	Débiteur	Créditeur
29611	Dépréciation des titres Gourmandises				200,00
2971	Dépréciation des autres titres				500,00

ANNEXE 6 L'augmentation de l'activité

Grâce aux divers investissements réalisés, l'activité de Modélisme Provence a doublé plus vite que prévu et on estime début N que les 61 000 km restants concernant l'amortissement du véhicule utilitaire seront réalisés en deux ans (30 500 km par an) au lieu de trois. On vous communique le plan initial.

Véhicule utilitaire
Valeur HT : 25 000 €
Date d'acquisition : 17/10/N-2
Date de mise en service : 18/10/N-2
Valeur résiduelle : 1 000 €
Mode d'amortissement : avantages économiques
Compte : 218202

EXERCICES	BASE D'AMORTISSEMENT	UNITÉS (kilomètres)	AMORTISSEMENTS (dotations annuelles)	ANNUITÉS CUMULÉES	VALEUR NETTE COMPTABLE
N-2	24 000,00	1 810	558,28	558,28	24 441,72
N-1	24 000,00	15 000	4 626,65	5 184,94	19 815,06
N	24 000,00	25 000	7 711,09	12 896,03	12 103,97
N+1	24 000,00	28 000	8 636,42	21 532,45	3 467,55
N+2	24 000,00	8 000	2 467,55	24 000,00	1 000,00
	TOTAL	77 810			

ANNEXE 7 La cession du matériel de bureau

Un matériel a été cédé le 1er novembre N pour un montant de 2 000 €.

L'écriture de cession a été enregistrée au journal des opérations diverses :

Journal des opérations diverses

			DÉBIT	CRÉDIT
462		Créances sur cessions d'immobilisations	2 400	
	775	Produits de cessions EAC		2 000
	44751	TVA collectée		400
		Facture cession n° 10CT N		

Ce matériel a été acheté pour une valeur de 8 000 € HT (pas de valeur résiduelle) et mis en service le 01/01/N-6. Il est amortissable sur 8 ans en linéaire.

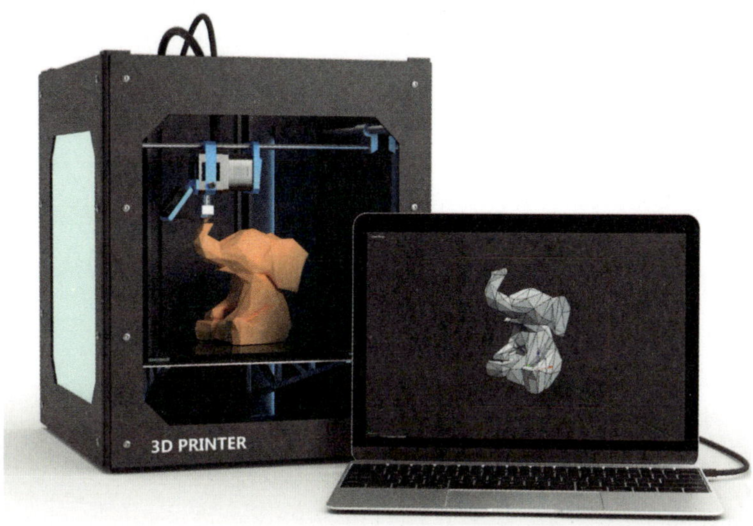

ANNEXE 8 **Les documents de synthèse au 31/12/N après inventaire**

Balance générale

Comptes généraux du 100000 au 282000		Exercice : en cours			
Compte	Libellé	Mouvements		Soldes	
		Débit	Crédit	Débiteur	Créditeur
280110	Amortissements frais d'établissement	9 900,00	9 900,00		
280500	Amortissements concessions et droits similaires		8 888,88		8 888,88
281300	Amortissements constructions		60 000,00		60 000,00
281550	Amortissements matériel industriel		66 141,00		66 141,00
281810	Amortissements installations gles, agencements divers		697,00		697,00
281820	Amortissements matériel de transport		16 398,94		16 398,94
281830	Amortissements mat. de bureau et mat. infomatique	6 833,33	41 133,30		34 299,97

Extrait du bilan au 31/12/N

ACTIF	Brut	Amortissements et dépréciations	Net
Immobilisations incorporelles			
Frais d'établissement			
Frais de recherche			
Concessions, brevets	12 000,00		
Fonds commercial			
Autres immobilisations incorporelles			
Immobilisations corporelles			
Terrains	190 000,00		
Constructions	350 000,00		
Installations techniques, matériel et outillage industriels	180 590,00		
Autres immobilisations corporelles	132 810,00		
Immobilisations financières			
Participations	11 680,00		
Créances rattachées à des participations			
Autres titres immobilisés	7 500,00		
Prêts			
Autres			
TOTAL DE L'ACTIF IMMOBILISÉ (I)	**884 580,00**		

FICHE RESSOURCE 1

Maîtriser les généralités sur l'amortissement des immobilisations

L'amortissement est la constatation comptable d'une perte de valeur **définitive** d'une immobilisation.

I Les facteurs déclenchant l'amortissement

La perte de valeur définitive d'une immobilisation peut être liée à :
– l'usure (ex. : une voiture qui a roulé des milliers de kilomètres a perdu de la valeur par rapport à une voiture neuve) ;
– l'obsolescence (ex. : un ordinateur ne vaut plus son prix neuf dès lors que des composants plus performants apparaissent dans des modèles plus récents proposés au même prix) ;
– une protection juridique (ex. : un brevet pour lequel il ne reste que 2 ans de protection vaut moins qu'un brevet à qui il reste 15 ans de protection).
Amortir, c'est mettre de l'argent de côté pour pouvoir renouveler l'immobilisation.

II Les immobilisations dites « amortissables »

1. Principes généraux

Toutes les immobilisations ne sont pas sujettes à amortissement. Seules celles dont **la durée de vie est limitée dans le temps** sont « amortissables ». Les autres sont dites « non amortissables ».

Exemples courants

Immobilisations amortissables	Immobilisations non amortissables
205 Logiciels, brevets 213 Constructions 215 Installations techniques, mat. et outillage industriels 218 Autres immobilisations corporelles	205 Marques acquises 211 Terrains 26 Participations 27 Autres immobilisations financières

2. Cas particuliers

Le caractère « non amortissable » n'est jamais définitif : il peut être remis en cause.

Exemple
Une marque n'a pas de durée de vie, mais si l'entreprise décide d'arrêter d'utiliser cette marque dans 2 ans, alors elle devient amortissable sur les 2 ans restants.

III Le caractère obligatoire de la constatation de l'amortissement

Le principe d'image fidèle oblige l'entreprise à constater à chaque inventaire l'amortissement annuel des immobilisations amortissables afin que le bilan soit sincère et fidèle à la réalité économique.
Outre l'image fidèle, la non-comptabilisation d'un amortissement (que ce soit volontaire ou par oubli) peut entraîner la perte de sa déductibilité fiscale.

IV L'utilité de l'amortissement

L'amortissement permet de répartir la valeur d'une immobilisation dans le temps, ce qui permet de la prendre en compte dans un calcul de coûts (voir Processus 5).
L'amortissement permet aussi d'assurer le renouvellement des immobilisations.

V L'amortissement des immobilisations corporelles décomposées

Les immobilisations corporelles peuvent avoir des « composants ».

TYPES DE COMPOSANTS

1re catégorie

Éléments :
- devant **être remplacés physiquement** (on peut les démonter et les enlever de la structure). Ex. : sièges d'avion, train d'atterrissage, toiture ;
- ayant une **valeur significative** ;
- ayant une **durée d'utilisation différente** de l'immobilisation prise dans son ensemble.

→ **OBLIGATION** : Ils doivent être comptabilisés dans une subdivision du compte d'immobilisations 21xx.

2e catégorie

Éléments que l'on ne peut « détacher » de la structure, qui correspondent à des dépenses d'entretien faisant l'objet de programmes pluriannuels de gros entretien (GE) ou de grandes révisions (GR). Ex. : révisions d'une machine, ravalement de façade.

→ Ils doivent être comptabilisés en provision pour GE et GR dans le compte 1572.
cf. chap. 6

NB : les composants de 2e catégorie peuvent être comptabilisés comme composants de 1re catégorie, c'est-à-dire en compte de composants, mais ce traitement est expressément exclu du référentiel de BTS ; cela ne sera donc pas traité dans cet ouvrage.

Dans le cas des composants de 1re catégorie, la valeur d'origine doit être éclatée :
- en une **structure** (élément principal de l'immobilisation) ;
- en un ou plusieurs **composants**.

> **Exemple**
> Dans le cas d'un immeuble, on peut distinguer le bâti (structure), la toiture (composant n° 1), le chauffage (composant n° 2), etc.

L'amortissement des composants ne présente aucune particularité. Chaque composant doit être envisagé comme une immobilisation à part entière pour laquelle on réalisera un plan d'amortissement propre. Il y aura donc autant de plans d'amortissement que de composants, plus un pour la structure.

? L'essentiel en une question

Comment sait-on qu'une immobilisation est amortissable et quel est l'intérêt de le savoir ?

Consultez le corrigé
liennathan.fr/4pi35n

FICHE RESSOURCE 2

Préparer un plan d'amortissement

I La présentation d'un plan d'amortissement

Que l'on se serve du module « Immobilisations » d'un PGI, d'un logiciel spécifique de gestion d'immobilisations, d'un tableur ou encore que l'on travaille avec papier et crayon, un plan (ou tableau) d'amortissement a en général la présentation suivante :

Exercices comptables	Coût d'entrée (valeur d'origine) (a)	Base amortissable (b)	Annuité d'amortissement (c)	Annuités cumulées (d)	Valeur nette comptable (a) – (d)
N-2	24 000	24 000	2 300	2 300	21 700
N-1	24 000	24 000	4 600	6 900	17 300
…					

II Les paramètres permettant de réaliser le plan d'amortissement

Quatre paramètres essentiels sont à repérer (à demander au chef d'entreprise ou à l'expert-comptable).
On peut les retenir de façon mnémotechnique : **BA MO DU DA.**
- **BA**se amortissable
- **MO**de d'amortissement
- **DU**rée d'amortissement
- **DA**te de départ pour la première annuité

1. La base amortissable (BA)

La base amortissable est en général le coût d'entrée de l'immobilisation (on parle aussi de valeur d'origine, VO). Attention, dans le coût d'entrée, il peut y avoir autre chose que le seul prix d'achat.
Certaines immobilisations ne valent pas « rien » en fin de durée de vie. On appelle « valeur résiduelle » (VR) le montant que l'on pense obtenir de la cession de l'immobilisation à la fin de son utilisation. Cette VR doit être significative (relativement importante) et mesurable (assez fiable).

Présence d'une VR (significative et mesurable)	Absence de VR ou non-prise en compte car non significative ou non mesurable
BA = VO – VR	BA = VO

Exemple
Dans le secteur automobile, l'Argus permet d'estimer la valeur de n'importe quel véhicule à n'importe quelle date. Lorsqu'on achète une voiture pour 20 000 € et que l'on prévoit de la vendre au bout de 4 ans, l'Argus donne une VR de 5 000 €. La base amortissable est égale à : 20 000 – 5 000 = 15 000 €.

2. Le mode d'amortissement (MO)

Le mode d'amortissement qui doit être utilisé est celui qui traduit le mieux la façon dont l'entreprise use son immobilisation.

MO
- MO en unité de temps
  - **Amortissement linéaire :** l'usure est constante sur la durée de vie du bien.
  - **Amortissement décroissant :** l'usure est plus forte au début qu'à la fin (rare en pratique).
  - **Amortissement croissant :** l'usure est plus forte qu'au début (rare en pratique).
- MO en unité d'œuvre
  - **Amortissement variable :** l'usure varie en fonction du nombre d'unités d'œuvre consommées chaque année.

> Exemple
> Le calcul de l'usure d'un camion en unité de temps est moins pertinent qu'un calcul à l'aide des kilomètres parcourus. L'unité d'œuvre sera donc le kilomètre parcouru et on définira non pas une durée de vie en temps, mais une durée de vie en kilomètres (ex. : 1 000 000 km).
> Annuité de N = Base amortissable × Nombre réel de km parcourus en N / 1 000 000

***NB* : le mode linéaire est appliqué à défaut de mode mieux adapté (PCG 214-13).**

3. La durée d'amortissement (DU)

Cette information n'a d'importance que si MO s'exprime en unité de temps.
En matière d'amortissement, il y a deux durées à ne pas confondre :

La durée d'usage	La durée réelle d'utilisation
Elle est fixée par l'administration fiscale et correspond aux habitudes normales d'usage du bien ; elle est donc identique selon le bien pour toutes les entreprises. **Remarque :** le fisc ne fixe pas de durée d'usage pour les composants ; pour eux, on retiendra donc obligatoirement la durée réelle. Exemples Bâtiment industriel : 20 ans Outillage : 5 à 10 ans Mobilier : 10 ans	Elle est déterminée par l'entreprise elle-même et correspond à l'utilisation propre du bien au sein de l'entreprise. Pour un même bien, différentes entreprises pourront avoir différentes durées d'utilisation. Exemple Bien que la durée d'usage soit de 10 ans, l'entreprise Alfa use son mobilier en 6 ans. Elle retiendra donc une durée d'amortissement de 6 ans.

En comptabilité, on prend toujours la durée réelle d'utilisation, sauf mesure simplificatrice des PME.

Mesure de simplification pour les PME : les PME qui ne dépassent pas deux des trois critères suivants (effectif < 50 salariés, CA < 12 M€ et total du bilan < 6 M€) sont autorisées (ce n'est pas une obligation), pour les **immobilisations non décomposables**, à utiliser en comptabilité la durée d'usage (fiscale) au lieu de la durée réelle d'utilisation. Cette simplification est appliquée par de nombreux cabinets comptables.

4. La date de départ (DA)

Elle dépend de MO et n'a d'intérêt que si celui-ci est exprimé en unité de temps :

Mode	Date de départ
Linéaire	Date de mise en service
Variable (par unité d'œuvre)	Non utile

L'essentiel en une question

Quels sont les quatre paramètres à toujours repérer avant de faire un tableau ou des calculs d'amortissement ?

Consultez le corrigé
liennathan.fr/ya59m8

FICHE RESSOURCE 3

Réaliser des plans d'amortissement

Un plan d'amortissement justifie l'écriture à comptabiliser et indique la VNC du bien au bilan.

I Le plan d'amortissement linéaire

1. Règle de calcul d'une annuité d'amortissement entière

Annuité = **BA** × Taux d'amortissement

Avec taux d'amortissement = 1 / **DU**

Remarque : il est toujours préférable d'exprimer le taux d'amortissement en notation décimale plutôt qu'en pourcentage (ex. : si durée = 5 ans, alors taux = 1/5 = 0,2).

> Exemple
> Soit une immobilisation de base amortissable 1 000, dont la durée d'utilisation est de 5 ans.
> Annuité entière : 1 000 × 1/5 = 1 000 × 0,2 = 200

2. Règle de calcul de la première annuité lorsque la mise en service se fait en cours d'exercice

Lorsque la mise en service est faite en cours d'année (cas de figure le plus courant), la première année d'amortissement est plus courte. Elle doit être calculée en tenant compte d'un *prorata temporis*.

Prorata temporis **= Nombre de jours EXACTS écoulés entre la mise en service et la date d'inventaire / 360 jours**

Remarque : par simplification, l'administration fiscale fixe à 360 jours la durée d'un exercice de 12 mois.

> Exemple
> Une immobilisation de base 1 000, dont la durée d'utilisation est de 5 ans, est achetée le 10/05 et mise en service le 20/05. L'exercice comptable coïncide avec l'année civile (cela signifie que l'inventaire est au 31/12).

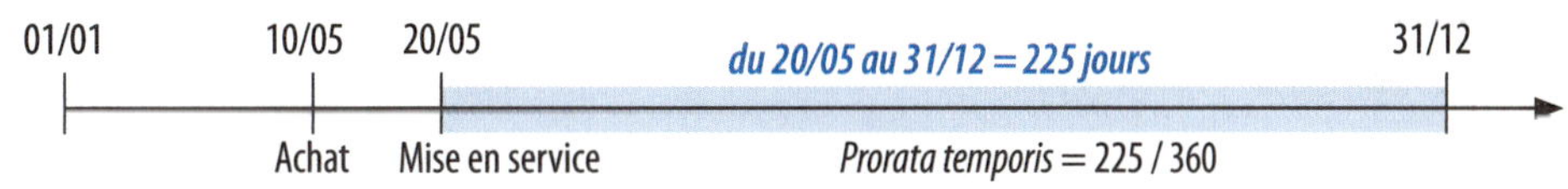

> Première annuité : 1 000 × 0,2 × 225 / 360 = 125

3. Réaliser le plan d'amortissement

> Exemple
> **BA** = 31 000 (35 000 – 4 000) **MO** = linéaire **DU** = 4 ans **DA** = 01/12/N

Plan d'amortissement Presse électrique

Coût d'acquisition : 35 000 €
Valeur résiduelle : 4 000 €
Base amortissable : 31 000 €
Mode d'amortissement : linéaire

Date d'acquisition : 01/09/ N
Date de mise en service : 01/12/N
Durée : 4 ans
Taux d'amortissement : 1/4 ans = 25 %

Exercices	Coût d'entrée	Base d'amortissement	Annuités d'amortissement	Annuitées cumulées	VNC
N	35 000	31 000	645,83	645,83	34 354,17
N+1	35 000	31 000	7 750,00	8 395,83	26 604,17
N+2	35 000	31 000	7 750,00	16 145,83	18 854,17
N+3	35 000	31 000	7 750,00	23 895,83	11 104,17
N+4	35 000	31 000	7 104,17	31 000,00	4 000,00
		Total	**31 000,00**		

Valeur résiduelle = 4 000
BA = Coût d'acquisition – VR

30 jours seulement d'amortissement au cours du premier exercice car DA = 01/12 : (31 000 / 4) × 30 / 360 = 645,83

VNC = VO – Cumul des amortissements

Remarque : 4 ans d'amortissement nécessitent 5 lignes sur le plan, car un an d'amortissement est réparti sur deux exercices (N et N+4).

DU = 4 ans d'amortissement MAIS 5 exercices car un an d'amortissement est réparti sur 2 exercices (N et N+4).

La base amortissable est la même chaque année.

330 jours d'amortissement au cours du dernier exercice (complément du premier exercice : 360 – 30 = 330) (31 000 / 4) × 330 / 360 = 7 104,17

Valeur résiduelle = 4 000 €

II Le plan d'amortissement par unité d'œuvre (amortissement variable)

Certaines immobilisations ne sont pas utilisées (et usées) de façon linéaire dans le temps. Il est alors possible d'utiliser une autre clé de répartition de l'usure du bien : l'unité d'œuvre.

On rappelle que l'unité d'œuvre est une unité physique de mesure (km, nombre de produits…). Dans ce cas, les notions de temps (durée, date de départ…) ne sont plus du tout utiles pour calculer l'amortissement.

> **Exemple**
> Le 01/09/N, une machine achetée 31 000 € sera amortie en fonction des produits qu'elle traite.
> **BA :** 31 000 € (pas de VR)
> **MO :** variable selon l'unité d'œuvre.
> **DU :** elle n'est pas utile, on la remplace par le nombre total d'unités d'œuvre : au cours de sa vie, cette machine doit fabriquer 66 250 unités de produits.
> **DA :** 01/09/N (elle n'est pas utile car c'est le nombre de produits traités la première année qui compte).

66 250 produits traités avec la presse électrique (1 250 + 25 000 + 25 000 + 15 000)

Presse électrique
Coût d'acquisition HT : 31 000 €
Durée d'utilisation totale exprimée en produits traités : 66 250
Valeur résiduelle : nulle
Mode d'amortissement : avantages économiques

Exercices	Valeur d'origine	Base d'amortissement	Nombre de produits traités	Annuités d'amortissement	Annuités cumulées	Valeur nette comptable
N	31 000	31 000	1 250	584,91	584,91	30 415,09
N+1	31 000	31 000	25 000	11 698,11	12 283,02	18 716,98
N+2	31 000	31 000	25 000	11 698,11	23 981,13	7 018,87
N+3	31 000	31 000	15 000	7 018,87	31 000,00	0,00
		Total	**66 250**	**31 000,00**		

31 000 × (1 250 / 66 250) = 584,91

31 000 × (25 000 / 66 250) = 11 698,11

Valeur résiduelle = 0

? L'essentiel en une question

Quelles sont les deux informations importantes que chaque ligne du plan d'amortissement met en évidence ?

Consultez le corrigé
liennathan.fr/qqa728

FICHE RESSOURCE 4

Comprendre la comptabilisation des amortissements à l'inventaire

I Comptabilisation de l'amortissement comptable

À chaque inventaire, l'annuité d'amortissement comptable correspondant au plan d'amortissement doit être comptabilisée. Elle constitue une charge d'exploitation non décaissable et un amoindrissement de la valeur de l'immobilisation.

Incidence sur le résultat	Incidence sur le bilan
Comptes à débiter : 68 – Dotations aux amortissements et aux provisions 681 – Dotations aux amortissements et aux provisions – Charges d'exploitation 6811 – Dotations aux amortissements sur immobilisations	**Compte à créditer :** 28 – Amortissements des immobilisations Le compte d'immobilisations a toujours le chiffre 8 en 2e position. *Exemple pour du matériel de transport :* 2182 – Matériel de transport 28182 – Amortissements du matériel de transport

Au débit	Au crédit
68 : il s'agit d'une charge qui vient en diminution du résultat. Or, cette charge n'est pas décaissée (on dit que c'est une charge calculée), donc l'argent « pris » sur le compte de résultat servira à renouveler l'immobilisation : c'est le concept de l'autofinancement.	28 : c'est un compte particulier. Il s'inscrit à l'actif du bilan mais fonctionne à l'envers des comptes d'actif (il augmente quand on le crédite et diminue quand on le débite), il viendra donc en soustraction de l'actif.

II Exemple

Presse électrique
Coût d'acquisition HT : 31 000 €
Durée d'utilisation : 4 ans
Taux d'amortissement : 25 %
Mode d'amortissement : linéaire
Date d'acquisition : 01/09/N
Date de mise en service : 01/12/N

Exercices	Base d'amortissement	Annuités d'amortissement	Annuités cumulées	VNC
N	31 000	645,83	645,83	30 354,17
N+1	31 000	7 750,00	8 395,83	22 604,17

Journal des opérations diverses

			Débit	Crédit
		31/12/N+1		
6811		Dotations aux amortissements s/immo.	7 750	
	28155	Amortissements des outillages		7 750
		D'après le plan d'amortissement de la presse électrique		

Extrait du bilan au 31/12/N+1

Éléments de l'actif	Valeur brute	Amort. cumulés	Valeur nette
Presse électrique	31 000	8 395,83	22 604,17

Extrait du compte de résultat au 31/12/N+1

Charges d'exploitation	Montants	Produits d'exploitation	Montants
Dotations aux amortissements sur immobilisations	7 750		

L'essentiel en une question

Dans quel compte apparaît la valeur nette comptable (VNC) d'une immobilisation amortissable au bilan ?

Consultez le corrigé
liennathan.fr/s7zw63

FICHE RESSOURCE 5

Les dépréciations sur immobilisations corporelles ou incorporelles

Si l'amortissement est la constatation d'une perte de valeur définitive d'une immobilisation, la dépréciation, elle, est une perte provisoire. Elle peut disparaître après avoir été constatée.

I Le principe des dépréciations d'immobilisations corporelles ou incorporelles

L'enregistrement prend son origine dans le processus suivant pour chaque bien à l'inventaire :

Indice de perte de valeur à l'inventaire ?
- **Non :** ne rien faire
- **Oui :** réaliser un **test de dépréciation**
  Comparer fin N la valeur actuelle (VA) de l'immobilisation, c'est-à-dire la valeur de revente, en l'état, nette de coût de sortie, avec la valeur nette comptable (VNC)
  - VNC > VA Test positif → Constater une dotation aux dépréciations (VNC – VA)
  - VNC < VA Test négatif → Ne rien faire ou reprendre tout ou partie des éventuelles dépréciations antérieures

Les indices de perte de valeur sont des événements :
– d'**origine externe** : un événement exceptionnel (ex. : des travaux sur la voirie font perdre temporairement de la valeur à un commerce) ;
– d'**origine interne** : une immobilisation abîmée (ex. : la porte d'un véhicule est emboutie, cela fait perdre de la valeur au véhicule tant qu'elle n'est pas réparée).

Exemple
Une entreprise loue à d'autres entreprises un terrain acquis le 02/02/N-2 (VO = 100 000). En raison de travaux de voirie devant s'achever en N+1, l'accès à ce terrain devient complexe et rend sa location difficile. Cet indice de perte de valeur amène à pratiquer un test de dépréciation chaque année.

	VNC avant dépréciation (a)	Valeur actuelle (b)	(a > b) = Dotation (a) – (b)	(a < b) = Reprise (b) – (a)	VNC après dépréciation
31/12/N-2	100 000	90 000	10 000		90 000
31/12/N-1	90 000	85 000	5 000		85 000
31/12/N	85 000	97 000		12 000 (1)	
31/12/N+1	97 000	110 000		3 000 (2)	100 000

(1) Ayant repris de la valeur, on reprend la partie des dépréciations devenues inutiles (97 000 – 85 000).
(2) Désormais, la valeur du bien dépasse la valeur d'origine (110 000 > 100 000) : on reprend le reste de dépréciations qui avaient été dotées (3 000). Lorsque le bien prend de la valeur au-delà de la VO, on ne l'enregistre jamais en comptabilité, par principe de prudence (on plafonne à la VO : principe des coûts historiques).

II L'enregistrement comptable

1. Dans le cas d'une dotation

			Débit	Crédit	
		31/12/N-2			
68162		Dotations aux dépréciations	10 000		*Solde du compte 2911 = 10 000*
	2911	Dépréciations des terrains		10 000	
		31/12/N-1			
68162		Dotations aux dépréciations	5 000		*Solde du compte 2911 = 15 000*
	2911	Dépréciations des terrains		5 000	

2. Dans le cas d'une reprise

			Débit	Crédit	
		31/12/N			
2911		Dépréciations des terrains	12 000		*Solde du compte 2911 = 3 000*
	78162	Reprises sur dépréciations		12 000	

? L'essentiel en une question
Une dépréciation est-elle définitive ?

Consultez le corrigé
liennathan.fr/tz6y72

FICHE RESSOURCE 6

Les dépréciations sur immobilisations financières

I Le principe des dépréciations d'immobilisations financières

À l'inventaire, on compare **systématiquement** la valeur d'acquisition des titres (appelée « valeur d'origine », « valeur d'entrée » ou encore « valeur brute », VB) avec leur valeur d'inventaire (VI).

Si VB > VI **→ Dépréciation = VB – VI**	**Si VB < VI** **→ Rien à faire**
Attention : s'il existe une dépréciation N-1, on ajuste en enregistrant une dotation ou une reprise.	Attention : s'il existe une dépréciation N-1, on effectue une reprise.

Pour évaluer la valeur d'inventaire, il faut, dans un premier temps, identifier la catégorie de titres dont il s'agit :
– titres de participation : volonté d'exercer une influence dans la gestion (détention > 10 % du capital) ;
– autres titres immobilisés : volonté de les conserver durablement à des fins de placement (> 1 an) ;
– titres immobilisés de l'activité de portefeuille (TIAP) : titres détenus par une société dont l'activité uniquement financière consiste à gérer des titres pour réaliser des bénéfices.

Immobilisations financières (comptes 26 et 27)

Titres de participation (261)	Autres titres immobilisés (271)	Titres de l'activité de portefeuille (273)
2961 Dépréciation de titres de participation VI = valeur d'utilité	2971 Dépréciation des autres titres VI = cours moyen du dernier mois (titres cotés) ou valeur probable de vente (titres non cotés)	2973 Dépréciation des TIAP VI = valeur de marché au jour de l'inventaire

II L'enregistrement comptable

Exemple

La société DSC détient les titres immobilisés suivants et enregistre les écritures d'inventaire au 31/12/N.

Titre immobilisé	Nature	Valeur entrée	Valeur inventaire au 31/12/N	Dépréciation N-1	Dépréciation N
Actions GNB	TIAP	500	460	20	500 – 460 = 40 ⇒ augmentation
Actions FGC	Titres de participation	400	420	50	Aucune dépréciation

La valeur des titres a été diminuée du montant de la dépréciation (image fidèle).

		31/12/N		
68662		Dotations aux dépréciations	20	
	2973	TIAP		20
		31/12/N		
2961		Dépréciation des titres de participation	50	
	78662	Reprises sur dépréciations		50

? L'essentiel en une question

Doit-on attendre un indice de perte de valeur pour vérifier les dépréciations sur les titres ?

Consultez le corrigé
liennathan.fr/uw8j37

FICHE RESSOURCE 7

L'impact d'une dépréciation sur un plan d'amortissement

Certains évènements peuvent remettre en question un plan d'amortissement qui a été élaboré initialement. On parle alors de « révision » du plan.

I Les conséquences d'une dépréciation sur un plan d'amortissement

Lorsqu'une dépréciation doit être constatée sur un bien amortissable dont le plan d'amortissement a déjà été constitué, cette dépréciation oblige à modifier le plan.

Il s'agit d'une **modification prospective**, c'est-à-dire « pour le futur » : on ne remet pas en cause les dotations déjà comptabilisées.

La dépréciation enregistrée a pour conséquence de réduire la VNC du bien. Ainsi, il faut recalculer les annuités à venir, en répartissant la « VNC base » sur la durée de vie restante.

La « VNC base » désigne la VNC déduction faite de l'éventuelle VR lorsqu'elle est significative et mesurable. En l'absence de VR, la « VNC base » est égale à la VNC.

II Exemple de modification prospective pour cause de dépréciation

Une machine acquise en le 01/01/N-1 pour 2 000 € est amortie en linéaire sur 4 ans.

Plan d'amortissement initial

Exercices	Base d'amortissement	Taux	Annuités d'amortissement	Annuités cumulées	VNC
N-1	2 000	25 %	500	500	1 500
N	2 000	25 %	500	1 000	1 000
N+1	2 000	25 %	500	1 500	500
N+2	2 000	25 %	500	2 000	0

Au 31/12/ N, suite à un indice de perte de valeur, il est pratiqué un test de dépréciation.
La valeur actuelle ressort à 400 €.
Dépréciation en N : 1 000 (VNC au 31/12/N après amortissement) – 400 = 600 €
VNC année N après dépréciation : 1 000 – 600 = 400 €
Cette VNC sera répartie sur les 24 mois restants car au 31/12/N, il reste exactement 24 mois à vivre.

Plan d'amortissement révisé

Exercices	Base d'amortissement	Taux	Annuités d'amortissement	Annuités cumulées	Valeur actuelle	Dépréciation	VNC
N-1	2 000	25 %	500	500			1 500
N	2 000	25 %	500	1 000	400	600	400
N+1	400	12/24	200	1 200			200
N+2	200	12/12	200	1 400			0
				1 400			

Modification de la base d'amortissement (VNC année précédente). À répartir sur les 2 années restantes.

500 + 500 + 200 = 1 200

Cette dépréciation a lieu durant l'année N.

? L'essentiel en une question

La dépréciation modifie-t-elle les annuités d'amortissement passées ou futures ?

Consultez le corrigé
liennathan.fr/g45t6s

FICHE RESSOURCE 8

L'impact d'un changement de rythme d'utilisation d'un bien sur un plan d'amortissement

I Les conséquences d'un changement de rythme d'utilisation d'un bien

Lorsqu'un changement de rythme d'utilisation d'un bien est constaté, le plan d'amortissement construit lors de l'achat du bien n'est plus cohérent avec la façon dont l'entreprise utilise le bien.

Ceci oblige à **modifier le plan** pour ajuster les amortissements et respecter le principe de l'image fidèle. Dans ce cas, les annuités sont calculées en prenant en compte le nouveau rythme constaté.

Il s'agit de prendre la « VNC base » et de la répartir selon ce nouveau rythme.

Rappel : la « VNC base » désigne la VNC déduction faite de l'éventuelle VR lorsqu'elle est significative et mesurable.

Il s'agit, là encore, d'une **modification prospective**, c'est-à-dire « pour le futur » : on ne remet pas en cause les dotations déjà comptabilisées.

II Exemple de modification prospective

Un véhicule utilitaire est amorti selon la méthode des avantages économiques.

Coût d'acquisition : 50 000 € Unité d'œuvre : le kilomètre parcouru

Plan d'amortissement initial

Exercices	Base d'amortissement	Km	Annuités d'amortissement	Annuités cumulées	Valeur nette comptable
N-1	50 000	5 000	3 125	3 125	46 875
N	50 000	30 000	18 750	21 875	28 125
N+1	50 000	30 000	18 750	40 625	9 375
N+2	50 000	15 000	9 375	50 000	0

Le véhicule est censé parcourir 80 000 km au cours de sa vie.

On constate, au début de l'année N, que l'activité de l'entreprise augmente. On estime que les 75 000 km (reste à parcourir de N à N+2) seront réalisés en deux années (à raison de 37 500 km par an) et non pas trois comme prévu à l'origine.

Exercices	Base d'amortissement	Km	Annuités d'amortissement	Annuités cumulées	VNC
N-1	50 000,00	5 000	50 000 × 5 000/80 000 = 3 125,00	3 125,00	46 875,00
N	46 875,00	37 500	46 875 × 37 500/75 000 = 23 437,50	26 562,50	23 437,50
N+1	23 437,50	37 500	23 437,50 × 37 500/37 500 = 23 437,50	50 000,00	0,00
N+2					

L'essentiel en une question

Est-il possible d'amortir un bien sur une durée différente (plus courte ou plus longue) que celle initialement prévue dans le plan d'amortissement ? Justifiez.

Consultez le corrigé
liennathan.fr/fjd688

FICHE RESSOURCE 9

La comptabilisation d'une cession d'immobilisation amortissable

Le fait que l'immobilisation soit amortissable oblige à prendre en considération les comptes d'amortissement au moment de la cession.

I Un enregistrement dans les comptes en trois étapes

462		Créances s/cessions d'immo.	Prix de vente TTC		**1. En cours d'année :** enregistrement du produit de la vente.
	775	PCEA		Prix de vente HT	
	4457	TVA collectée		TVA	
681..		Dotations aux amort.	Amort. de l'année		**2. Écriture d'inventaire :** amortissement calculé entre le premier jour de l'exercice et la date de cession.
	281..	Amortissements…		Amort. de l'année	
675		VNC EAC	VNC au 31/12/N		**3. Écriture d'inventaire :** sortie d'actif du bien. Solde des comptes.
281..		Solde amort. bien cédé	Cumul amort.		
	21..	Coût d'acquis. bien cédé		Coût acquisition	

La confrontation des gains liés à la vente (775) et de la VNC du bien (675) permet d'analyser le résultat de cession :

- si 775 > 675 ⇒ plus-value ;
- si 775 < 675 ⇒ moins-value.

II La reprise de dépréciations éventuelles

Lorsque l'immobilisation est sortie, l'éventuelle dépréciation se rapportant au bien doit disparaître. Aux trois étapes précédentes, doit être ajoutée une 4e étape

29…		Dépréciations de…			**4. Reprise des dépréciations éventuelles**
	7816	Reprise sur dépréciations d'immobilisations			

L'essentiel en une question

Une immobilisation amortissable cédée apparaît-elle dans le bilan de l'exercice de cession ? Pourquoi ?

Consultez le corrigé
liennathan.fr/5vp5x3

FICHE RESSOURCE 10

Les documents de synthèse concernés par les amortissements, les immobilisations et les dépréciations

I Le bilan

ACTIF	Brut	Amortissements et dépréciations	Net
	Il s'agit des comptes 2.	Il s'agit des comptes 28./29.	Il n'y a pas de compte qui accueille cette valeur : c'est un simple calcul mathématique.
Immobilisations incorporelles			
Frais d'établissement			
Frais de recherche	Valeur au **coût historique**, c'est-à-dire au coût d'acquisition (200 000 €)	Amortissements cumulés depuis le premier jour d'utilisation du bien	Valeur nette comptable de chaque immobilisation. Les constructions ont une valeur comptable de 140 000 € (200 000 – 60 000) au 31/12/N.
Concessions, brevets			
Fonds commercial			
Autres immobilisations incorporelles			
Immobilisations corporelles			
Terrains			
Constructions	200 000	60 000	140 000

II Le compte de résultat

Charges (hors taxes)	Exercice N	Exercice N-1
Charges d'exploitation		
Achats marchandises		
[...]		
Dotations aux amortissements et aux dépréciations		
Sur immobilisations : dotations aux amortissements		
Sur immobilisations : dotations aux dépréciations		

III L'annexe

Le bilan à lui seul ne peut pas remplir son rôle d'information s'il n'est pas accompagné d'une annexe. L'annexe comporte toutes les informations d'importance significative destinées à compléter et à commenter les informations fournies par le bilan.
L'objectif du bilan et de l'annexe est de donner une image fidèle de l'entreprise, notamment deux tableaux importants : celui des immobilisations et celui des amortissements (ils sont consultables en fin d'ouvrage).

Tableau des immobilisations au 31/12/N

	Valeur brute des immobilisations au début de l'exercice	Augmentations de l'exercice	Diminutions de l'exercice	Valeur brute des immobilisations à la fin de l'exercice
Immobilisations incorporelles				
Frais d'établissement				
Autres				
Immobilisations corporelles				
Constructions	500 000	0	0	500 000
Installations techniques, matériel et outillage industriels	20 000	5 000	15 000	10 000

Des constructions ont été achetées pour 500 000 € à la création. Elles figurent toujours au bilan.

Des matériels ont été achetés pour 20 000 € à la création. Cette année, on a racheté du matériel pour 5 000 €. Une partie de ce matériel a été vendu cette année. On ne connaît pas son prix de vente, mais la valeur d'origine du matériel vendu représente 15 000 €.

Tableau des amortissements au 31/12/N

Immobilisations	Amortissements cumulés au début de l'exercice	Augmentations des dotations de l'exercice	Diminutions des amortissements de l'exercice	Amortissements cumulés en fin d'exercice
Immobilisations incorporelles				
Frais d'établissement				
Autres				
Immobilisations corporelles				
Constructions	50 000	10 000		60 000
Installations techniques, matériel et outillage industriels	9 000	1 500	2 500	8 000
Autres				

L'entreprise détient ces constructions et matériel depuis la création.

Annuités d'amortissement de l'exercice N

Le montant d'amortissement annulé (débit du 28.) figure dans cette colonne et correspond aux amortissements des immobilisations amortissables qui ont été sorties du bilan.

Tableau des dépréciations au 31/12/N-1

Rubriques	Dépréciations au début de l'exercice	Augmentation : dotations de l'exercice	Diminution : reprises de l'exercice	Dépréciations à la fin de l'exercice
Immobilisations incorporelles				
Immobilisations corporelles	15 000	0	15 000	0
[…]				
[…]				

Des immobilisations corporelles étaient dépréciées de 15 000 €.

En N, aucune nouvelle dépréciation n'a été constatée.

Les dépréciations existantes sont devenues sans objet et ont toutes été reprises.

L'essentiel en une question

Pour un bien donné, que représentent au 31/12/N les montants des amortissements figurant au bilan, au compte de résultat et dans le tableau des amortissements de l'annexe ?

Consultez le corrigé
liennathan.fr/b9ka83

APPLICATIONS

EXOS FLASH

EXO 1 Quiz interactif

Testez vos connaissances sur ce chapitre avec le quiz en ligne.

liennathan.fr/5g4sn3

Votre score ....

EXO 2 Justifier les calculs du tableau d'amortissement

Un matériel a été acheté et mis en service le 15/05/N et fait l'objet d'un amortissement linéaire (annexe).

1. **Expliquez le calcul de l'annuité N, de la VNC à la fin des exercices N et N+1.**
2. **Présentez l'extrait du bilan (avec les trois colonnes de l'actif) à la fin de l'exercice N+1.**

ANNEXE Extrait d'un tableau d'amortissement linéaire du matériel industriel

Valeur d'origine 50 000,00		**Valeur résiduelle** 500,00	
Durée d'amortissement 5			
Date de mise en service 15/05/N		**Date d'inventaire** 30/06/N	
Inventaire	**Annuité**	**Cumul amortissement**	**VNC fin**
N	1 265,00	1 265,00	48 735,00
N+1	9 900,00	11 165,00	37 570,00

EXO 3 Effectuer des calculs sans tableaux d'amortissement

Une entreprise, dont l'exercice comptable se clôture le 31/12/N, a acheté différentes immobilisations au 01/01/N, recensées dans le tableau en annexe.

- **Complétez l'annexe pour chaque immobilisation.**

Immobilisations	Valeur origine	Valeur résiduelle	Durée réelle d'utilisation	Annuité N+1	Annuité N+3	Cumul amortissement début N+4	Cumul amortissement fin N+2	VNC fin N+3
A	50 000	5 000	5					
B	40 000	0	8					
C	65 000	10 000	10					
D	250 000	0	20					
E	80 000	0	5					
F	160 000	20 000	6					
G	500 000	0	50					

EXO 4 Calculer des annuités par unité d'œuvre

Une immobilisation a été achetée le 15/03/N pour 100 000 €. La valeur résiduelle est estimée à 10 000 €. On considère que ce qui traduit le mieux son usure est un mode d'amortissement par unité d'œuvre. On vous soumet trois modes d'unités d'œuvre (modes 1, 2 et 3).

- **Complétez les cellules du tableau (annexe) avec les données qui conviennent.**

ANNEXE

	N	N+1	N+2	N+3	TOTAL	Annuité N	Annuité N+3
Mode 1	25 %	30 %	...	20 %	...	...	...
Mode 2	50 000 km	30 000 km	20 000 km	...	130 000 km	...	...
Mode 3	...	1 000 h	3 000 h	4 000 h	8 500 h	...	...

EXO 5 Retrouver des éléments à partir d'autres éléments

- **Calculez la base amortissable, la valeur d'entrée (HT) et la valeur résiduelle du matériel technique présenté en annexe (tous les calculs devront être expliqués).**

ANNEXE

En N, on a mis en service un matériel acquis la même année (prix d'achat HT à déterminer). L'amortissement de N porte sur 270 jours. La durée réelle d'utilisation de ce matériel est de 5 ans. À la fin de cette durée d'utilisation, sa valeur résiduelle (significative et mesurable) n'est pas nulle (valeur à déterminer).

La dotation aux amortissements au titre de N est de 12 000 € et la VNC de matériel est de 73 000 € à la date de clôture. La consommation des avantages économiques attendus est linéaire.

EXO 6 Comprendre le lien entre dépréciation, amortissement et VNC

- **Complétez les cellules grisées du tableau (annexe), comme dans l'exemple.**

ANNEXE

Immobilisation	Vo*	VNC fin N avant dépréciation mais après amortissements	Valeur actuelle au 31/12/N	Cumul dépréciations existantes début N	Montant de dotation de dépréciation N	Montant de reprise de dépréciation N	Immobilisation amortissable ? (Oui/Non)	Montant du cumul des amortissements fin N	VNC fin N après dépréciation ET après amortissements	Cumul dépréciations existantes fin N
Exemple	*15 000*	*14 000*	*17 000*	*1 000*	*0*	*1 000*	*N*	*0*	*15 000*	*0*
A	5 000	5 000	3 200	0						
B	6 000	3 800	5 200	2 000						
C	15 000	8 900	6 000	0						
D	3 000	2 500	2 600	500						
E	4 500	3 200	1 500	600						
F	25 000	20 500	17 000	3 000						

* Vo : valeur d'origine figurant dans le compte d'immobilisations.

ENTRAÎNEMENT AU BTS 1 — Collecter les informations et réaliser les traitements comptables ★☆☆

L'entreprise Cepasco est spécialisée dans la fabrication de cadres en carbone pour les vélos de course professionnels. Elle a acheté un micro-ordinateur et de l'outillage industriel (annexe 1). Le responsable vous demande de traiter le dossier d'inventaire concernant les immobilisations (annexe 2).

1. **Calculez le coût d'acquisition du micro-ordinateur.**
2. **Présentez le plan d'amortissement de la machine W en mode linéaire (elle sera amortie sur 5 ans).**
3. **Présentez le plan d'amortissement de l'ordinateur en utilisant le mode des avantages économiques.**
4. **Passez au journal des OD les écritures comptables pour les dotations aux amortissements de l'année N concernant ces nouvelles immobilisations.**

ANNEXE 1 Factures d'achat

SA PROCED
27 Quai Dallant
77127 MEAUX

SA CEPASCO
Zone des Paluts
13420 GEMENOS

FACTURE 08756	Meaux, le 30/11/N
Machine W	90 000,00
Montant HT	90 000,00
Frais de livraison	80,00
TVA 20 %	18 016,00
TTC	**108 096,00**

SAPC +
12 rue de la Mer
13007 MARSEILLE

SA CEPASCO
Zone des Paluts
13420 GEMENOS

FACTURE pc 13/12	Marseille, le 13/12/N
Unité centrale (logiciels intégrés)	2 400,00
Système d'exploitation	900,00
Montant HT	3 300,00
Formation	2 500,00
TVA 20 %	1 160,00
TTC	**6 960,00**

ANNEXE 2 Commentaires du responsable

Envoyer
À... comptable@cepasco.fr
Cc...
Objet : Modes d'amortissement

Bonjour,

Pour la nouvelle unité centrale, j'ai estimé sa durée totale d'utilisation et vous trouverez en PJ la répartition de ces avantages économiques.
La machine W nécessite des réglages et elle sera mise en service le 15/12/N.
La nouvelle unité centrale sera installée et mise en service le 18/12/N.
Je vous rappelle que l'exercice comptable sera clôturé le 31/12/N.

Cordialement,

Daniel Cepasco

Pièce jointe : Répartition des avantages économiques pour l'unité centrale

Exercices comptables	Heures d'utilisation
N	800
N+1	4 000
N+2	4 000
N+3	2 000
N+4	1 000

ENTRAÎNEMENT AU BTS 2 Constater les dépréciations sur des immobilisations financières ★☆☆

À l'inventaire, le comptable de la SA RVC procède à l'évaluation des titres immobilisés. Après avoir contacté son banquier, il récapitule les informations dans l'annexe ci-dessous.

1. **Déterminez, pour chaque titre, la valeur d'inventaire à retenir.**
2. **Présentez, sous forme de tableau, le calcul des dotations et des reprises sur dépréciations pour N.**
3. **Enregistrez les écritures d'inventaire au 31/12/N.**

ANNEXE **Document en provenance du banquier**

Compte	Titres	Nombre	Coût unitaire d'acquisition	Dépréciation 31/12/N-1	Cours moyen 31/12/N	Valeur utilité unitaire 31/12/N
261	Renault	12 000	120	60 000	96	112
261	Nissan	400	200			320
273	Suzuki	2 400	91,20	1 440	86,90	89,10
271	Volkswagen (cotés)	200	71		84	85

Les titres Suzuki ont une valeur sur le marché, au 31/12/N, de 90 € unitaire.

ENTRAÎNEMENT AU BTS 3 Réaliser des traitements comptables de cas particuliers ★★☆

Vous poursuivez vos travaux dans l'entreprise Cepasco, qui fabrique des cadres en carbone pour les vélos de course. La comptable vous demande de traiter le dossier des cessions qui ont été effectuées en cours d'année et de revoir les plans d'amortissement de certaines immobilisations.

1. **L'entreprise a cédé du matériel industriel le 1er mars N et la comptable n'a enregistré que l'écriture de cession (annexe 1). Saisissez l'écriture concernant la sortie de l'actif de cette immobilisation.**
2. **Révisez le plan d'amortissement, uniquement pour N+1, de la machine-outil H2 (annexe 2) qui a subi une dépréciation de 1 900 € supplémentaires en N, due au lancement d'une machine plus performante durant l'année N.**

ANNEXE 1 Informations issues du logiciel comptable concernant le matériel industriel cédé

Journal des opérations diverses

			Débit	Crédit
		01/03/N		
471		Compte d'attente	24 800	
	775	Produits de cessions EAC		19 000
	44751	TVA collectée		3 800
		Facture cession n° MAT IND		

Tableau des immobilisations au 31/12/N-1 (extrait)

Immobilisations	Valeur brute en début d'exercice	Acquisitions	Cessions	Valeur brute en fin d'exercice
Matériel industriel	45 000			45 000

Ce matériel n'a pas de VR.

Tableau des amortissements au 31/12/N-1 (extrait)

Immobilisations	Amortissements cumulés au début de l'exercice	Augmentations des dotations de l'exercice	Diminutions des amortissements de l'exercice	Amortissements cumulés en fin d'exercice
Matériel industriel	22 500	4 500		27 000

ANNEXE 2 Plan d'amortissement de la machine-outil H2

Machine-outil H2

Valeur HT : 48 000 €
Date d'acquisition : 25/09/N-3
Taux linéaire : 16,67 %

Mode d'amortissement : linéaire
Durée d'utilisation : 6 ans
Date de mise en service : 01/10/N-3
Valeur résiduelle : nulle

Exercices	Base d'amortissement	Annuités d'amortissement	Annuités cumulées	Valeur nette comptable
N-3	48 000	2 000	2 000	46 000
N-2	48 000	8 000	10 000	38 000
N-1	48 000	8 000	18 000	30 000
N	48 000	8 000	26 000	22 000
N+1	48 000	8 000	34 000	14 000
N+2	48 000	8 000	42 000	6 000
N+3	48 000	6 000	48 000	0

SYNTHÈSE

Synthèse audio
liennathan.fr/e759in

Les amortissements et dépréciations des immobilisations

1 La collecte d'informations pour les immobilisations amortissables

Les immobilisations amortissables

Sont amortissables les seules immobilisations dont **la durée de vie est limitée** et qui perdent de la valeur de façon **définitive**.
3 causes possibles : usure, obsolescence ou protection juridique.

Sans composant

L'immobilisation est un tout non décomposable. Un seul rythme de perte de valeur

Avec composants

L'immobilisation est composée de parties qui perdent de la valeur à des rythmes différents.

Les informations du plan d'amortissement

Pour chaque immobilisation ou chaque composant, il faut collecter :

- **BA :** la base amortissable
Ex. : VO ou VO – VR
- **MO :** le mode d'amortissement
Ex. : linéaire ou variable
- **DU :** la durée d'amortissement : durée réelle ou d'usage (PME)
- **DA :** la date de départ de l'amortissement
Ex. : mise en service (linéaire)

2 & 3 Le traitement comptable des amortissements ou dépréciations

Le plan d'amortissement

Sous forme de tableau, il présente les pertes de valeurs annuelles du bien pendant sa durée d'utilisation.

Chaque ligne du tableau correspond à une année comptable et fait apparaître perte de valeur et VNC.

En fin de plan, VNC = 0 ou VR.

Le plan peut être révisé en cours de vie.

L'enregistrement comptable

L'amortissement, calculé *prorata* ***temporis*** (linéaire) ou *prorata* **unité d'œuvre** (économique), est enregistré chaque année en comptabilité (68 → 28).

L'amortissement est une charge d'exploitation.

La dépréciation des immobilisations

Une immobilisation, amortissable ou non, peut être amenée à perdre de la valeur, de manière exceptionnelle (travaux voirie, accident, cotation en Bourse…) et non définitive.

Si elle porte sur une immobilisation amortissable, elle entraîne une modification du plan d'amortissement.

L'enregistrement comptable

La dépréciation calculée à partir d'une estimation est enregistrée l'année de son constat en comptabilité (68.. → 29..).

Elle peut être reprise plus tard si le bien reprend de la valeur (29.. → 78..).

4 Les cessions, la présentation des comptes

La cession des immobilisations

En cours d'année :
constatation de la vente (775)

En fin d'année :
amortissement partiel (68/28), sortie de l'immobilisation du patrimoine (675/28/21) et reprise éventuelle de dépréciation (29/78)

Les documents de synthèse

Compte de résultat : dotation de l'année (68) en charge

Bilan :
- Brut = coût acquisition
- Amort./dép. : cumul des amort. ou dép.
- VNC : valeur nette comptable

Annexes : tableau des immobilisations et tableau des amortissements

CHAPITRE 6

Les subventions et provisions pour gros entretien

Activité	Composante d'activité	Compétences	P7
2.3. Réalisation des opérations d'inventaire	2.3.2. Réalisation, enregistrement, contrôle des travaux d'inventaire relatifs aux immobilisations	Analyser, traiter et enregistrer les opérations de provisions et l'incidence de l'obtention d'une subvention d'investissement sur les travaux d'inventaire	L'utilisation du PGI pour gérer les immobilisations

SITUATION PROFESSIONNELLE

Vous travaillez dans la SA Modélisme Provence, spécialisée dans la fabrication et la distribution de modèles réduits. L'entreprise a terminé l'exercice comptable N et prépare actuellement la clôture des comptes.
Vous participez aux travaux d'inventaire aux côtés de Mme Lam, directrice administrative et financière (DAF). Les travaux sont déjà bien amorcés : vous avez mis à jour la valeur des stocks inscrite au bilan, participé aux opérations d'inventaire relatives aux clients et traité le volet en lien avec les immobilisations amortissables.
Le dossier des immobilisations présente encore quelques cas à traiter. En effet, dans le cadre d'un projet de déménagement des bureaux, l'entreprise a acquis un terrain et de nouveaux locaux. Mme Lam a mis en place un dossier de demande de subvention et sait qu'elle doit anticiper de gros travaux à venir.

VOS MISSIONS

Afin de poursuivre les travaux d'inventaire, vous devez vérifier que les opérations liées aux subventions et aux charges d'entretien sont correctement comptabilisées.

MISSION 1 **Réaliser les traitements comptables liés aux subventions d'équipement** ▶ Fiche ressource 1

MISSION 2 **Réaliser les traitements comptables liés aux gros entretiens et grande révision (GE-GR)** ▶ Fiche ressource 2

VOS MISSIONS

MISSION 1 Réaliser les traitements comptables liés aux subventions d'équipement

1. Vous constatez que l'octroi (le 25/08) puis le versement (le 02/09) des subventions demandées pour le projet de déménagement des locaux n'ont pas été enregistrés en comptabilité. Réalisez les écritures nécessaires.
▶ Annexes 1 et 2 ▶ Fiche ressource 1

2. Enregistrez l'écriture d'inventaire N concernant le rapport de la subvention du terrain. Justifiez votre montant.
▶ Annexe 3

3. Préparez les écritures d'inventaire relatives à la nouvelle construction : calculez le montant des amortissements et le rapport de la subvention puis procédez à l'ensemble des écritures d'inventaire N.
▶ Annexe 4

4. Indiquez le montant de subvention qui apparaîtra dans le poste « Subventions d'investissement » au passif du bilan de N (justifiez votre calcul).

La question de l'expert
Présentez le montant de subvention qui apparaîtra dans la rubrique au passif du bilan de N+10 (justifiez votre calcul). Combien faudra-t-il d'années pour que ces subventions aient complètement disparu du bilan de l'entreprise ?

Besoin d'aide ? liennathan.fr/5zh6d4

L'autocorrection en vidéo liennathan.fr/9z2cj8

MISSION 2 Réaliser les traitements comptables liés aux gros entretiens et grande révision (GE-GR)

5. Calculez et enregistrez la dotation aux provisions pour GE-GR au 31/12/N.
▶ Annexes 5 et 6 ▶ Fiche ressource 2

P7 6. Quel montant lié à cette provision figurera dans le passif du bilan de N ? de N+3 ?

7. En supposant que la dépense future soit effectivement de 15 000 € en N+5, montrez comment ce traitement comptable a permis de répartir la charge.

P7 **La question de l'expert**
Au passif du bilan au 31/12/N+5, la provision liée à cette opération sera-t-elle de 0 ? Si oui, expliquez. Si non, quel pourrait être son montant ?

Discutons-en !
Savez-vous différencier une provision pour risques d'une provision pour charges ?

Besoin d'aide ? liennathan.fr/4te93b

L'autocorrection en vidéo liennathan.fr/24ja5f

DONNÉES DE LA SITUATION

ANNEXE 1 **Mail de la direction à l'attention de Mme Lam, DAF (extrait)**

De Direction générale

À Direction financière

Objet Dossier de demande subvention

Nous envisageons l'acquisition d'un terrain (40 000 €) et l'acquisition d'une construction (un immeuble de 1 500 000 €) en vue du déménagement de nos bureaux dans une région limitrophe. Veuillez constituer le dossier de demande de subvention et l'adresser au conseil général de cette région afin de pouvoir obtenir une aide car le déménagement de nos bureaux pourrait amener de la création d'emploi.

ANNEXE 2 **Avis de notification des subventions (extrait)**

LE CONSEIL GÉNÉRAL
Le Président
Affaire suivie par Mme ROUQUETTE
Tél. : 04 90 52 XX XX
Fax : 04 90 52 XX XX
Référence : FRDC/4561

SA MODÉLISME PROVENCE
61 rue Monte Cristo
13006 MARSEILLE

Le 25/08/N

NOTIFICATION D'ATTRIBUTION DE SUBVENTIONS

Madame, Monsieur,

J'ai le plaisir de vous informer que la commission du conseil général, lors de sa séance du 24/08/N, a décidé d'accorder à la SA MODÉLISME PROVENCE deux subventions dans le cadre de deux investissements concernant un terrain et un immeuble à usage professionnel :

– une subvention de 52 000 € pour l'acquisition de l'immeuble ;

– une subvention de 16 000 € pour l'acquisition du terrain mais elle est expressément assortie d'une clause inaliénabilité de 8 ans.

Ces subventions d'investissement seront versées le 01/09/N.

Fait pour valoir ce que de droit [...].

Le 02/09/N, la banque vous notifie le versement de 68 000 € en provenance du conseil général.

ANNEXE 3 **Extrait du registre des procédures comptables de l'entreprise**

§ 15 – Les subventions d'investissement et d'équipement

Le 02/09/N, l'entreprise a reçu pour la première fois de son existence une subvention d'équipement/d'investissement. En accord avec la direction et conformément aux possibilités offertes par le PCG, la méthode retenue pour le traitement comptable de ces subventions à l'inventaire sera la **méthode de l'étalement pour toutes les immobilisations** (amortissables et non amortissables). Bien évidemment, nous respecterons la présence d'une éventuelle clause d'inaliénabilité dans la notification d'attribution de subvention.

ANNEXE 4 **Informations sur l'acquisition de l'immeuble**

- L'immeuble est acquis et mis en service le 20/09/N pour un prix total de 1 500 000 € (dont 20 000 € pour l'ascenseur).
- L'immeuble (structure) entré en compte 21301 est amortissable en linéaire sur 20 ans, tandis que l'ascenseur entré en compte 21302 a une durée de vie de 4 ans (amortissement linéaire).

ANNEXE 5 **Courrier du président du conseil général de la région (extrait)**

LE CONSEIL GÉNÉRAL
Le Président
Affaire suivie par Mme ROUQUETTE
Tél. : 04 90 52 XX XX
Fax : 04 90 52 XX XX
Référence : FRDC/4561

SA MODÉLISME PROVENCE
61 rue Monte Cristo
13006 MARSEILLE

Le 19/10/N

DEMANDE SPÉCIFIQUE SUR IMMEUBLE CLASSÉ

Madame, Monsieur,

Vous avez acquis dans notre région un immeuble pour y installer vos locaux ; cet immeuble a fait l'objet d'une subvention de notre part.

La situation géographique de cet immeuble et son caractère singulier m'amènent à vous rappeler qu'il fait l'objet d'un classement particulier par l'architecte des Bâtiments de France. À ce titre, vous devez vous assurer de l'entretien régulier de ses façades. Je vous communique les coordonnées d'un architecte qui vous permettra d'évaluer la charge et le rythme de cet entretien qu'il vous est impératif de réaliser conformément à mon exigence.

Fait pour valoir ce que de droit [...].

ANNEXE 6 **Réponse de l'architecte suite à l'étude sur les façades de l'immeuble classé (extrait)**

« [...] Compte tenu des matériaux utilisés dans les façades, nous préconisons d'effectuer un ravalement tous les 5 ans. La dépense correspondante compte tenu des contraintes peut être évaluée à ce jour à 15 000 €. Le premier ravalement devra intervenir au cours de l'année N+5. [...] »

FICHE RESSOURCE 1

Les subventions d'investissement ou d'équipement

I Les différents types de subvention

Une subvention correspond à une aide financière versée par une personne publique (État, région, commune…) à une entreprise privée. On distingue :

La subvention d'équipement	Acquisition d'une immobilisation (machine, construction, terrain…)	Compte 131
La subvention d'investissement	Développement d'activités à long terme (construction et équipement d'une usine, d'un ou plusieurs magasins…). Ce cas est assez rare.	Compte 138

II La comptabilisation de l'octroi puis de la perception de la subvention

1. Phase d'octroi	En général, après la demande de subvention par l'entreprise, la collectivité publique qui répond favorablement envoie une **lettre d'octroi** de subvention. La subvention attendue est enregistrée dans un compte de créance sur l'État.	4411 (débit) 131 crédit)
2. Phase de perception	Plus tard, la subvention sera effectivement **perçue** par l'entreprise bénéficiaire, la créance sera soldée.	512 (débit) 4411 (crédit)

Remarques :

– les subventions d'investissement ou d'équipement ne sont jamais soumises à TVA ;

– si les phases d'octroi et de perception sont concomitantes (simultanées), on peut enregistrer la subvention directement au journal de banque : 512 (débit) / 131 (crédit).

III Les possibilités de traitement comptable à l'inventaire

Les subventions d'investissement sont imposables et doivent apparaître en plus dans le résultat de l'exercice. Or, dans la phase d'octroi et/ou la phase de perception, aucun compte de produits (7) n'a été utilisé. Il est donc nécessaire de « **rapporter** » **la subvention au résultat** en constatant un produit à l'inventaire. Deux méthodes comptables (avec ou sans étalement) permettent de rapporter la subvention au résultat.

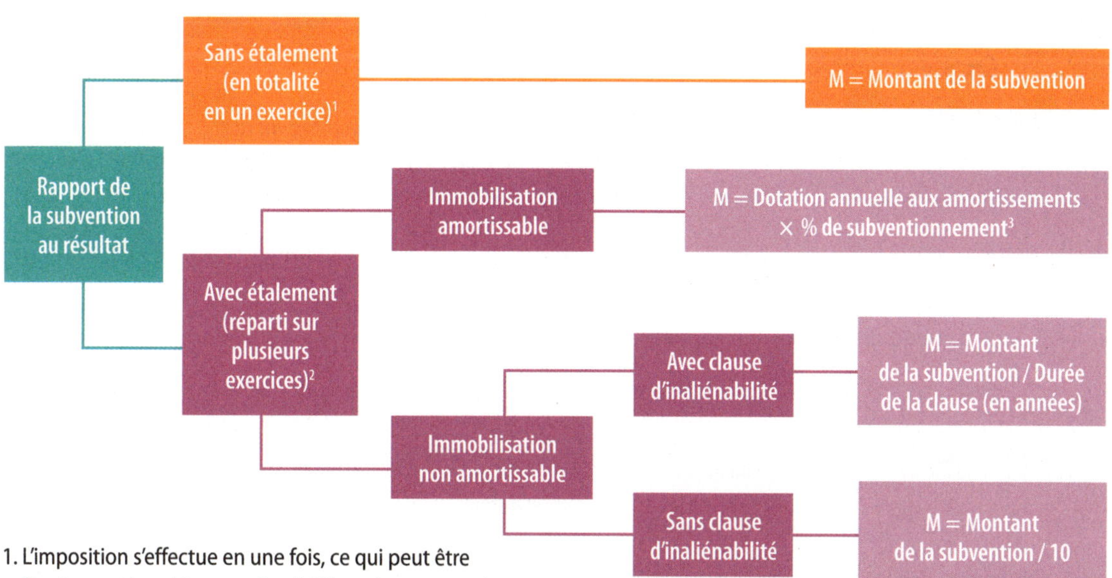

1. L'imposition s'effectue en une fois, ce qui peut être fiscalement lourd à verser. Sauf si l'exercice en question est largement déficitaire ; cela peut s'avérer alors un choix judicieux.
2. L'impôt sur la subvention est étalé ; il impactera la trésorerie de façon plus douce.
3. Pourcentage de subventionnement (ou taux de subventionnement) = **Montant de la subvention / Montant de l'immobilisation**

Quel que soit le montant M rapporté au résultat, l'écriture est toujours identique :

D 139		Subventions inscrites au compte de résultat *(le compte à 3 chiffres suffit)*	M	
	C 777	Quote-part des subventions virée au résultat de l'exercice		M

Attention : le principe de permanence des méthodes impose d'appliquer le même choix que par le passé (avec ou sans étalement) aux futures subventions perçues.

Exemple 1 : dans le cadre d'un achat de terrain, une entreprise a acquis une subvention de 50 000 € le 16/10/N. Le contrat ne comportait pas de clause d'inaliénabilité.

À l'inventaire, pendant 10 exercices comptables, on va rapporter : 50 000 / 10 = 5 000 € au compte de résultat par le biais du compte de produits 777.
Sans étalement, le montant de N serait de 50 000 €.

		31/12/N		
139		Subventions d'investissement inscrites au compte de résultat	5 000	
	777	Quote-part de subventions virée au résultat de l'exercice		5 000

Exemple 2 : une machine a été acquise 80 000 € le 01/07/N (amortie sur 4 ans en linéaire). Une subvention de 40 000 € a été attribuée par le conseil général. Calcul du taux de subventionnement : T = Montant de la subvention / Montant de l'immobilisation = 40 000 / 80 000 = 0,5 (50 %). À partir des annuités d'amortissement, on en déduit le montant à rapporter chaque année.

Tableau des amortissements et de la quote-part de subvention

Date	Base	Annuité	Rapport de la subvention
N	80 000	10 000	10 000 × 50 % = 5 000
N+1		20 000	20 000 × 50 % = 10 000
N+2		20 000	10 000
N+3		20 000	10 000
N+4		10 000	5 000
Total		**80 000**	**40 000**

× 50 %

		31/12/N		
139		Subventions d'investissement inscrites au compte de résultat	5 000	
	777	Quote-part de subventions virée au résultat de l'exercice		5 000

Sans étalement, le montant de N serait de 40 000 €.

Attention, dans le cas d'une immobilisation décomposée :

M = Dotation aux amortissements DE LA STRUCTURE × Taux de subventionnement

IV La place des subventions au bilan

Les subventions font partie des capitaux propres.

PASSIF	
Capitaux propres	…
…	…
Subventions d'investissement	Valeur nette

La subvention apparaît pour son montant net = montant d'origine (131) – quote(s)-part(s) apportée(s) au(x) résultat(s) (139).

Lorsque la totalité de la subvention a été rapportée (en une fois ou à la fin de la durée d'étalement), la rubrique « Subventions d'investissement » présente un montant égal à 0.

Il est alors d'usage de « nettoyer » les comptes en supprimant ceux qui n'ont plus d'utilité au bilan.

Exemple 2 (suite) : pour la dernière année d'étalement (N+4), on va solder les comptes :

		31/12/N+4		
131		Subventions d'équipement	40 000	
	139	Subventions d'investissement inscrites au compte de résultat		40 000

? L'essentiel en une question

Comment la subvention d'équipement/d'investissement se retrouve-t-elle dans le résultat de l'exercice ?

Consultez le corrigé
liennathan.fr/2c33am

La provision pour gros entretien ou grande révision (GE-GR)

Lors de l'acquisition d'une immobilisation, lorsque l'on sait par avance que de gros travaux ou une grande révision sont à anticiper, il est possible de l'intégrer en comptabilité comme un composant (de 2nde catégorie) ou comme une provision. Une provision est une somme d'argent mise de côté pour faire face à une dépense qui n'est pas totalement certaine dans son montant ou dans son échéance.

I L'enregistrement d'une immobilisation en présence d'un gros entretien ou d'une grande révision

Certaines immobilisations comportent des composants de 1re catégorie (qui se détachent et se remplacent physiquement), mais peuvent aussi contenir des composants qui ne se détachent pas mais qui sont représentatifs d'entretiens réguliers.

Exemple

L'entreprise Issijette achète un airbus A320 pour 90 millions d'euros. La durée de vie de l'avion est de 40 ans. Le comptable et les ingénieurs identifient trois composants de 1re catégorie :
- les sièges, renouvelés tous les 5 ans, valeur : 6 millions ;
- les moteurs, renouvelés tous les 10 ans, valeur : 25 millions ;
- les trains d'atterrissage, renouvelés tous les 2 ans, valeur : 11 millions.

La structure est donc évaluée à : 90 – 6 – 25 – 11 = 48 millions.

Tous les 3 ans, une **grande révision** sur l'ensemble de l'avion (environ 2 mois d'inspection) est nécessaire. Le prix d'**une révision** est estimé au jour de l'achat à 7 millions d'euros. Deux solutions s'offrent à l'entreprise pour cette révision (*cf.* fiche ressource 1 du chapitre 5) :

Solution 1 Comptabiliser cette révision comme une provision pour GE-GR.		**Solution 2** Comptabiliser cette révision comme un composant (on l'appelle « **composant de 2nde catégorie** »).	
Comptes	**Mt**	**Comptes**	**Mt**
D 2182_1 Mat. de transport – Structure	48	D 2182_1 Mat. de transport – Structure	41
D 2182_2 Mat. de transport – Sièges	6	D 2182_2 Mat. de transport – Sièges	6
D 2182_3 Mat. de transport – Moteurs	25	D 2182_3 Mat. de transport – Moteurs	25
D 2182_4 Mat. de transport – Trains d'atterrissage	11	D 2182_4 Mat. de transport – Trains d'atterrissage	7
		D 2182_5 Mat. de transport – Révisions	
Lors de l'entrée de l'immobilisation, seuls les composants de 1re catégorie apparaissent. La provision sera constatée à l'inventaire.		On remarque que lorsque la révision est traitée comme un composant, son montant se déduit de la structure.	

Remarque : la solution 2 est exclue du programme de BTS CG. Nous l'évoquons à titre indicatif, pour montrer la différence avec la solution 1.

II L'enregistrement comptable d'une provision pour GE-GR à l'inventaire

Lorsque l'entreprise choisit de provisionner une future charge d'entretien, on calcule la dotation annuelle de provision qui sera identique chaque année :

Dotation annuelle = Dépense future d'entretien HT / Nombre d'années qui sépare de sa réalisation

La dotation est inscrite au débit du compte 6815 « Dotations aux provisions d'exploitation » par le crédit du compte 1572 « **Provisions pour gros entretien ou grandes révisions** ».

L'année des travaux, la charge réelle est enregistrée en général dans le compte 615 (baisse du résultat). À l'inventaire de cette année-là, la provision est reprise par le crédit de 7815 (hausse du résultat), ce qui permet d'éviter que ce soit ce seul exercice qui supporte la totalité de la charge d'entretien puisqu'elle a été étalée dans le temps.

> **Exemple**
> Le 01/04/N, une entreprise fait l'acquisition d'un immeuble pour 150 000 €. Elle doit prévoir un entretien pour assurer la sécurité au bout de 3 ans d'utilisation, pour un montant probable de 30 000 €.
> **Entre le 01/04/N et le 01/04/N+3**, le comptable va réaliser 3 inventaires.

À chaque inventaire, il enregistre une provision (1/3 du montant futur de l'entretien).
Montant de la dotation à anticiper chaque année : 30 000 / 3 = 10 000

D 6815	Dotations aux provisions d'exploitation	10 000	
C 1572	Provisions pour gros entretien ou grandes révisions		10 000

Écriture à répéter 3 fois :
- 31/12/N
- 31/12/N+1
- 31/12/N+2

Le **01/04/N+3**, l'entretien est réalisé et la facture s'élève à 32 000 HT.

La charge est enregistrée en comptabilité.

D 6152	Entretien et réparations sur biens immobiliers	32 000	
D 44566	TVA déductible sur ABS	6 400	
C 401	Fournisseurs – …		38 400

Au **31/12/N+3**, à l'inventaire, la provision est reprise (cumul des 3 dotations).

D 1572	Provisions pour gros entretien ou grandes révisions	30 000	
C 7815	Reprises sur provisions d'exploitation		30 000

Analyse de l'impact sur le résultat :

31/12/N .... – 10 000
31/12/N+1 .... – 10 000
31/12/N+2 .... – 10 000
31/12/N+3 .... – 32 000 + 30 000 = – 2 000

La charge a bien été répartie sur 3 ans (N à N+2). L'année N+3 est affectée seulement d'une partie du montant qui n'avait pas été estimé (à cause de l'incertitude d'évaluation d'une dépense future).

III La place de la provision dans le bilan

PASSIF	
Capitaux propres	…
…	…
Provisions	
Provisions pour risques	…
Provisions pour charges	…

La provision pour GE-GR est une provision pour charges. Sa place dans le passif du bilan se situe à part, entre les capitaux propres et les dettes, dans une rubrique spéciale « Provisions » (cf. modèles de bilan *p. 274 et 280**).*

? L'essentiel en une question

La provision pour gros entretien ou grande révision se constitue en une seule fois au moment où l'on prévoit d'effectuer des travaux futurs. Vrai ou faux ?

Consultez le corrigé
liennathan.fr/x8k98t

APPLICATIONS

ATELIER PGI — La gestion des immobilisations

Chapitres concernés :

Chapitre 5 : Les amortissements et dépréciations des immobilisations

Chapitre 6 : Les subventions et provisions pour gros entretien

Téléchargez la fiche de travail
liennathan.fr/65f8rc
PDF

EXOS FLASH

EXO 1 Quiz interactif

Testez vos connaissances sur ce chapitre avec le quiz en ligne.

liennathan.fr/59cjn6

Votre score ....

EXO 2 Calculer des pourcentages de subventionnement

L'entreprise Morgon reçoit régulièrement des subventions d'équipement.

- **Après avoir expliqué dans quel contexte on utilise le pourcentage de subventionnement, complétez ce tableau.**

Montant de l'immobilisation	100 000	80 000	75 000	60 000	30 000
Montant de la subvention	50 000	35 000	75 000	12 000	48 000
% de subventionnement	....	....	....	....	....

EXO 3 Calculer un montant de subvention à reprendre

Dans le cadre de son recrutement, le cabinet Brouilly soumet un test à ses futurs collaborateurs.

- **Complétez la dernière ligne de ce tableau en justifiant votre calcul/raisonnement.**

Montant de l'immobilisation	100 000	80 000	75 000	60 000	30 000	50 000	150 000
Date d'acquisition	15/07	01/01	15/01	15/01	01/01	01/01	01/01
Date d'inventaire	31/12	31/12	31/12	30/06	30/09	31/12	30/09
Type d'immobilisation (A : amortissable, NA : non amortissable)	A	NA	A	A	NA	NA	A
Durée d'amortissement (en années)	8	–	10	5	–	–	20
Montant de la subvention	50 000	35 000	75 000	12 000	25 000	28 000	150 000
Durée en années d'une clause d'inaliénabilité (si présente)	Non	Non	Non	Non	7	8	Non
Type de traitement à l'inventaire (E : étalement, NE : non-étalement)	E	E	NE	E	E	NE	E
Montant comptabilisé à l'inventaire de l'exercice (D139 C777)	....	....	....	....	....	....	....

EXO

4 Étaler des travaux de gros entretien

La société Moulin à Vent pratique le provisionnement des travaux de révision nécessaires pour ses machines.

- **Après avoir rappelé l'écriture type d'une dotation à la provision pour gros entretien ou grande révision, complétez le tableau suivant.**

Montant estimé de l'entretien futur	5 000	12 000	7 000	8 500	14 000
Montant réellement facturé de l'entretien futur	5 500	11 500	7 200	9 000	11 000
Année d'acquisition de l'immobilisation	2026	2030	2025	2029	2024
Année de réalisation des travaux d'entretien	2031	2033	2027	2033	2028
Montant de la dotation annuelle à la provision	....	....	....	....	....
Montant de la reprise au moment des travaux	....	....	....	....	....

ENTRAÎNEMENT AU BTS 1 Comptabiliser une subvention ★☆☆

La société Bateman a acquis au comptant et mis en service le 01/02/N un matériel de 480 000 € HT (TVA taux normal). La valeur résiduelle est nulle. Une subvention de 192 000 € a été attribuée le 01/01/N et est encaissée le 22/01/N.

1. **Comptabilisez l'ensemble des écritures de l'exercice N concernant le matériel et la subvention (y compris les écritures d'inventaire).**
2. **Présentez le poste « Subventions » au bilan au 31/12/N.**

ANNEXE **Informations en provenance du directeur comptable et financier**

- Nous amortissons nos matériels sur 8 ans en linéaire.
- Nos subventions amortissables sont systématiquement étalées conformément à la réglementation.

ENTRAÎNEMENT AU BTS 2 Comptabiliser une provision pour gros entretien ★☆☆

Début N, l'entreprise Elpo, spécialiste dans la fabrication de mobilier de jardin, a acquis au comptant une machine (100 000 € HT) qui nécessite de lourds entretiens compte tenu des contraintes de sécurité. Ceux-ci sont à réaliser tous les 3 ans pour un montant estimé de 20 000 €.

Cette machine est amortie en mode linéaire sur 5 ans. Le 25/01/N+3, l'entreprise reçoit la facture d'entretien pour un montant de 21 500 € HT. La TVA au taux normal s'applique à l'ensemble des opérations.

1. **Expliquez l'intérêt de réaliser une provision pour gros entretien pour l'entreprise Elpo.**
2. **Comptabilisez l'écriture d'entrée de la machine ainsi que les écritures d'inventaire concernant l'amortissement et la provision pour gros entretien en N, N+1, N+2.**
3. **Comptabilisez l'écriture de réalisation des travaux d'entretien en N+3 et les écritures d'inventaire pour l'année N+3.**
4. **Expliquez pourquoi il ne faudra pas doter une nouvelle provision pour gros entretien en N+3.**

ENTRAÎNEMENT AU BTS 3 Traiter un cas de synthèse ★★☆

Vous travaillez au sein de la SARL Usson, qui fabrique et commercialise des jouets en bois. Les travaux d'inventaire de l'exercice N ont débuté et votre responsable vous demande de prendre en charge deux dossiers.

- **Comptabilisez les écritures d'inventaire que vous jugez nécessaires au 31/12/N concernant les dossiers transmis par votre responsable (annexes 1 et 2).**

ANNEXE 1 **Dossier 1**

Le 01/03/N, l'entreprise a bénéficié d'une subvention d'investissement de 50 000 € qu'elle encaisse le 20/06/N. Elle achète le 01/07/N une machine pour 100 000 € HT qu'elle amortit linéairement sur 10 ans. L'entreprise décide d'appliquer l'étalement des subventions d'investissement.

ANNEXE 2 **Dossier 2**

Le 01/02/N, l'entreprise a acheté une camionnette pour 22 000 € HT (amortissement sur 4 ans en linéaire) pour laquelle elle a un programme de révision des pneumatiques pour 2 000 € tous les 2 ans. L'entreprise applique les provisions pour gros entretien.

Synthèse audio
liennathan.fr/27f3ek

Les subventions et provisions pour gros entretien

1 Les traitements comptables liés aux subventions

Les types de subvention

Subvention d'équipement (131)
Acquisition d'une immobilisation

Subvention d'investissement (138)
Projet d'investissement pour développer l'activité à long terme

Inclues dans les capitaux propres

Enregistrement en cours d'année

Octroi :	D 4411	C 131 (ou 138)
Perception :	D 512	C 4411

Enregistrement à l'inventaire

Il s'agit d'une ressource, non soumise à TVA mais imposable → À rapporter au résultat
D 139 C 777

Les différentes modalités de rapport de subvention au résultat

- En totalité au cours de l'exercice
- Répartie sur plusieurs exercices :
  – Immobilisation amortissable : étalée au **prorata de la dotation annuelle d'amortissement**,
  Amortissement de l'année × (Subvention/Valeur immobilisation)
  (Amortissement de l'année de la structure en cas d'immobilisation composée)
  – Immobilisation non amortissable :
  - soit étalée sur la **durée d'une clause** d'inaliénabilité (subvention/durée clause)
  - soit étalée sur **10 ans** (subvention/10)

2 Les traitements comptables liés aux gros entretiens et grandes révisions

Une charge future

Charge certaine mais une incertitude pèse sur le montant et l'échéance.

La notion de provision

Par prudence, il faut constater par avance ces futures charges en comptabilité = provision (1572)

L'étalement de la provision

Constituer progressivement la provision sur les années qui précèdent la réalisation de l'entretien.

Chaque année qui précède

Doter une partie de la provision
(provision/nombre d'années qui précèdent)
D 6815 C1572

Année GE-GR

Reprendre l'ensemble de la provision constituée
D 1572 C 7815

CHAPITRE 7

L'ajustement des comptes de gestion

Activité
2.3. Réalisation des opérations d'inventaire

Composante d'activité
2.3.3. Ajustement des comptes de gestion et apurement des comptes d'attente

Compétence
Ajuster les comptes de gestion et mettre en œuvre le principe comptable de séparation des exercices

P7
L'utilisation du PGI pour effectuer les enregistrements des écritures, les contrôler et mettre à jour les données

SITUATION PROFESSIONNELLE

Vous continuez les travaux d'inventaire dans la SA Modélisme Provence à la date du 31/12/N. Après avoir traité les immobilisations de l'entreprise, vous devez procéder à l'analyse de certaines charges et certains produits.
Cette entreprise a une forte activité pendant les fêtes de Noël car c'est l'occasion d'initier petits et grands au modélisme. Bien souvent, des opérations se chevauchent entre décembre et début janvier, ce qui pose problème pour l'enregistrement comptable. Il faut donc désormais, à l'inventaire, observer et analyser certains comptes afin de respecter les principes comptables fondamentaux.

VOS MISSIONS

Votre tutrice, Mme Lam, DAF, vous confie un dossier de factures qu'elle a reçues au mois de décembre N et vous charge des ajustements nécessaires pour l'inventaire des comptes de gestion.

MISSION 1 **Appliquer le principe d'indépendance des exercices aux opérations clients-fournisseurs** ▶ Fiches ressource 1 à 3

MISSION 2 **Traiter des cas particuliers de régularisation** ▶ Fiches ressource 4 et 5

MISSION 3 **Préparer l'ouverture des comptes N+1** ▶ Fiche ressource 6

MISSION 1 Appliquer le principe d'indépendance des exercices aux opérations clients-fournisseurs

1. Distinguez, parmi les 6 événements présentés, ceux qui nécessitent d'exclure des charges ou produits de l'exercice N de ceux qui nécessitent de les rattacher à N. Puis calculez le montant à régulariser des événements 5 et 6.
▶ Annexe 1 ▶ Fiche ressource 1

Besoin d'aide ?
liennathan.fr/rw389c

2. Enregistrez au journal les charges ou produits constatés d'avance.
▶ Fiche ressource 2

3. Enregistrez au journal les charges à payer ou les produits à recevoir.
▶ Fiche ressource 3

Besoin d'aide ?
liennathan.fr/e28q2u

La question de l'expert
Le compte 486 se place à l'actif du bilan : expliquez en quoi ce compte est un « actif ».

L'autocorrection en vidéo
liennathan.fr/u2vj45

MISSION 2 Traiter des cas particuliers de régularisation

4. Analysez les deux situations transmises par le service des ressources humaines. Enregistrez les écritures nécessaires au 31/12/N.
▶ Annexe 2 ▶ Fiche ressource 4

Discutons-en !
Comment décompte-t-on les congés payés ?

5. Sachant que les écritures du 1er octobre ont été correctement enregistrées, analysez les deux éléments liés à l'emprunt bancaire qu'il faut ajuster en fin d'exercice. Vous expliquerez pourquoi les traitements comptables seront différents.
▶ Annexe 3 ▶ Fiches ressource 4 et 5

Besoin d'aide ?
liennathan.fr/7a3su7

6. Indiquez pourquoi le montant de l'impôt futur doit être rattaché à l'exercice N puis justifiez le fait qu'il ne peut pas être comptabilisé en charges à payer.
▶ Annexe 4 ▶ Fiche ressource 5

7. Enregistrez toutes les écritures nécessaires au 31/12/N qui découlent des questions 5 et 6.

La question de l'expert
Quel est le montant qui figurera dans la rubrique « Emprunts et dettes auprès des établissements de crédit » dans le passif du bilan au 31/12/N ?

L'autocorrection en vidéo
liennathan.fr/5c5hs9

MISSION 3 Préparer l'ouverture des comptes N+1

8. Enregistrez les écritures de contrepassation nécessaires au 01/01/N+1.
▶ Fiche ressource 6

La question de l'expert
Comparez (points communs et points divergents) : charge à payer, charge à répartir, provision pour charge.

L'autocorrection en vidéo
liennathan.fr/4hjg42

DONNÉES DE LA SITUATION

ANNEXE 1 **Relations avec les clients et les fournisseurs**

• Événement 1

Nous envoyons la facture ci-contre le 25/12/N, que nous avons comptabilisée à cette date.

MODÉLISME PROVENCE

Facture de doit n° 325

SA PLANE
72 rue des Mascarons
13003 MARSEILLE

Date de livraison : 03/01/N+1
Date de facturation : 25/12/N

Désignation	Quantité	PU HT	Total HT
Maquettes d'avion	120	50	6 000
		Total HT	6 000
		TVA	1 200
		TTC	**7 200**

• Événement 2

Le 28/12/N, nous avons reçu la facture d'achat n° 145 comportant de petites pièces diverses nécessaires à la fabrication de bateaux pour un montant total de 400 € HT. Une remise de 10 % a été accordée. Au 31/12/N, les marchandises n'ont toujours pas été réceptionnées.

• Événement 3

Des marchandises ont été réceptionnées le 20/12/N avec le bon de livraison ci-dessous de la part de notre fournisseur Vavite.

ENTREPRISE VAVITE

Bon de livraison n° 125

Entreprise : SA MODÉLISME PROVENCE
Adresse : 61 rue Monte Cristo
13006 MARSEILLE
Tél. : 04 91 02 XX XX

Date de facturation prévue : 02/01/N+1

Désignation	Quantité	PU HT	Total HT
Ailerons platinium	40	2,19	87,60
Hélices	50	0,90	45,00
Connecteurs	100	0,50	50,00
		Total HT	**182,60**

• Événement 4

Le service commercial nous informe que des maquettes ont été envoyées en urgence au client Nate le 22/12/N car il était en rupture de stock pour Noël. Nous n'avons pas eu le temps d'éditer la facture, qui lui sera envoyée dès le 02/01/N+1 pour un montant de 1 200 € HT.

• Événement 5

La prime d'assurance de 1 200 € a été comptabilisée le 01/10/N et concerne la période du 01/10/N au 31/03/N+1 (6 mois).

• Événement 6

L'entreprise a mis en location l'un de ses bureaux le 01/12/N. Le loyer trimestriel qui sera encaissé fin février N+1 est de 900 € HT.

ANNEXE 2 **Éléments d'information transmis par le service des ressources humaines**

1. Au 31/12/N, la dette de l'entreprise pour les congés payés envers les salariés (droits acquis entre le 01/06 et le 31/12) s'élève à 24 000 € et les charges sociales à 8 000 €. Au 31/05/N+1, les congés payés sont de 42 000 € et les charges sociales de 13 000 €.

2. Notre chef comptable a évalué la participation des salariés au résultat à 32 000 € et le forfait social correspondant à 6 288 € au 31/12/N. Le jour de l'approbation des comptes, le 20/04/N+1, les montants de la participation et du forfait social sont confirmés et approuvés.

ANNEXE 3 **Emprunt du 1er octobre N**

• Le Crédit Agricole a transmis l'échéancier concernant l'emprunt que la société a souscrit au 01/10/N (emprunt de 24 000 €, au taux de 10 %, remboursable en 6 ans à compter du 01/10/N+1).

Échéances	Capital restant dû début de période	Intérêts	Amortissement	Annuités
01/10/N+1	24 000	2 400	4 000	6 400
01/10/N+2	20 000	2 000	4 000	6 000
01/10/N+3	16 000	1 600	4 000	5 600
01/10/N+4	12 000	1 200	4 000	5 200
01/10/N+5	8 000	800	4 000	4 800
01/10/N+6	4 000	400	4 000	4 400

• Au 01/10/N, la banque a fait parvenir le relevé des frais d'émission lié à cet emprunt. Ils s'élèvent à 6 000 € HT. Ils seront étalés sur la durée de l'emprunt par fractions égales (6 ans).

ANNEXE 4 **Contrôle fiscal**

Suite à un contrôle fiscal en N, le Fisc ne nous a pas pénalisés, reconnaissant notre bonne foi. En revanche, il nous demande le versement au titre de N d'une contribution que nous avons omise. Nous estimons cette contribution à 3 000 €, sans certitude. Mis à part la notification de ce redressement, au 31/12/N, nous n'avons toujours rien reçu de la part du Fisc concernant le montant précis et l'échéance de cette somme.

FICHE RESSOURCE 1

La régularisation des charges et produits

Selon le principe d'indépendance des exercices, un montant de charge (ou produit) doit être affecté à l'exercice au cours duquel il est consommé (généré). Lorsque l'on constate un décalage (ex. : consommation en décembre mais facture reçue et enregistrée en janvier), il faut procéder à une régularisation.

I Évaluer le montant à régulariser

Un événement à **exécution instantanée** correspond à une opération dont l'exécution s'effectue ponctuellement, en une seule prestation qui n'est pas répétée dans le temps.
Un événement à **exécution successive** correspond à une opération continue dont l'exécution s'établit sur une période (plusieurs mois, par exemple).
Selon que l'événement est à exécution instantanée ou successive, il faudra ou non **procéder à un calcul** du montant à régulariser basé sur un *prorata temporis*.

Événement à exécution instantanée : **régularisation de la totalité** de la charge ou du produit	Événement à exécution successive : **régularisation partielle** de la charge ou du produit
Exemple Vente de 900 € de marchandises. Livraison en décembre N. Facture en janvier N+1. La régularisation porte sur 900 €. → Pas de calcul à effectuer	**Exemple** Facturation de 900 € en décembre N, de 3 mois de loyer d'avance (décembre, janvier et février). La régularisation porte sur 2 mois sur 3. → Calcul à effectuer : 900 / 3 = 300 € par mois 1 × 300 = 300 € sur N (décembre) 2 × 300 = 600 € sur N+1 (janvier et février)

II Identifier le type de régularisation à l'inventaire

Il faut analyser dans quel exercice la charge (ou le produit) a été comptabilisé(e) pour savoir s'il faut l'exclure ou la (le) rattacher.

EXCLURE	RATTACHER
La charge (ou le produit) **a été comptabilisé(e) en N** alors que la totalité ou une partie **ne concerne pas N.** Il faut EXCLURE tout ou partie de la charge (ou du produit) de l'exercice N.	La charge (ou le produit) **n'a pas été comptabilisé(e) en N** alors que la totalité ou une partie **concerne N.** Il faut RATTACHER tout ou partie de la charge (ou du produit) à l'exercice N.

III Comprendre la régularisation des charges/produits

<table>
<tr><th>J'identifie qu'il faut…</th><th>J'évalue le montant à régulariser selon le type d'événement</th><th>Il s'agit d'un(e)…</th><th>C'est une situation de…</th><th>Régularisation à opérer lors de l'inventaire N</th></tr>
<tr><td rowspan="2">Exclure</td><td rowspan="2">Exécution instantanée : la totalité concerne N+1.
OU
Exécution successive : une partie concerne N+1.</td><td>Charge</td><td>Charge constatée d'avance (CCA)</td><td>On crédite le compte de charge pour l'annuler en N.</td></tr>
<tr><td>Produit</td><td>Produit constaté d'avance (PCA)</td><td>On débite le compte de produit pour l'annuler en N.</td></tr>
<tr><td rowspan="2">Rattacher</td><td rowspan="2">Exécution instantanée : la totalité concerne N.
OU
Exécution successive : une partie concerne N.</td><td>Charge</td><td>Charge à payer (CAP)</td><td>On débite le compte de charge pour l'intégrer en N.</td></tr>
<tr><td>Produit</td><td>Produit à recevoir (PAR)</td><td>On crédite le compte de produit pour l'intégrer en N.</td></tr>
</table>

L'essentiel en une question

Quels sont les quatre types de régularisations des charges et produits à l'inventaire ?

Consultez le corrigé
liennathan.fr/9j38sq

FICHE RESSOURCE 2

Les produits et les charges constatés d'avance

I Les produits constatés d'avance

1. Le problème posé

En fin d'année N, l'entreprise a réalisé une vente. La facture est datée de N, mais la livraison aura lieu au début de N+1, pour tout ou partie. Le comptable a enregistré la facture sur N :

L'enregistrement de la facture a augmenté les produits de l'année N alors que l'opération ne se réalisera qu'en N+1. Cet impact sur le résultat N est à corriger. **Le produit est à régulariser.**

		Date facture		
411		Créances clients	TTC	
	70…	Ventes		HT
	4457	TVA collectée		TVA

L'enregistrement a cré une dette de TVA vis-à-vis de l'État. Celle-ci est à laisser dans les comptes N car la facture prouve qu'elle est acquise à l'État. La TVA est exigible en N.

2. Le retraitement à l'inventaire

Le compte 487 est provisoire. Il sera soldé au 01/01/N+1.

		31/12/N		
70…		Ventes	HT	
	487	Produits constatés d'avance		HT

Pour le montant total de l'opération, ce qui permet de solder le montant des produits en N. La contrepassation du 01/01 affectera le montant du produit en N+1.

La TVA a été collectée en N lors de la facturation : elle n'est donc pas à régulariser.

II Les charges constatées d'avance

1. Le problème posé

L'entreprise a enregistré en charges une facture en N mais la livraison se réalisera en N+1.

L'enregistrement de la facture a augmenté les charges de N alors que la livraison ne se réalisera qu'en N+1. **Il faut donc régulariser.**

		Date facture		
607		Achats	HT	
44566		TVA déductible	TVA	
	401	Fournisseurs		TTC

La TVA est exigible à la facturation, c'est-à-dire sur l'exercice N.

2. Le retraitement à l'inventaire

Le compte 486 provisoire sera soldé au 01/01/N+1.

		31/12/N		
486		Charges constatées d'avance	HT	
	607	Achats		HT

Après cette opération, le montant de la charge sera soldé en N. La contrepassation au 01/01 affectera alors l'opération en N+1.

La TVA a été déduite en N lors de la facture. Elle n'est donc **pas à régulariser**.

Cas particulier : on ne fait pas de suivi de stock pour certains petits achats inscrits en 606 « Achats non stockés ». À l'inventaire, certains de ces éléments n'ont pas été consommés et ne doivent donc pas être comptabilisés dans les charges de l'exercice en cours. On procède alors à une régularisation.

Exemple

		31/12/N		
486		Charges constatées d'avance	250	
	606	Achats non stockés		250

Un achat de 200 ramettes de papier à 5 € l'unité a été effectué le 01/12/N mais il en reste 50 au 31/12/N.

? L'essentiel en une question

Les CCA et PCA signifient-ils que l'on a trop ou pas assez comptabilisé en N ?

Consultez le corrigé
liennathan.fr/653jbs

FICHE RESSOURCE 3

Les charges à payer et les produits à recevoir

I Les charges à payer

À la clôture de l'exercice N, l'entreprise n'a pas reçu de pièce comptable mais il existe une charge qui concerne bien l'exercice N. Il s'agit de dettes pour lesquelles les factures ont été émises après la clôture de l'exercice, alors que la livraison ou la prestation de service a eu lieu avant la clôture.

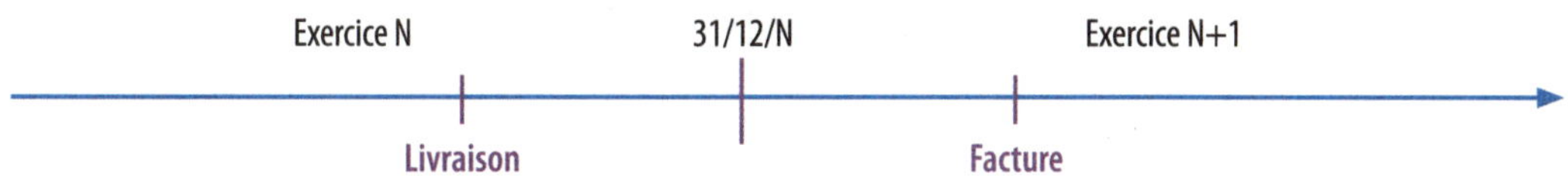

Exemple
Des marchandises sont livrées pour un montant de 450 € le 26/12/N mais la facture est reçue début N+1.

On affecte la charge à l'exercice N. On augmente les charges grâce au compte 607 mais la dette auprès du fournisseur est en attente grâce au compte 4081.

		31/12/N		
607		Achats de marchandises	450	
44586		TVA sur factures non parvenues	90	
	4081	Fournisseurs – Factures non parvenues		540

La TVA ne sera déduite qu'à réception de la pièce comptable en N+1. Au 31/12/N, on doit passer par un compte d'attente que l'on régularisera en N+1 à la facturation.

Dans le cas des factures d'avoir pour remise ou ristourne à obtenir, on utilise le compte 4098 « Fournisseurs débiteurs – Rabais, remises, ristournes à obtenir ».

II Les produits à recevoir

À la clôture de l'exercice, il faut régulariser les produits qui concernent l'exercice en cours mais qui ne seront facturés que sur l'exercice suivant. D'après le principe de prudence, on enregistrera à l'inventaire en produits à recevoir seulement les produits qui sont certains.

Exemple
Des marchandises sont livrées le 20/12/N et la facture est établie début N+1 pour un montant de 720 € TTC.

On affecte le montant des ventes à l'exercice N. La créance auprès du client est en attente grâce au compte 4181.

		31/12/N		
4181		Clients – Factures à établir	720	
	707	Ventes de marchandises		600
	4458	TVA en attente		120

On utilise le compte 44587 si la TVA est exigible après le 31/12/N. Sinon, on l'impute directement en TVA collectée (compte 44571).

Rappel sur le mécanisme de la TVA

- Fiscalement, les règles d'exigibilité de TVA sont les suivantes :
– pour les biens : la TVA est exigible à la livraison (ou facturation) du bien ;
– pour les services : la TVA est exigible au paiement de la facture, sauf si l'entreprise a opté pour la TVA sur les débits ; dans ce cas, l'exigibilité est l'achèvement de la prestation de service.

- Comptablement, si la date d'exigibilité de la TVA coïncide avec la date du document comptable (facture ou règlement), on enregistre la TVA directement en compte 44566 « TVA sur autres biens et services » ou en compte 44571 « TVA collectée ».

Si la date d'exigibilité de la TVA ne coïncide pas avec la date du document comptable, on enregistre la TVA dans un compte d'attente (4458 « TVA en attente ») à la date du document. Ce compte sera soldé à la date de l'exigibilité par les comptes 44566 ou 44571.

? L'essentiel en une question

Les CAP et PAR signifient-ils que l'on a trop ou pas assez comptabilisé en N ?

Consultez le corrigé
liennathan.fr/693nmx

FICHE RESSOURCE 4

Les charges à payer de rémunération ou d'intérêts bancaires

I Les charges à payer en lien avec les salariés

1. Les charges à payer pour congés payés

Les congés payés (CP) sont calculés sur une période de référence allant du 01/06/N au 31/05N+1. Au 31/12/N, les salariés ont acquis des droits à CP qu'ils ne pourront prendre qu'à partir du 01/06/N+1. Ces droits acquis sur N sont à **rattacher** sur N. Ils représentent une charge à payer.

		31/12/N		
641		Rémunération du personnel	Montant brut	
	4282	Personnel – Dettes prov. pour CP		Montant brut
		31/12/N		
645		Charges de Sécurité sociale	Cotisation patronale	
	4382	Charges sociales sur CP		Cotisation patronale

2. La participation des salariés aux résultats

Les entreprises de plus de 50 salariés doivent verser aux salariés une participation calculée sur les résultats de l'année N. Mais on doit attendre la validation des comptes en AGO (mars/avril N+1) pour valider le montant et le verser aux salariés. Au 31/12/N, la participation et le forfait social à payer par l'employeur doivent être **rattachés** sur l'exercice N. Ce sont des charges à payer.

Après l'AGO, en N+1, la dette de participation est transférée du compte 4284 au compte 4246 « Réserve spéciale de participation ».

		31/12/N		
691		Participation aux résultats	Montant participation	
	4284	Personnel – Charges à payer		Montant participation
		31/12/N		
645		Charges de Sécurité sociale	Montant forfait social	
	4385	Organismes sociaux – Charges à payer		Montant forfait social

II Les charges à payer en lien avec les intérêts bancaires courus non échus

Lorsqu'un emprunt se rembourse par mensualités, les intérêts sont calculés par mois et aucune régularisation n'est alors nécessaire. En revanche, dans le cas de remboursements semestriels ou annuels, par exemple, les intérêts courent bien souvent sur deux exercices comptables. Il faut alors **rattacher** à l'exercice en cours la partie des intérêts qui le concerne, **au prorata du nombre de jours** concernés en N : ce sont les **intérêts courus non échus (ICNE)**.

Exemple

L'entreprise Alfa souscrit le 01/12/N un emprunt remboursable par annuités constantes.
Montant de l'emprunt : 100 000 €. Durée : 5 ans. Taux intérêt annuel : 4 %.
La première annuité sera payée le 01/12/N+1. Annuité : 22 462,71 €. Intérêts : 4 000 €.
L'exercice comptable se clôture le 31/12 de chaque année.

Analyse de la situation : en N, rien n'est comptabilisé puisque la première écriture de paiement de l'emprunt interviendra le 01/12/N+1.
Nombre de jours supportés en N : 1 mois = 30 jours
Montant des intérêts courus : $100\,000 \times 0{,}04 \times 30/360 = 333{,}33$ €
Écriture à prévoir au 31/12/N :

		31/12/N		
661		Charges d'intérêts	333,33	
	1688	ICNE		333,33

? L'essentiel en une question

Les CAP relatives aux salariés et emprunts sont-elles le complément d'un montant déjà comptabilisé en N ? Expliquez.

Consultez le corrigé
liennathan.fr/x9c7p8

FICHE RESSOURCE 5

Les autres régularisations : frais d'émission d'emprunts et provisions pour charges

I Le cas des frais d'émission d'emprunts

Les frais d'émission d'emprunts peuvent, au choix de l'entreprise, être laissés en charge sur N ou répartis sur les exercices N et suivants selon le principe que l'emprunt va être remboursé sur plusieurs exercices. Ce sont des charges dont le montant est certain car elles ont été payées en N.

Dans le cas du choix de l'étalement, ces charges sont **exclues** de l'exercice grâce au crédit d'un compte **79** « **Transferts de charges** ». Le **rattachement** sur les exercices se fait ensuite au moyen de l'amortissement direct du compte **481** « **Charges à répartir sur plusieurs exercices** ».

> Exemple
> Lors de l'émission d'un emprunt, l'entreprise a supporté 7 000 € HT de frais d'émission le 01/07/N. Elle a choisi d'étaler ces frais sur la durée de l'emprunt (7 ans) par fractions égales.

		01/07/N		
6272		Frais sur emprunts	7 000	
44566		TVA déductible sur biens et services	1 400	
	512	Banque		8 400
		31/12/N		
4816		Frais d'émission	7 000	
	791	Transferts de charges		7 000
		31/12/N		
6812		Dotations charges expl. à répartir	1 000	
	4816	Frais d'émission		1 000

Enregistrement des frais bancaires en cours d'année, lors de l'obtention de l'emprunt.

Écritures de clôture (1)
L'année d'acquisition de l'emprunt, l'intégralité des frais est transférée en produits ⇒ annule la charge de l'année.

Écritures de clôture (2)
Chaque année, une partie des frais d'émission est intégrée dans les comptes (par exemple, 1/7e si l'emprunt est remboursé en 7 ans).

II Les provisions pour charges

Parfois, il est nécessaire de rattacher à l'exercice des charges qui le concernent de façon certaine mais dont l'échéance et/ou le montant ne peuvent pas être évalués avec une certitude suffisante. Il s'agit alors de **provisions pour charges** et non de charges à payer.

	Dépense	Échéance	Montant	Caractéristiques
Charges à payer	Certaine	Incertaine	Certain	Débit : compte de **charges par nature** Crédit : compte de contrepartie (chiffre 8 en 3e position)
Provisions pour charges	Certaine	Incertaine	Incertain	Débit : compte de **dotation** (charge calculée) Crédit : compte de provisions pour charges Ex. : 155 « Provisions pour impôts », 1572 « Provisions pour gros entretien ou grandes révisions » *(voir chapitre 6)*

> Exemple
> Suite à un sinistre qui a détruit une machine en N, une entreprise réalise une plus-value car, ayant souscrit une option « remboursement à la valeur à neuf », elle perçoit de son assurance une indemnité plus importante que la VNC de l'immobilisation détruite. Fin N, l'entreprise n'a toujours pas perçu cette indemnité. La charge d'impôt (qui sera payée en N+1) est bien liée à l'exercice N et il faut donc la rattacher à cet exercice. Mais le montant exact de l'impôt n'est pas connu avec une certitude suffisante (le taux d'impôt pourrait changer, le montant de l'indemnité pourrait être ajusté à quelques euros près) : il s'agit donc d'une provision (comptes 6815 à 155) et non d'une charge à payer.

? L'essentiel en une question

Expliquez pourquoi ce n'est pas le principe de prudence qui justifie l'enregistrement des provisions pour charges.

Consultez le corrigé
liennathan.fr/4mb79n

FICHE RESSOURCE 6

La préparation de l'ouverture des comptes N+1

I La clôture et la réouverture

À chaque fin d'exercice, les comptes de gestion (charges et produits) sont soldés par l'intermédiaire du compte de résultat (120 ou 129), ce qui permet de déterminer le résultat, puis de le prendre en compte dans les comptes du bilan.

La comptabilité de N+1 est réouverte par la génération d'un journal des à-nouveaux qui ne contient plus aucun compte de charges ni de produits.

Au premier jour du nouvel exercice (N+1), **les écritures de régularisation sont contrepassées** par une écriture inverse concernant les charges à payer ou les produits à recevoir, les charges constatées d'avance ou les produits constatés d'avance.

II Comprendre la nécessité de la contrepassation à l'ouverture de l'exercice N+1

1. Les charges à payer et les produits à recevoir

> **Exemple**
> En N, on a rattaché à l'exercice une facture non parvenue (600 €) car la marchandise a été livrée.

	6.. Charges (débit)	6.. Charges (crédit)	4458 TVA (débit)	4458 TVA (crédit)	408 Charges à payer (débit)	408 Charges à payer (crédit)
Clôture N	500		100			600

Les charges en N sont augmentées, donc le résultat N est en baisse de 500 €. La charge est inscrite en N.

	6.. Charges (débit)	6.. Charges (crédit)	4458 TVA (débit)	4458 TVA (crédit)	408 Charges à payer (débit)	408 Charges à payer (crédit)
Contrepassation 01/01/N+1		500		100	600	
Enregistrement N+1	500					

Les comptes 408 et 4458 sont soldés. Le compte de charges devient créditeur temporairement.

Lors de l'enregistrement de la facture réelle en N+1, la charge n'aura aucune incidence sur le résultat N+1.

Le raisonnement est identique pour les produits à recevoir.

2. Les charges et les produits constatés d'avance

> **Exemple**
> Le 01/09/N, une prime d'assurance a été comptabilisée pour 1 200 € mais seuls 4 mois de l'année N étaient concernés (400 €). On a donc exclu 8 mois (800 €).

	616 Primes d'assurances (débit)	616 Primes d'assurances (crédit)	486 Ch. constatées d'avance (débit)	486 Ch. constatées d'avance (crédit)
Comptabilisation de la prime au 01/09/N	1200			
Clôture N		800	800	

À la clôture de N, le compte 616 a un solde de 400 € (1 200 – 800), qui représente la partie de la prime concernant N.

	616 Primes d'assurances (débit)	616 Primes d'assurances (crédit)	486 Ch. constatées d'avance (débit)	486 Ch. constatées d'avance (crédit)
Contrepassation au 01/01/N+1		800		800

La contrepassation au 01/01/N+1 permet de solder le compte 486 et de rattacher à N+1 la partie de la charge qui le concerne (compte 616 : 800 €).

Le raisonnement est identique pour les produits constatés d'avance.

? L'essentiel en une question

Quel principe comptable est démontré par la contrepassation des écritures de régularisation à l'ouverture de N+1 ?

Consultez le corrigé liennathan.fr/fgg948

APPLICATIONS

ATELIER PGI — Ajuster les comptes de gestion

EBP SOLUTIONS DE GESTION

Chapitre concerné :
Chapitre 7 : L'ajustement des comptes de gestion

Téléchargez la fiche de travail
liennathan.fr/c9z22u
PDF

EXOS FLASH

EXO 1 Quiz interactif

Testez vos connaissances sur ce chapitre avec le quiz en ligne.

liennathan.fr/w7v9c8

Votre score ....

EXO 2 Rattacher ou exclure

L'entreprise Rebouissoux vous soumet ce tableau d'analyse de ses charges et produits à l'inventaire du 31/12/N.

- **Indiquez s'il faut rattacher ou exclure chaque produit ou charge, en précisant le calcul et le montant. Puis précisez s'il s'agit d'un produit constaté d'avance ou d'une charge constatée d'avance (PCA/CCA) ou d'un produit à recevoir ou d'une charge à payer (PAR/CAP).**

Type	Date de comptabilisation de la facture	Montant comptabilisé	Périodicité de l'événement	Rattacher (R) ou exclure (E)	Calcul et montant à rattacher/exclure au 31/12/N	PCA/CCA – PAR/CAP
Produit	01/10/N	600	01/10/N au 01/04/N+1			
Produit	01/09/N	1 200	01/03/N au 01/09/N			
Charge	01/03/N+1	1 500	01/09/N au 01/03/N+1			
Charge	01/12/N	2 000	01/12/N au 01/03/N+1			
Produit	01/02/N+1	500	01/01/N+1 au 01/02/N+1			
Charge	01/02/N	800	01/02/N au 01/02/N+1			
Produit	01/09/N+1	1 200	01/09/N au 01/09/N+1			

EXO

3 Trouver les bons comptes

Afin de vous recruter comme nouveau collaborateur/nouvelle collaboratrice, un cabinet comptable vous teste sur ce tableau concernant des charges à payer (CAP) et des produits à recevoir (PAR) à traiter à l'inventaire.

- **En suivant l'exemple de la première ligne, trouvez le sens (D = débit et C = crédit) et le numéro :**
  – du compte de charge/produit à utiliser ;
  – du compte de tiers à utiliser (on négligera la TVA).

Type	Description	Sens et n° du compte de charge ou produit	Sens et n° du compte de tiers
PAR	Loyer	C 7083	D 4687
PAR	Facture de vente de marchandises à établir		
CAP	Intérêts annuels sur emprunt à long terme		
CAP	Facture d'achat de marchandises non encore parvenue		
PAR	Avoir non parvenu de notre fournisseur sur retour de marchandises effectué		
CAP	Ristourne de fin d'année pour nos clients non établie pour le moment		
CAP	Prime d'assurance		
PAR	Ristournes de fin d'année non parvenues de nos fournisseurs		
PAR	Intérêts annuels sur prêt à long terme		

ENTRAÎNEMENT AU BTS 1 Analyser et enregistrer une facture

★☆☆

La société Les Petites Gourmandises vient de recevoir une facture EDF (annexe 1). Votre responsable vous demande d'analyser ce document par rapport à l'exercice en cours, puis d'anticiper les écritures de l'exercice N+1. Pour vous guider, elle vous remet une procédure d'analyse (annexe 2).

1 **Après avoir précisé si cette facture est une charge ou un produit pour l'entreprise, procédez à son enregistrement comptable en date du 26/12/N (par simplification, vous appliquerez un taux de TVA de 20 % à l'ensemble de la facture). Précisez la date d'exigibilité de la TVA.**

2 **Nous sommes le 31/12/N. Afin de déterminer si d'éventuelles régularisations d'inventaire sont nécessaires, précisez chacun des points suivants en vous aidant de l'annexe 2 :**

a) **Quels sont les éléments qui composent cette facture ?**

b) **Quelle période concernent-ils ? Concluez sur la nécessité de régulariser à l'inventaire.**

c) **Quels sont les montants à rattacher à N et à N+1 ?**

d) **Déterminez le type de charge au regard du principe de séparation des exercices.**

3 **Procédez à l'enregistrement comptable à la date d'inventaire.**

4 **Réalisez l'ouverture des comptes au 01/01/N+1 concernant cette facture.**

5 **Vérifiez que le principe d'indépendance des exercices est bien respecté.**

ANNEXE 1 Facture EDF (extrait)

VOS CONTACTS

Par Internet
• **Pour gérer votre contrat** et retrouver vos factures sur votre espace Client 24h/24 et 7j/7 : espaceclient.edf.com
Identifiant Internet : GOURM_07215

Par téléphone
• **Ma facture, mon contrat, mon déménagement et pour toute réclamation** au 09 69 39 44 12(1) (appel non surtaxé)
• **Mon Compte sur Serveur Vocal 24h/24** au 0 800 123 333 (appel gratuit depuis un poste fixe) pour payer votre facture par CB et transmettre votre relevé de compteur
N° client : 07215 XXX 008
• **Mes Travaux de chauffage et d'isolation** au 3929(1) (0,05€ TTC/min + surcoût éventuel selon opérateur).
(1)du lundi au samedi de 8h à 21h
• **Dépannage Electricité :** 0 810 33 00 24 (prix d'un appel local)

Par courrier
EDF Services Clients - TSA 90002
93733 BOBIGNY Cedex 9

En boutique
La boutique la plus proche de chez vous sur : boutiques.edf.com

Document à conserver 5 ans — Page 1/2

EDF

SARL Les Petites Gourmandises
62 rue François Mauriac
37270 Montlouis-sur-Loire

Votre facture du 25/12/N
N° 23 000 000 000
Période du 25/10/N au 25/12/N

Détails au verso

Électricité « tarif bleu » Consommation sur index réel	**641,34 €**
Abonnement du 31/12/N au 28/02/N+1	**8,66 €**
Total TTC	**650,00 €**

Total T.T.C. **650,00 €**
Prélevé le 25/12/N

ANNEXE 2 Procédure d'analyse des charges et des produits à l'inventaire

1. Analyser la facture pour identifier la nécessité d'une régularisation. Repérer :
– la date d'émission du document ;
– la période couverte.
Si on est à cheval sur deux exercices comptables, il faut procéder à une régularisation.

2. Identifier la nature de cette facture : une charge ou un produit.

3. Analyser la date d'exigibilité de la TVA.

4. Réaliser un axe sur lequel on portera :
– les exercices comptables ;
– les dates (de la facture, de l'inventaire et de la livraison, par exemple) ;
– la date où l'on reçoit la pièce comptable ;
– les montants à calculer des charges ou produits à rattacher à chaque exercice.

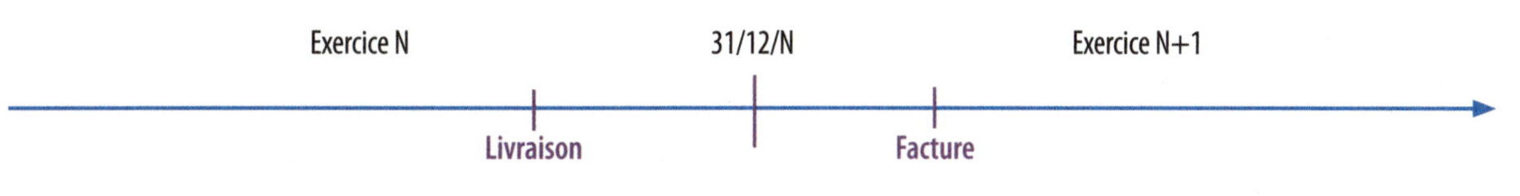

5. Déterminer si on est en CCA (ou PCA) ou en charge à payer (ou produit à recevoir) grâce au schéma d'analyse suivant.

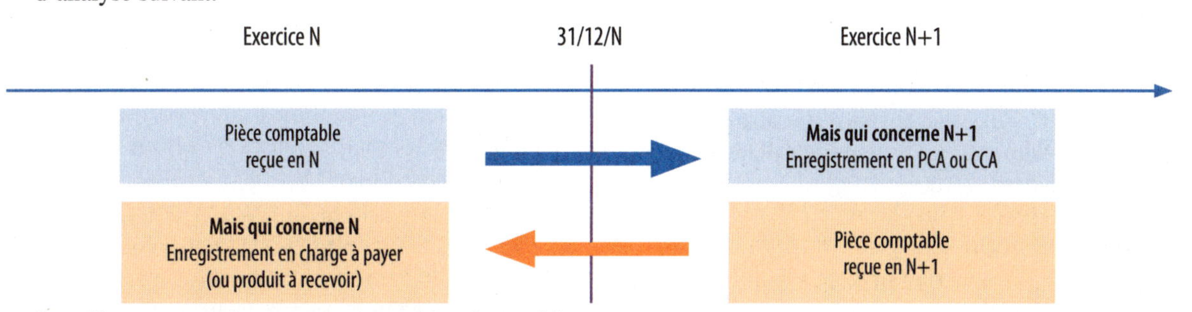

6. Procéder aux enregistrements comptables demandés.

ENTRAÎNEMENT AU BTS 2 Traiter les opérations en lien avec les clients ★★☆

Vous êtes comptable dans un cabinet d'expertise et vous travaillez sur le dossier de la SARL Pole, qui a pour activité la fabrication de commandes numériques. Vous avez traité les opérations courantes durant l'exercice N et l'entreprise vous transmet fin décembre les dernières informations à comptabiliser (annexe).

Enregistrez les écritures d'inventaire découlant des informations de l'annexe.

ANNEXE

1. Après évaluation du CA réalisé en N avec chaque client, l'entreprise calcule les ristournes à leur accorder en janvier N+1. Elle les évalue à 4 580 € HT.
2. L'entreprise a livré à la SA Deros des marchandises pour un montant de 5 700 € HT le 28/12/N mais la facture ne sera établie que le 03/01/N+1.
3. Le 31/12/N, on constate que des marchandises ont été livrées au client Covarel alors que la facture n'a pas été établie. Le montant est estimé à 3 200 € HT. Le 20/01/N+1, la facture n° 5320 est adressée au client. Son montant est conforme aux prévisions.
4. Une facture adressée le 25/12/N au client Branco a été comptabilisée pour une valeur HT de 4 530 € alors que les marchandises n'ont pas été livrées.

ENTRAÎNEMENT AU BTS 3 Traiter les opérations en lien avec les fournisseurs ★★☆

Vous travaillez dans l'entreprise Lisout, qui vend des meubles. Le dirigeant vous fait parvenir des documents à traiter comptablement (annexe).

Pour l'ensemble des opérations de l'annexe, réalisez les écritures des exercices N et N+1.

ANNEXE

1. Le 15/02/N, une facture du fournisseur Perennou a été comptabilisée pour une valeur de 12 000 € HT. La qualité des marchandises n'étant pas conforme à la commande, le fournisseur s'est engagé à accorder un rabais de 10 %. Le 31/12/N, la facture d'avoir n'est pas encore parvenue à l'entreprise. Elle n'est reçue que le 28/01/N+1. Son montant est conforme aux prévisions.
2. L'entreprise est locataire d'un entrepôt. Le loyer semestriel payable d'avance a été versé début novembre N pour un montant de 4 500 € (vous négligerez l'incidence de la TVA).
3. Le 31/12/N, des marchandises ont été expédiées par le fournisseur Gallician mais la facture n'a pas été reçue. Les éléments de facturation sont les suivants :
   - marchandises : 2 300 € ;
   - remise : 10 % ;
   - transport : 100 €.

   Le 15/01/N+1, la facture n° 5704 est reçue, elle est conforme aux prévisions.
4. Le 28/12/N, l'entreprise reçoit d'un fournisseur une facture d'un montant de 1 200 € HT mais il est indiqué que les marchandises ne seront livrées que le 04/01/N+1.
5. L'entreprise a acheté, le 10/12/N, 200 ramettes de papier à 5 € HT l'unité. Le 31/12/N, après inventaire, il reste 150 ramettes. L'entreprise n'assure pas le suivi de stock pour les ramettes.

ENTRAÎNEMENT AU BTS 4 Traiter les opérations en lien avec les salariés et la banque ★★☆

L'entreprise Crozat clôture ses comptes au 31 décembre de chaque année. Vous êtes comptable dans cette entreprise et on vous transmet les informations de l'annexe.

Comptabilisez les écritures à la date d'inventaire.

ANNEXE

1. Le 31/03/N, l'entreprise a fait un emprunt de 30 000 € au taux de 3,5 % remboursable en annuités constantes (aidez-vous d'un axe chronologique).
2. Les salariés ont cumulé des droits à congés payés entre le 01/06/N et le 31/12/N d'un montant de 41 875 €. Le montant des cotisations s'élève à 8 375 €.
3. La participation au 31/12/N est évaluée à 20 000 € et le forfait social à 3 930 €.
4. Un emprunt bancaire de 50 000 € a été accordé à l'entreprise le 01/06/N aux conditions suivantes : taux de 6 %, remboursement sur 5 ans, 1re échéance le 01/06/N+1.
5. Un prêt de 30 000 € a été consenti à une filiale le 01/09/N. Le 30/08/N+1, le capital prêté est recouvré majoré des intérêts au taux de 9 %.

ENTRAÎNEMENT AU BTS 5 Traiter différentes opérations d'inventaire ★★☆

Au 31 décembre N, date de clôture des comptes, M. Natte, expert-comptable de la société Velau, vous demande de prendre en charge une partie des travaux d'inventaire.

À partir des informations de l'annexe, procédez aux écritures d'inventaire de l'exercice N.

ANNEXE

1. Le 01/04/N, l'entreprise a contracté un emprunt de 100 000 € au taux de 6 %.
2. L'entreprise a livré des marchandises le 20/12/N. La facture de 2 000 € HT ne sera établie qu'en janvier N+1.
3. Un abonnement annuel à une revue professionnelle (du 01/04/N au 31/03/N+1) a été payé et comptabilisé le 01/04/N pour un montant de 150 €.
4. Lors de l'émission d'un emprunt, le 01/12/N, la société a supporté 5 000 € de frais qu'elle a décidé de répartir sur la durée de l'emprunt (5 ans).
5. La participation de l'exercice N est évaluée à 40 000 € et le forfait social à 7 500 €.

Synthèse audio
liennathan.fr/3i2zy6

L'ajustement des comptes de gestion

1 Appliquer le principe d'indépendance des exercices aux opérations clients-fournisseurs

L'indépendance des exercices

Un événement doit être enregistré en charge ou produit dans l'exercice au cours duquel il est consommé.

→

Les décalages à l'inventaire

On constate des décalages en fin d'exercice comptable.
Ex. : bien livré en N mais facturé et comptabilisé en N+1.

→

La régularisation des charges et produits

Analyse des décalages :
- Est-ce une charge / un produit ?
- Est-ce un événement ponctuel / continu ?
- Faut-il exclure / rattacher ?

→ Régularisation en fin d'exercice

CCA	PCA	CAP	PAR
Enregistré en N Événement N+1	Enregistré en N Événement N+1	Enregistré en N+1 Événement N	Enregistré en N+1 Événement N
À exclure	**À exclure**	**À rattacher**	**À rattacher**
D 486 C 6... Pour le HT	D 7... C 487 Pour le HT	D 6... HT D 44586 TVA C 408 TTC	D 4181 TTC C 44587 TVA C 7... HT

2 Traiter des cas particuliers de régularisation

Les acquis salariés

En fin d'exercice, des droits ont été acquis par les salariés.
Ils sont certains et représentent une **CAP**.
Ex. : droit aux congés payés.

D 641… C 4282
D 645… C 4382

Les intérêts sur emprunt

Cas des emprunts remboursés au semestre ou par an.
Les **intérêts courus** sont certains et représentent une **CAP**.

D 661… C 1688

Les charges à répartir

Elles concernent des charges certaines dont le montant est précis.
Ex. : frais d'émission d'emprunts.

À étaler

D 4816… C 791
D 681… C 4816

Les provisions pour charges

Elles concernent des charges certaines dont le montant est imprécis.
Ex. : provisions pour impôts.

À rattacher

D 68… C 155

3 Préparer l'ouverture des comptes N+1

Les CAP, PAR, CCA, PCA

Au 1er jour de l'exercice N+1, il faut **contrepasser l'écriture** de régularisation passée la veille, en fin d'exercice N.

Permet de solder les comptes de bilan et d'influencer les charges et produits sur N+1.

Les charges à répartir et provisions pour charges

Au 01/01/N+1, **pas de contrepassation**

Mise à jour en N+1

CHAPITRE 8

Le traitement des provisions réglementées

Activité	Composante d'activité	Compétences	P7
2.3. Réalisation des opérations d'inventaire	2.3.4. Traitement des provisions réglementées et des amortissements exceptionnels	Analyser, traiter et enregistrer les provisions réglementées et les amortissements exceptionnels selon les textes réglementaires favorables et adaptés à l'entité	– L'utilisation du PGI pour effectuer les enregistrements des écritures, les contrôler et mettre à jour les données – Une utilisation du tableur (tris, simulation, regroupements) adaptée aux besoins de l'utilisateur

SITUATION PROFESSIONNELLE

La période de Noël a été très profitable pour la SA Modélisme Provence. En effet, cette année, l'entreprise a gagné beaucoup de parts de marché, le modélisme étant à la mode, notamment avec les drones à monter soi-même en produits phares.
En tant que comptable, vous indiquez au chef d'entreprise, M. Gari, que le résultat devrait augmenter, tout comme son imposition.

M. Gari s'interroge : pourrait-il essayer de réduire son imposition en investissant dans de nouvelles machines ? Lors d'un salon professionnel, il a assisté à des démonstrations de nouveaux matériels de production qui pourraient correspondre totalement à la stratégie de Modélisme Provence.

VOS MISSIONS

Face à l'augmentation du résultat, vous cherchez des solutions afin de diminuer l'imposition. En particulier, vous focalisez votre étude sur des dispositifs capables de concilier les besoins d'investissement de Modélisme Provence et sa recherche d'économie d'impôt.

MISSION 1 **Comprendre l'intérêt de recourir aux provisions réglementées** ▶ Fiche ressource 1

MISSION 2 **Analyser une provision réglementée** ▶ Fiche ressource 2

MISSION 3 **Calculer et enregistrer une provision réglementée** ▶ Fiche ressource 3

MISSION 1 Comprendre l'intérêt de recourir aux provisions réglementées

1. **En supposant que l'entreprise ait le droit de doter une provision réglementée de 30 000 € en N+1, calculez l'économie d'impôt qui serait réalisée à l'aide de ce dispositif.**
▶ Annexes 1 et 2 ▶ Fiche ressource 1

2. **Cette économie d'impôt est-elle définitivement acquise ? Pourquoi ?**

3. **Expliquez en quoi le recours à ce dispositif pourrait servir l'activité de l'entreprise. Votre réponse serait-elle la même si la prévision de résultat était négative en N+1 ?**

Besoin d'aide ?
liennathan.fr/4gg6r7

La question de l'expert
En plus de l'économie d'impôt réalisée, quelle est l'autre vertu d'une réduction du résultat issue d'une provision réglementée au niveau de la trésorerie ?

L'autocorrection en vidéo
liennathan.fr/yg3a58

MISSION 2 Analyser une provision réglementée

M. Gari étant intéressé pour profiter au maximum des déductions autorisées par l'État, Mme Lam, DAF, vous conseille de vous replonger dans le dispositif de l'époque pour en comprendre la technique.

4. **Observez les calculs des amortissements opérés sur l'imprimante 3D. Indiquez les années où l'entreprise a bénéficié d'un avantage fiscal et quel en est le montant. Puis indiquez les années où elle l'a rendu au fisc et pour quel montant.**
▶ Annexe 3 ▶ Fiche ressource 2

5. **Après avoir reconstitué l'écriture d'inventaire qui a été passée en N-6, montrez comment ce dispositif permet de concilier l'image fidèle du bilan et la possibilité de bénéficier d'un avantage fiscal.**

MISSION 3 Calculer et enregistrer une provision réglementée

6. **En comparant la machine acquise et la documentation fiscale, quel amortissement fiscal est possible sur ce bien ?**
▶ Annexes 4 et 5 ▶ Fiche ressource 3

7. **Réalisez (éventuellement sur tableur) le tableau d'amortissement dégressif fiscal.**

Besoin d'aide ?
liennathan.fr/f22j8j

8. **Enregistrez l'ensemble des écritures de N à N+5 sachant que l'entreprise souhaite bénéficier de tous les avantages fiscaux auxquels elle a droit.**

Besoin d'aide ?
liennathan.fr/z675gm

La question de l'expert
Dans un compte en T, montrez l'évolution du solde du compte 145 de N à N+5. En supposant que l'on vende le bien en N+3, le compte 145 est-il soldé ? Que proposez-vous de faire ?

L'autocorrection en vidéo
liennathan.fr/9m6pm2

DONNÉES DE LA SITUATION

ANNEXE 1 **Entretien avec M. Gari et Mme Lam**

M. Gari : Je reviens d'un salon professionnel où j'ai rencontré des fournisseurs qui proposent une machine à commande numérique très intéressante pour nous. Compte tenu de la complexité des réglages de cette machine, elle mettrait un an, voire deux pour servir pleinement notre business, le temps d'être correctement utilisée par nos salariés. Pendant ce temps, il faudra payer les mensualités de son financement, verser des dividendes à nos actionnaires car nos résultats sont bons… Je sais que nous devons investir pour nous développer et les actionnaires me soutiennent dans cette démarche ; ce qui me fait peur, c'est la trésorerie à court terme. Et je ne peux pas « tricher » en réduisant artificiellement mon résultat par des dépenses inutiles…

Mme Lam : Sans « tricher », je pense qu'on peut bénéficier d'un surplus de charges. Souvenez-vous, il y a quelques années, nous avions investi dans une imprimante 3D. À l'époque, l'État nous avait permis de bénéficier d'un amortissement exceptionnel *via* une provision réglementée. Peut-être que ce sera pareil avec cette machine ?

M. Gari : Si je dois payer plus de charges, ma trésorerie sera impactée tout autant !?

Vous : Je vous rassure, ce sont des charges que l'on ne paye pas… On va imaginer qu'on puisse doter une provision de 30 000 €. Compte tenu des prévisions de résultat opérées par l'expert-comptable, je vais vous montrer ce que l'on peut gagner…

ANNEXE 2 **Compte rendu des prévisions opérées par l'expert-comptable**

Les prévisions de résultat N+1 sont assez optimistes.

D'après mes calculs, vous pouvez espérer un bénéfice de 35 000 €.

Le taux d'imposition N+1 sera stable à 25 %.

ANNEXE 3 **Tableau de calculs – Imprimante 3D**

En N-6, une imprimante 3D amortissable sur 3 ans avait été acquise et avait permis de bénéficier d'une provision réglementée.

Date	Annuités fiscales (1)	Annuités comptables (2)	Annuités dérogatoires	
			Dotation Si (1) – (2) est positif	Reprise Si (1) – (2) est négatif
N-6	3 000,00	888,89	2 111,11	0,00
N-5	9 000,00	4 000,00	5 000,00	0,00
N-4		4 000,00	0,00	4 000,00
N-3		3 111,11	0,00	3 111,11
Totaux	**12 000,00**	**12 000,00**	**7 111,11**	**7 111,11**

ANNEXE 4 **Projet d'acquisition de la machine à commande numérique**

La machine à commande numérique serait acquise neuve le 01/12/N pour un montant de 30 000 €. Elle serait amortie comptablement de façon linéaire sur 5 ans, ce qui correspond à la dépréciation réelle de ce bien.

ANNEXE 5 **Extrait de documentation fiscale remis par l'expert-comptable**

Les amortissements exceptionnels sur 12 ou 24 mois ne sont pas applicables à ce type de biens. En revanche, peuvent être amortis suivant le mode dégressif les biens (CGI art. 39 A, 2) :
– d'équipements neufs autres que les immeubles d'habitation, les chantiers et les locaux servant à l'exercice de la profession ;
– dont la durée d'utilisation n'est pas inférieure à 3 ans […].
[…]
Parmi la liste des biens indiqués, on trouve :
Matériels et outillages industriels de fabrication, de transformation et de transport
La durée d'usage de ce type de matériel s'étend entre 5 et 10 ans selon la documentation.
Vous pouvez donc tout à fait utiliser 5 ans comme durée d'usage fiscale pour votre amortissement dégressif. Le coefficient dégressif correspondant sera égal à 1,75.

FICHE RESSOURCE 1

Le rôle des provisions réglementées

I Le principe des provisions réglementées

1. L'utilisation des charges calculées comme outil de gestion

En matière de gestion d'entreprise, et comme le montre le schéma ci-dessous, pour réduire le montant de l'impôt, il faut disposer d'un résultat fiscal le plus faible possible, donc d'un résultat comptable le plus faible possible. Avoir beaucoup de charges est donc un moyen de réduire l'impôt.

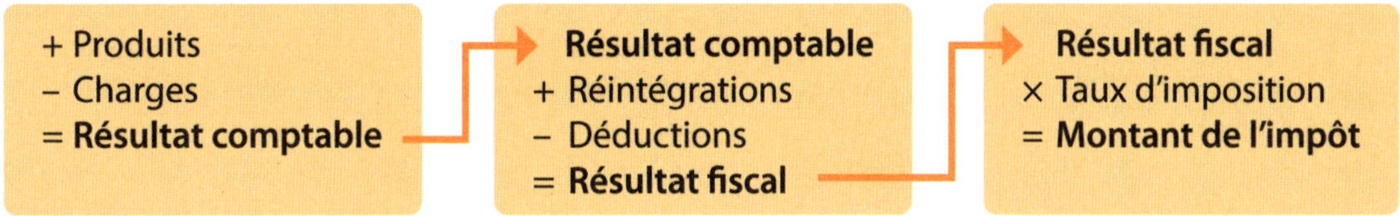

Tout bon gestionnaire soutiendra que, si avoir des charges réduit l'impôt, cela appauvrit l'entreprise car il faut les payer. Mais tout bon comptable répondra qu'il existe des charges qui n'appauvrissent pas l'entreprise car elles ne sont jamais décaissées : ce sont les charges calculées. Les provisions réglementées sont des charges calculées.

2. La typologie des charges calculées

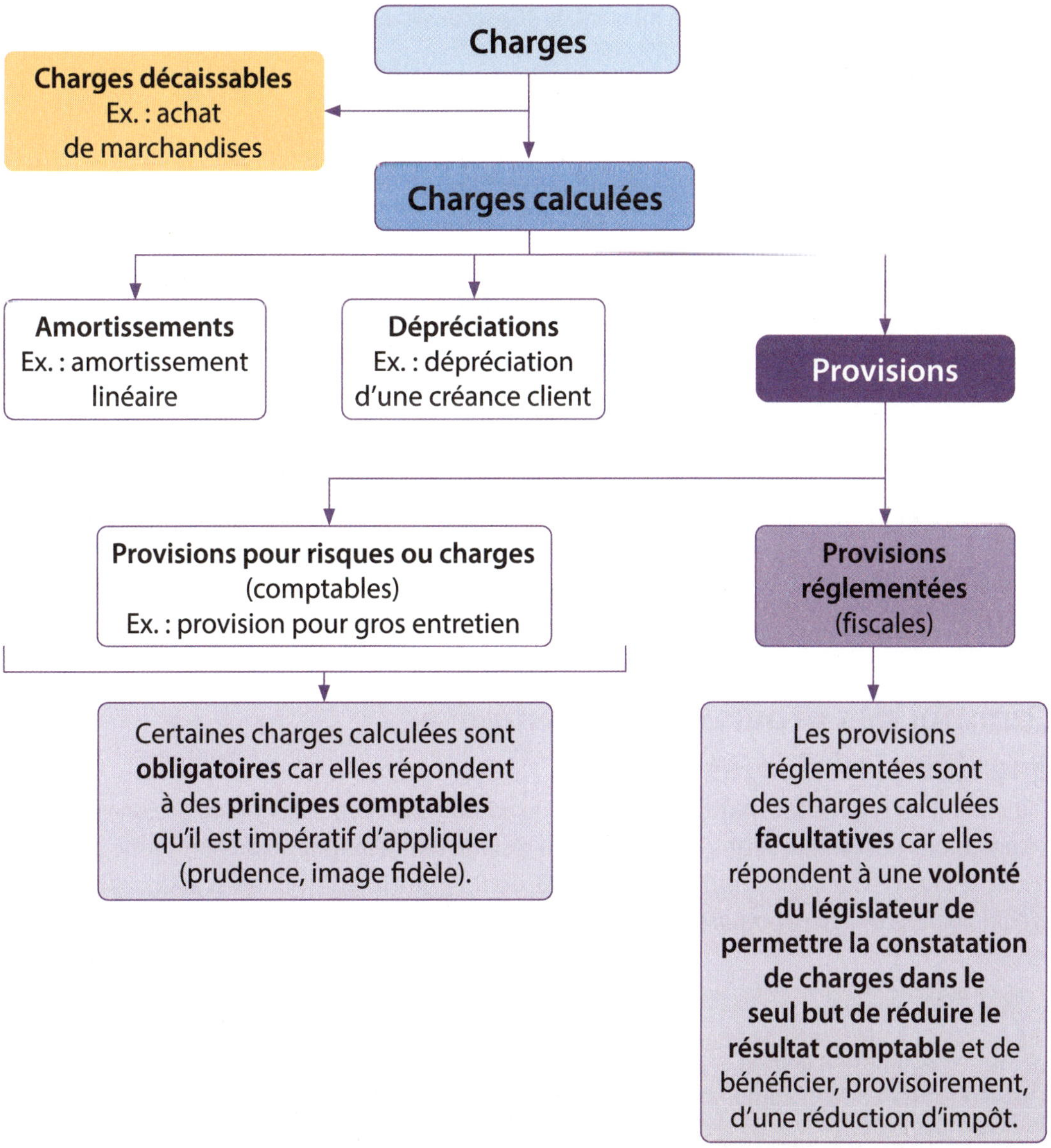

II La diversité des provisions réglementées

Il existe de nombreuses provisions réglementées (toutes ne sont pas étudiées en BTS CG). Certaines disparaissent, d'autres apparaissent, traduisant la politique économique de l'État à aider les entreprises dans certains domaines.

Provisions réglementées	Relatives aux immobilisations	Relatives aux stocks	Relatives à d'autres éléments d'actif
Exemple	Les amortissements dérogatoires	La provision pour hausse des prix	La provision pour prêts d'installation à d'anciens salariés
Volonté du législateur	Amortissements supplémentaires (non nécessaires en comptabilité), dans le but d'inciter à investir dans certains types de biens	Encourager les entreprises à reconstituer leur stock même si les prix augmentent	Encourager la création d'entreprise (provision supprimée depuis le 01/01/2019)

III Le caractère provisoire du coup de pouce fiscal

La charge calculée représentée par la provision n'est pas un « cadeau » définitif du législateur. **Toute provision réglementée doit être « reprise » à un moment ou un autre** en fonction des règles propres à chaque provision.

Exemple

Une provision réglementée d'un montant de 10 est constituée le 31/12/N en vertu d'un texte fiscal qui précise que cette provision doit être reprise au 31/12/N+5.

En N, la dotation de la provision réduit le résultat. S'agissant d'une charge calculée qui n'affecte pas sa trésorerie, on peut dire que l'entreprise a « mis de côté » 10, qu'elle fait apparaître en tant que « ressource » dans son bilan (poste « Provisions réglementées). De plus, elle économise l'impôt immédiatement sur cette somme.

→ En N+5, la reprise de la provision augmentera le résultat. En contrepartie, l'entreprise annulera la ressource et paiera à ce moment-là l'impôt qui aurait dû être payé en N.

PASSIF	N
Capitaux propres	
…	
Résultat comptable	– 10
…	
Provisions réglementées	+ 10

PASSIF	N+5
Capitaux propres	
…	+
Résultat comptable	+ 10
…	
Provisions réglementées	+ 10 – 10 = 0

Pendant les 5 ans prévus par le législateur, l'entreprise a pu utiliser la ressource et l'économie d'impôt pour soutenir son activité, investir…

→ **Les provisions réglementées ont un rôle d'incitation ou de soutien à l'activité économique.**

IV L'emploi des provisions réglementées : une décision de gestion

S'agissant d'un **régime facultatif**, le dirigeant peut choisir d'en bénéficier ou non selon ses projets ou ses prévisions de résultat. Certes, la réduction du résultat réduit les impôts à court terme, mais elle implique de fait la réduction du résultat distribuable, donc ce que l'on distribue aux actionnaires. C'est une décision parfois difficile à prendre selon le contexte dans lequel évolue l'entreprise.

? L'essentiel en une question

Une provision réglementée matérialise-t-elle un risque de sortie d'argent futur et non encore réalisé, comme le fait une provision pour risque et charge ?

Consultez le corrigé
liennathan.fr/q735vs

FICHE RESSOURCE 2

Le mécanisme comptable des provisions réglementées

Les provisions réglementées étant un dispositif facultatif, la manière pour une entreprise de montrer sa volonté d'en bénéficier se matérialise par une écriture comptable correspondante.

I Le principe de comptabilisation : une alternance entre dotation et reprise

Le traitement comptable de toutes les provisions réglementées est **toujours identique** :
– **dotation** → on crée ou on augmente la provision → on débite le compte 687X « Charges exceptionnelles » (**qui réduit le résultat, donc l'impôt**) par le crédit d'un compte 14 ;
– **reprise** → on annule ou on diminue la provision → on crédite le compte 787X « Produits exceptionnels » (**qui augmente le résultat, donc l'impôt**) par le débit d'un compte 14.

> **Attention !**
> **Seule l'étude du texte fiscal permet de comprendre quel compte utiliser (ex. : 143 « Provisions réglementées relatives aux stocks »), quel montant doit être doté et les délais dans lesquels cette dotation doit être reprise.**

II L'information en annexe

Un tableau des provisions doit être présenté. Seules les deux premières lignes se rapportent aux provisions réglementées.

Provisions	Montant cumulé à l'ouverture de l'exercice	Augmentations	Diminutions	Montant cumulé à la clôture de l'exercice
Amortissements dérogatoires				
Autres provisions réglementées				
Provisions pour risques[a]				
Autres provisions[a]				

(a) Ces rubriques doivent être développées dans la mesure où celles-ci sont d'une importance particulièrement significative (le cas échéant, mettre en évidence, entre autres, les provisions pour retraites et obligations similaires, les provisions pour gros entretien et grandes révisions, les provisions pour litiges…).

III La spécificité de la provision réglementée : les « amortissements dérogatoires »

En comptabilité, l'amortissement constate toujours la **perte de valeur d'un bien** *(voir chapitre 5)*. En fiscalité, un texte peut permettre des amortissements plus importants sur ce même bien, à titre de « **cadeau fiscal** », afin d'encourager les entreprises à les acheter.

Annuité d'amortissement que le fisc autorise à déduire du résultat

= **Annuité d'amortissement économique que l'on comptabilise en vertu du principe d'image fidèle**

+ **Surplus d'amortissement autorisé fiscalement = Annuité dérogatoire**

L'amortissement dérogatoire est une **provision réglementée (compte 145)** car il suit le principe de fonctionnement comptable (dotation puis reprise), émane d'un texte de loi, est non obligatoire.

Le traitement comptable est **double** car on distingue :
– l'amortissement comptable en charge d'exploitation, conforme au plan d'amortissement économique ;
– le surplus d'amortissement en charge exceptionnelle, qui représente, lui et lui seul, la provision réglementée.

Exemple
Un texte autorise des amortissements fiscaux sur un matériel ; la mise en œuvre d'un calcul d'amortissement dérogatoire s'effectue toujours dans un tableau en 3 parties où sont comparées les annuités fiscales et les annuités économiques pour faire apparaître les annuités dérogatoires.

Date	Annuité fiscalement autorisée	Annuité comptable économique	Annuité dérogatoire	
			Dotation	Reprise
31/12/N	1 225,00	666,67	558,33	
31/12/N+1	1 671,25	1 200,00	471,25	
31/12/N+2	1 086,31	1 200,00		113,69
31/12/N+3	0,00	915,89		915,89
Total	**3 982,56**	**3 982,56**	**1 029,58**	**1 029,58**

Dotation dérogatoire
→ Annuité FISCALE
> Annuité COMPTABLE
1 225 – 666,67 = 558,33

Reprise dérogatoire
→ Annuité FISCALE
< Annuité COMPTABLE
1 200 – 1 086,31 = 113,69

Remarque : en comptabilité, le montant de l'annuité fiscale n'apparaît pas. Pour le retrouver, il faut cumuler l'annuité économique et l'écart dérogatoire.

1. Le cas d'une dotation

Exemple (suite)

– Enregistrement de l'amortissement économique pour l'exercice N :

Permettant de respecter l'image fidèle

		31/12/N		
681		Dotations aux amortissements – Charges d'exploitation	666,67	
	28154	Amortissements du matériel industriel		666,67

– Enregistrement de l'amortissement dérogatoire pour l'exercice N :

Pour bénéficier d'un surplus de charge

		31/12/N		
68725		Dotations aux amortissements – Charges exceptionnelles	558,33	
	145	Amortissements dérogatoires		558,33

Ces deux écritures permettent au total de bénéficier de : 666,67 + 558,33 = 1 225 de charges.

2. Le cas d'une reprise

Exemple (suite)

– Enregistrement de l'amortissement économique pour l'exercice N+2 :

		31/12/N+2		
681		Dotations aux amortissements – Charges d'exploitation	1 200,00	
	28154	Amortissements du matériel industriel		1 200,00

– Enregistrement de l'amortissement dérogatoire pour l'exercice N+2 :

		31/12/N+2		
145		Amortissements dérogatoires	113,69	
	78725	Reprises sur amortissements dérogatoires		113,69

Sur l'exercice comptable N+2, on a constaté une charge d'exploitation de 1 200 € liée à l'amortissement économique du bien et un produit exceptionnel de 113,69 € lié à la constatation de la reprise.

À la fin de la durée d'utilisation du bien, le total des dotations correspond au total des reprises. Le compte 145 « Amortissements dérogatoires » est donc soldé.

L'essentiel en une question

Quelle différence y a-t-il entre un amortissement économique et un amortissement dérogatoire ?

Consultez le corrigé
liennathan.fr/r3cv54

FICHE RESSOURCE 3

La variété de calculs d'amortissements dérogatoires

L'amortissement dérogatoire est un écart entre un amortissement fiscalement autorisé et un amortissement économiquement justifié. Les modalités de calcul des amortissements économiques ont été étudiées au chapitre 5. Bien que les amortissements fiscaux relèvent du processus 3, il est important de savoir calculer les plus courants, pour pouvoir comptabiliser correctement le surplus dérogatoire. On rappelle que la valeur résiduelle est toujours ignorée en fiscalité.

I L'amortissement exceptionnel (sur 12 ou 24 mois)

Il vise à encourager les entreprises à réaliser des investissements dans des domaines limitativement énumérés par la loi, comme l'environnement (matériels permettant des économies d'énergie, véhicules électriques…).

Depuis plusieurs années, son champ d'application s'est considérablement réduit.

L'amortissement fiscal est réparti sur 12 ou 24 mois au prorata entre l'exercice d'acquisition et le ou les exercices suivants. Le calcul se fait par **mois entier** à partir de la date d'acquisition.

Exemple

Le 15/05/N, une entreprise fait l'acquisition d'un matériel destiné à réduire la consommation d'énergie. Ce matériel, d'un montant de 6 000 €, sera amorti économiquement sur 4 ans en linéaire. L'entreprise compte bénéficier de l'avantage fiscal concernant ces biens et met en œuvre un amortissement accéléré sur 12 mois auquel la réglementation fiscale lui donne droit.

Calcul du *prorata temporis* :
– du 15/05/N au 31/12/N : 8 mois entiers d'amortissement, soit : 6 000 × 8/12 = 4 000 ;
– en N+1 : il reste 4 mois d'amortissement à constater, soit : 6 000 × 4/12 = 2 000.

	Annuités fiscales (1)		Annuités comptables (2)		Annuités dérogatoires (1) – (2)	
Date	**Calcul**	**Montant**	**Calcul**	**Montant**	**Dotation**	**Reprise**
31/12/N	6 000 × 8/12	4 000	6 000 × 0,25 × 225/360	937,50	3 062,50	
31/12/N+1	6 000 × 4/12	2 000	6 000 × 0,25	1 500,00	500,00	
31/12/N+2			6 000 × 0,25	1 500,00		1 500,00
31/12/N+3			6 000 × 0,25	1 500,00		1 500,00
31/12/N+4			6 000 × 0,25 × 135/360	562,50		562,50
Total		**6 000**		**6 000,00**	**3 562,50**	**3 562,50**

Non comptabilisée

Comptabilisation de deux valeurs : l'annuité comptable ET l'annuité dérogatoire (dotation ou reprise)

II L'amortissement dégressif

Comme pour l'amortissement exceptionnel, cet amortissement permet d'accélérer la charge déductible sur les premières années, mais les modalités d'application sont plus complexes.

L'administration fiscale liste en détail les biens amortissables en dégressif. Mais d'une manière générale, on retient les biens acquis neufs, dont la durée d'amortissement est égale ou supérieure à 3 ans. Les véhicules de tourismes sont exclus.

La mise en œuvre d'un tableau d'amortissement dégressif nécessite une certaine rigueur dans l'application des étapes de calcul ainsi que dans les règles de calcul.

Aller plus loin

Texte officiel relatif à l'amortissement dégressif
liennathan.fr/43asg2

1. Calculer le taux dégressif

Tandis que l'amortissement comptable utilise la **durée réelle** d'utilisation (propre à l'entreprise), l'amortissement fiscal se base sur la **durée d'usage**, c'est-à-dire une durée « conforme aux usages ». Parfois, durée d'usage et durée réelle d'utilisation sont identiques mais pas toujours *(voir chapitre 5)*.

Taux dégressif = (1/Durée d'usage) × Coefficient dégressif*

* Ces coefficients sont donnés par l'administration fiscale : voir le site de Légifrance (liennathan.fr/58qzh5).

Durée d'utilisation	Coefficient dégressif
2-4 ans	1,25
5-6 ans	1,75
+ de 6 ans	2,25

Exemple
Le 10/06/N, l'entreprise Dupond fait l'acquisition d'une machine : 3 500 € HT. Mise en service le 15/06/N. Économiquement, cette machine est amortissable en linéaire sur 5 ans. Elle bénéficie cependant de l'amortissement dégressif sur 5 ans également.
Taux dégressif : 1/5 × 1,75 = 0,35 soit 35 %

2. Le calcul de la 1re annuité

Dans le cas de l'amortissement dégressif, le début de la 1re annuité correspond **au 1er jour du mois de l'acquisition**. On raisonne donc toujours en mois entier.

Exemple (suite)
La machine est acquise le 10/06/N → L'annuité N est calculée à partir du 01/06.
Annuité N : 3 500 × 0,35 × 7/12 = 714,58 €

3. Le calcul des annuités suivantes et la fin du tableau d'amortissement dégressif

À partir du 2e exercice, l'annuité est calculée sur la valeur nette de l'année précédente, à laquelle on applique un des deux taux suivants (on choisit **le plus élevé**) :
– soit le taux dégressif ;
– soit le taux linéaire sur la durée de vie restant de l'année où l'on se situe.

Exemple (suite)

Années	Base (a)	Taux dégressif (b)	Taux linéaire sur la durée de vie restante (c)	Annuités fiscales (d) = (a) × MAX(b;c)	Annuités comptables (e)	Annuités dérogatoires (d) – (e)	
						Dotation	Reprise
31/12/N	3 500,00	35 %	20 % (100 / 5)	**714,58**	388,89	325,69	
31/12/N+1	2 785,42	35 %	25 % (100 / 4)	**974,90**	700	274,90	
31/12/N+2	1 810,52	35 %	33 % (100 / 3)	**633,68**	700		66,32
31/12/N+3	1 176,84	35 %	50 % (100 / 2)	**588,42**	700		111,58
31/12/N+4	588,42	35 %	100 % (100 / 1)	**588,42**	700		111,58
31/12/N+5					311,11		311,11
					Total	**600,59**	**600,59**

En linéaire, il y a un prorata. 3 500/5 × 200/360 = 388,89

Base de calcul = 3 500 – 714,58

1 176,84 × 50 % = 588,42
Taux linéaire sur durée restante > Taux dégressif

III Les autres sources d'amortissements dérogatoires

Le mode d'amortissement n'est pas la seule source de divergence susceptible de générer des amortissements dérogatoires. En lien avec le cours de fiscalité *(Processus 3 : 1re année, chapitre 10 FR6)*, il peut exister d'autres divergences :

Divergence	Comptabilité	Fiscalité	Pourquoi des amortissements dérogatoires
Liée à la base	VO – VR	VO (la VR est ignorée)	La base comptable peut être plus petite, donc l'amortissement comptable sera plus petit que le fiscal.
Liée à la durée	Durée réelle d'utilisation	Durée d'usage	La durée comptable peut être plus longue, donc l'amortissement comptable sera plus petit que le fiscal.

? L'essentiel en une question

L'amortissement dérogatoire est-il uniquement engendré par l'amortissement fiscal dégressif ? Expliquez.

Consultez le corrigé
liennathan.fr/a594cn

APPLICATIONS

EXOS FLASH

EXO 1 Quiz interactif

Testez vos connaissances sur ce chapitre avec le quiz en ligne.

liennathan.fr/t47w3s

Votre score ....

EXO 2 Calculer l'impact d'une dotation à une provision réglementée

Afin de déterminer si elle a intérêt à y avoir recours, l'entreprise Ladda souhaite mesurer l'impact d'une provision réglementée.

- **Complétez le tableau en évaluant l'économie d'impôt générée par une dotation à une provision réglementée, puis en calculant le résultat net après impôt et dotation.**

Résultat avant dotation	150 000	80 000	– 30 000	12 000
Taux d'imposition	25 %	25 %	25 %	25 %
Montant de la dotation à la provision réglementée	75 000	15 000	1 500	45 000
Montant de l'économie d'impôt réalisée				
Résultat net d'impôt après dotation à la provision réglementée				

EXO 3 Calculer des dotations fiscales

Avant de vous recruter, le cabinet Messi teste votre maîtrise des amortissements fiscaux.

- **Complétez les dernières lignes de ce tableau en justifiant vos calculs.**

Prix d'entrée	150 000	45 000	65 000	20 000
Date d'acquisition	25/09/N	14/08/N	01/05/N	05/02/N
Valeur résiduelle	0	15 000	0	0
Mode	Dégressif	Exceptionnel	Exceptionnel	Dégressif
Durée	5 ans	24 mois	12 mois	8 ans
Date d'acquisition	25/09/N	14/08/N	01/05/N	05/02/N
Annuité N				
Valeur nette fin N+1				
Cumul des annuités d'amortissement fiscal fin N+2				

ENTRAÎNEMENT AU BTS 1 Calculer un amortissement dérogatoire ★☆☆

L'entreprise SA Axéléré fabrique des quads et des véhicules tout-terrain. Elle a fait l'acquisition le 01/01/N d'une machine industrielle pour un montant de 8 400 € HT. Elle pense l'utiliser pendant 3 ans et la revendre 2 400 € HT. Elle envisage d'opter pour l'avantage fiscal, ce qui lui permettrait d'amortir ce bien sur 3 ans en dégressif.

1. **Déterminez les bases amortissables fiscale et comptable puis expliquez la différence qui existe entre les deux.**
2. **Calculez l'amortissement dérogatoire pour l'exercice N.**
3. **Créez le tableau sous Excel en automatisant votre travail afin que l'on puisse le réutiliser en modifiant certains critères (ex. : la durée d'utilisation).**

ENTRAÎNEMENT AU BTS 2 Comptabiliser un amortissement dérogatoire ★★☆

L'entreprise Cégéo, spécialiste en progiciels de gestion intégrés, a acheté le 01/01/N une machine à commande numérique pour 110 000 €. Elle peut l'amortir en mode dégressif fiscalement sur 5 ans et comptablement en mode linéaire sur 4 ans, sachant qu'elle a une valeur de revente de 50 000 €.

1. **Déterminez les bases d'amortissement comptable et fiscale.**
2. **Calculez les annuités fiscales.**
3. **Déterminez les annuités comptables.**
4. **Pourquoi peut-on dire que l'entreprise profite d'un avantage fiscal ?**
5. **Calculez l'amortissement dérogatoire.**
6. **Enregistrez les écritures de l'exercice N.**

ENTRAÎNEMENT AU BTS 3 Rectifier une erreur ★★★

L'entreprise Imotep, spécialisée dans l'emballage de produits, a acquis en N une machine à emballer (annexe 1). Lors du contrôle des opérations d'inventaire, la chef comptable, Mme Otaki, vous informe d'une erreur sur la prise en compte de la valeur de revente.

1 Repérez l'erreur qui a été commise sur la fiche immobilisation.

2 À partir de l'annexe 2, corrigez l'écriture d'inventaire de N en comptabilisant au journal des OD la ou les écritures que vous jugez nécessaires.

3 Simulez la ligne du tableau d'amortissement au 31/12/N+1, en supposant que l'erreur ait été corrigée au sein de la fiche immobilisation.

ANNEXE 1 Fiche immobilisation extraite du PGI

Code : IM00312 **Libellé : Machine à emballer** **État : En stock**

Date d'acquisition :	15/11/N	Montant HT :	12 769,14
Date de mise en service :	01/12/N	TVA :	2 553,83
Famille :	FAM000001	Montant TTC :	15 322,97
Lieu :	LOC000000		

Amortissement économique	Amortissement fiscal
Mode d'amortissement : linéaire	Mode d'amortissement : linéaire
Durée en mois : 60	Durée en mois : 60
Base amortissable : 12 769,14	Base amortissable : 12 769,14
Date de fin d'amortissement : 30/11/N+1	Date de fin d'amortissement : 30/11/N+1

Valeur de revente prévue au terme des 5 ans : 5 000 €, vu avec Mme Otaki.

L'écriture de dotation N générée par le PGI est à régulariser.

ANNEXE 2 Extrait du plan d'amortissement réalisé au sein du PGI

Exercice	Amortissement économique			Amortissement fiscal			Amortissement érogatoire	
	Base amort.	Dotation	VNC	Base amort.	Dotation	VNC	Dotation	Reprise
31/12/N	12 769,14	212,82	12 556,32	12 769,14	212,82	12 556,32	0,00	0,00
31/12/N+1	12 769,14	2 553,83	10 002,49	12 769,14	2 553,83	10 002,49	0,00	0,00
…	…	…	…	…	…	…	…	…

Nota : les écritures comptables associées ont été correctement déversées dans le module Comptabilité.

SYNTHÈSE

Synthèse audio
liennathan.fr/7qf54f

Le traitement des provisions réglementées

1 Le rôle d'une provision réglementée

Provision

La provision est une charge calculée.

→ Façon de **mettre de l'argent de côté**

Réglementée

Établie en vertu d'un **texte fiscal** non pas pour couvrir un risque ou une charge mais pour **économiser temporairement de l'impôt** (décalage dans le temps)

→ Outil fiscal qui permet à l'État de soutenir certains types d'activité

Facultative

L'entreprise est libre de l'utiliser ou non selon ses besoins.

→ Décision de gestion

Si choisie : à inscrire en comptabilité

2 Le mécanisme des provisions réglementées

Les dotations

Les dotations sont comptabilisées en charges exceptionnelles.

Débit 687... par le crédit d'un compte **14**… décliné selon la provision réglementée.

Les reprises

Les reprises sont comptabilisées en produits exceptionnels.

Crédit 787... par le débit d'un compte 14… décliné selon la provision réglementée.

Les amortissements dérogatoires

Mécanisme spécifique de dotation et reprise, associé à un plan d'amortissement comptable

3 Le traitement comptable des amortissements dérogatoires

Le calcul des amortissements fiscaux (AF)

Cas de l'amortissement exceptionnel

- Le bien est totalement amorti en 12 ou 24 mois.
- *Prorata temporis* la 1re année

Cas de l'amortissement dégressif

- Utilisation d'un coefficient dégressif pour calculer le taux dégressif qui est abandonné quand le taux linéaire sur durée restante devient supérieur
- Annuité calculée sur la valeur nette en début d'année
- Date de départ = 1er jour du mois d'acquisition

L'enregistrement des amortissements dérogatoires

Amortissements dérogatoires = surplus d'amortissement fiscal sur l'amortissement économique

Chaque année, les annuités fiscales (AF) et les annuités économiques (AE) sont comparées.

Si AF > AE
→ **Dotation dérogatoire**
(D68725… C145)

Si AF < AE
→ **Reprise dérogatoire**
(D145… C 78725)

CHAPITRE 9

Le dossier de révision dans les procédures d'inventaire

Activité	Composante d'activité	Compétence	P7
2.3. Réalisation des opérations d'inventaire	**2.3.5.** Réalisation des contrôles nécessaires dans les procédures d'inventaire – Mise à jour du dossier de révision	Effectuer les contrôles nécessaires pour les travaux d'inventaire et la mise à jour du dossier de révision	– Une utilisation du tableur (tris, simulation, regroupements) lors des opérations d'inventaire – L'archivage de documents commerciaux conformes aux règles comptables et aux procédures en vigueur dans l'organisation

SITUATION PROFESSIONNELLE

L'exercice comptable de la SA Modélisme Provence est désormais terminé. Les opérations d'inventaire relatives aux stocks, aux tiers, aux immobilisations et provisions ainsi que celles relatives au principe de séparation des exercices ont été enregistrées en comptabilité. Les documents comptables, bilan et compte de résultat, sont presque prêts…

Le dirigeant de la société, M. Gari, souhaite réunir prochainement l'équipe de direction afin de faire un point sur l'exercice écoulé et proposer des stratégies pour l'avenir. Lors de cette réunion, il présentera des données chiffrées et s'appuiera sur les documents comptables de l'année.

L'enjeu de cette réunion est important. Avant de communiquer les comptes, Mme Lam, DAF, souhaite s'assurer qu'ils ont été correctement tenus, qu'aucune erreur n'a été commise et que les documents de synthèse reflètent fidèlement le patrimoine et l'activité de l'entreprise.

Des procédures de contrôle interne existent dans l'entreprise, elles doivent être mises en œuvre.

La procédure de révision des comptes est la dernière étape avant l'édition des documents de synthèse.

VOS MISSIONS

Aidé(e) de Mme Lam, vous procédez à la révision des comptes de l'exercice N.

MISSION 1 **Observer la procédure de révision des comptes** ▶ Fiches ressource 1 et 2

MISSION 2 **Appliquer la procédure de révision des comptes** ▶ Fiche ressource 3

MISSION 3 **Améliorer la procédure existante**

MISSION 1 Observer la procédure de révision des comptes

1. À quel moment l'entreprise procède-t-elle à la révision des comptes ? Dans quel but ?
   ▶ Annexe 1 ▶ Fiche ressource 1
2. Montrez que, pour Mme Lam, la révision des comptes fait partie intégrante du contrôle interne.
   ▶ Annexe 2
3. L'entreprise a-t-elle opté pour une révision par les comptes ou par les cycles ? Justifiez l'intérêt d'un tel choix.
   ▶ Annexe 3 ▶ Fiche ressource 2
4. Expliquez l'intérêt des différentes notes portées dans le dossier de révision de l'exercice N.
   ▶ Annexes 3 et 4

Discutons-en !
Quelle est la différence entre la révision des comptes et le contrôle interne ?

MISSION 2 Appliquer la procédure de révision des comptes

5. Présentez les corrections éventuelles du dossier de révision.
   ▶ Annexes 3 et 4 ▶ Fiche ressource 3
6. P7 Réalisez les travaux de révision sur le cycle d'exploitation (contrôles et corrections).
   Annexe 5

Besoin d'aide ? liennathan.fr/9iep34

Besoin d'aide ? liennathan.fr/twz328

MISSION 3 Améliorer la procédure existante

7. Mme Lam souhaite créer un support pour suivre l'évolution des charges externes sur plusieurs exercices. Quel en serait l'apport pour l'entreprise ?
8. À quelle étape de la procédure de révision de l'entreprise pouvez-vous intégrer ce support ?

P7 **La question de l'expert**
Proposez, sur tableur, un support permettant de réaliser un suivi des charges externes. Vous intégrerez des taux d'évolution dans ce tableau. Vous réaliserez des simulations sur trois exercices.

L'autocorrection en vidéo liennathan.fr/94iz3k

DONNÉES DE LA SITUATION

ANNEXE 1 Message de M. Gari à Mme Lam

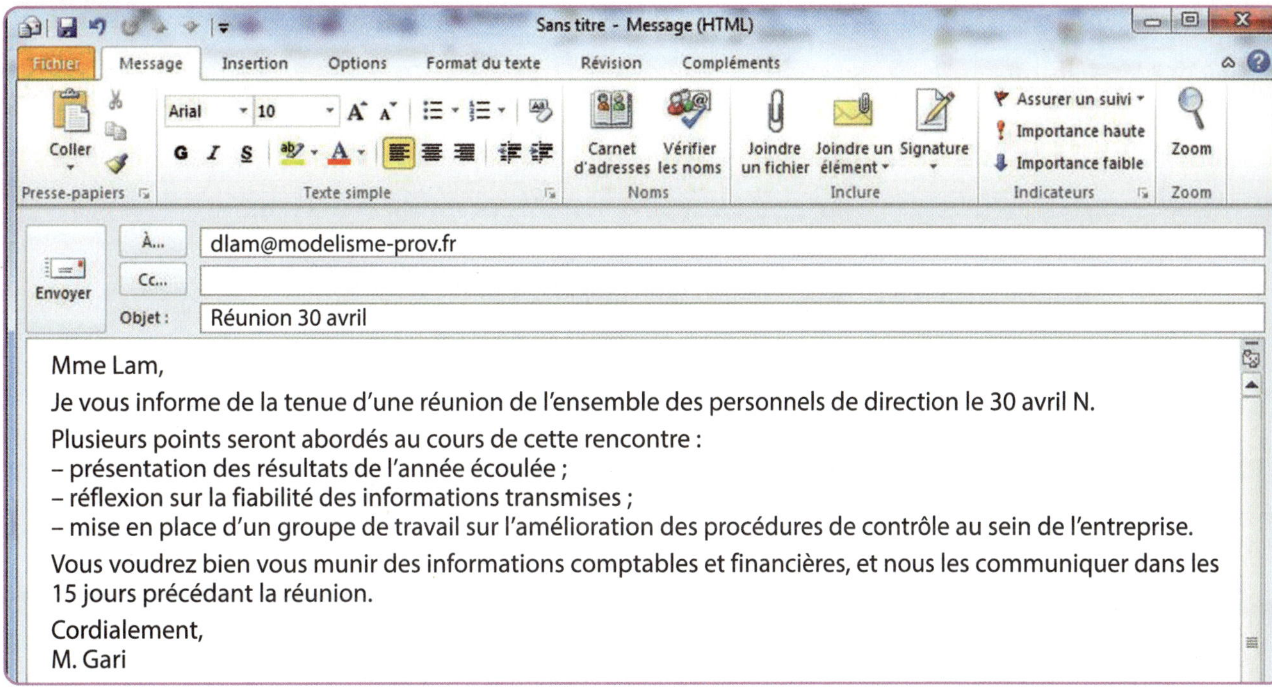
Sans titre - Message (HTML)

À... dlam@modelisme-prov.fr

Cc...

Objet : Réunion 30 avril

Mme Lam,

Je vous informe de la tenue d'une réunion de l'ensemble des personnels de direction le 30 avril N.

Plusieurs points seront abordés au cours de cette rencontre :
- présentation des résultats de l'année écoulée ;
- réflexion sur la fiabilité des informations transmises ;
- mise en place d'un groupe de travail sur l'amélioration des procédures de contrôle au sein de l'entreprise.

Vous voudrez bien vous munir des informations comptables et financières, et nous les communiquer dans les 15 jours précédant la réunion.

Cordialement,
M. Gari

ANNEXE 2 Entretien avec Mme Lam (extrait)

Mme Lam : M. Gari souhaite réunir prochainement l'équipe de direction pour une réunion de travail : il s'agit de dresser le bilan de l'année écoulée et de faire le point sur un changement éventuel de procédures au sein de l'entreprise.

Vous : Je vois, mais en quoi sommes-nous concernés ?

Mme Lam : M. Gari veut disposer des documents comptables finalisés. Nous devons encore mettre à jour le dossier de révision avant de procéder à l'édition du bilan et du compte de résultat. Je souhaite que vous participiez aux travaux de révision.

Vous : Je n'ai jamais travaillé sur un dossier de révision. Je ne sais pas en quoi consiste ce travail.

Mme Lam : Vous devez vérifier les soldes des comptes. Il s'agit de repérer les anomalies dans les opérations enregistrées au long de l'exercice.

Vous : C'est un contrôle du travail ?

Mme Lam : Oui, d'ailleurs, c'est un élément du contrôle interne. Je vais vous accompagner dans la réalisation de ces travaux. Vous devrez suivre des procédures internes. Je vais vous montrer notre dossier de révision.

Vous : D'accord, j'attends vos instructions.

ANNEXE 3 Extrait de la procédure de révision de l'exercice N

ÉTAPE 1 Vérification des totaux de la balance, du journal et du grand-livre

Balance Modélisme

1. Vérification des totaux de la balance, du journal et du grand-livre

Balance au 31/12/N

(Édition partielle, pour certains comptes n'apparaissent que les regroupements en italique)

N° de compte	Libellés	Mouvements Débit	Mouvements Crédit	Soldes Débiteur	Soldes Créditeur
	Capital		700 000,00		700 000,00
104100	Primes d'émission	500,00	15 000,00		14 500,00
	Réserves	50 000,00	52 600,00		2 600,00
109000	Actionnaires : capital souscrit - non appelé	112 500,00		112 500,00	
131000	Subventions d'équipement		68 000,00		68 000,00
139000	Subventions d'investissement inscrites au compte de résultat	4 488,88		4 488,88	
145000	Amortissements dérogatoires	4 000,00	7 486,11		3 486,11
151000	Provisions pour risques	24 932,00	48 077,52		23 145,52
157200	Provisions pour gros entretien ou grandes révisions		1 111,11		1 111,11
	Emprunts	138 000,00	362 100,00		224 100,00
		9 900,00	9 900,00		
201100	Frais de constitution	12 600,00		12 600,00	
205000	Concessions et droits similaires, brevet, licences, marques	881 990,00	10 000,00	871 990,00	
	Autres immobilisations	16 733,33	203 155,77		186 422,44
	Amortissements	100,00	600,00		500,00
	Dépréciations immobilisations	223 819,80	111 950,00	111 869,80	
	Stocks	800,00	1 805,79		1 005,79
	Dépréciations stocks	410 655,24	553 481,14		142 825,90
401000	Fournisseurs	84 936,00	305 656,00		220 720,00
404000	Fournisseurs d'immobilisations		219,12		219,12
408100	Fournisseurs - Factures non parvenues	2 076 869,89	1 639 073,20	437 796,69	
411000	Clients	91 700,00	1 500,00	90 200,00	
416000	Clients douteux ou litigieux	1 440,00		1 440,00	
418100	Clients - Factures à établir				
	Charges sociales	643 499,00	772 288,00		128 789,00

Téléchargez au format Excel la balance Modélisme au 31/12/N avant clôture.
liennathan.fr/v9F7f4

Journal Modélisme

Journal centralisateur du 01/01/N au 31/12/N (en euros)

Code	Identification du journal	Débit	Crédit
AC	Achats	[…]	[…]
BQ	Banque	[…]	[…]
CA	Caisse	[…]	[…]
OD	Opérations diverses	[…]	[…]
VE	Ventes	[…]	[…]
	Total journaux	**9 879 510**	**9 879 510**

Grand-livre Modélisme

Grand-livre général – Édition partielle du 01/01/N au 31/12/N (en euros)

Date	Pièce	Libellé écritures	Jnl	Montant Débit	Montant Crédit	Solde débiteur	Solde créditeur
[…]	[…]	[…]	[…]	[…]	[…]	[…]	[…]
		Total du grand-livre		**9 879 510**	**9 879 510**	**3 266 203**	**3 266 203**

Note n° 1 :
Réalisation du rapprochement
entre les journaux, le grand-livre et la balance,
totaux identiques

ÉTAPE 2 Vérification du cycle de trésorerie

Contrôle de la banque

Solde compte 512000 au 31/12/N : 62 636,00 € (solde débiteur)
Relevé adressé par la banque en janvier N+1 : solde au 31/12/N : 59 810,40 € (solde créditeur)

État de rapprochement bancaire au 31/12/N

COMPTE SA MODÉLISME PROVENCE À LA BANQUE				COMPTE 512000 BANQUE			
Débit		Crédit		Débit		Crédit	
Libellés	Montants	Libellés	Montants	Libellés	Montants	Libellés	Montants
		Solde au 31/12/N	59 810,40	Solde au 31/12/N	62 636,00		
Chèque 201 612 au Fr Afinor	733,00			Remise de chèques	1 843,20	Prélèvement EDF	2 865,45
Chèque 206 613 au Fr Maupin	491,00			Virement client Tab	365,55	Prélèvement téléphone	3 080,40
						Prélèv. emprunt dont intérêts 75,00	312,50
Sous-total	**1 224,00**	**Sous-total**	**59 810,40**	**Sous-total**	**64 844,75**	**Sous-total**	**6 258,35**
Solde rapproché (créditeur)	58 586,40					Solde rapproché (débiteur)	58 586,40
Total	**59 810,40**	**Total**	**59 810,40**	**Total**	**64 844,75**	**Total**	**64 844,75**

Note n° 2 :
Mettre à jour le compte Banque

ÉTAPE 3 Vérification du cycle d'investissement

Immobilisations incorporelles

Grand-livre général – Édition partielle du 01/01/N au 31/12/N (en euros)

205000 - LOGICIELS							
Date	Pièce	Libellé écritures	Jnl	Montant Débit	Montant Crédit	Solde débiteur	Solde créditeur
01/01/N		À-nouveau	OD	3 800,00	0,00	3 800,00	0,00
05/04/N	FA 185	Achat logiciel bureaut., fact. 185	OD	8 200,00	0,00	12 000,00	0,00
10/11/N	FA 312	Maintenance logiciels compt.	OD	600,00	0,00	12 600,00	0,00
		Total du compte		**12 600,00**	**0,00**	**12 600,00**	**0,00**

Note n° 3 :
Frais de maintenance des logiciels à placer en charges (cf. Mémento comptable)

ÉTAPE 4 Vérification du cycle d'exploitation

Clients

411600 - CLIENT AILES VOLANTES							
Date	Pièce	Libellé écritures	Jnl	Montant Débit	Montant Crédit	Solde débiteur	Solde créditeur
01/01/N		À-nouveau	OD	1 580,50	0,00	1 580,50	0,00
01/03/N	CH 125896	Chèque règlement fact. 140 200	BQ		1 580,50	0,00	0,00
01/05/N	FV 147362	Fact. Bassens 147 362	VE	2 642,70	0,00	2 642,70	0,00
30/06/N	CH 125995	Chèque règlement fact. 147 362	BQ	0,00	2 642,70	0,00	0,00
10/12/N	AC 125995	Chèque acompte cde C120	BQ	0,00	750,00	0,00	750,00
		Total du compte		**4 223,20**	**4 973,20**	**0,00**	**750,00**

Note n° 4 :
Client Ailes volantes, solde créditeur, acompte versé sur commande N, facturation février N+1

ANNEXE 4 **Extrait du *Mémento comptable Francis Lefebvre***

1674 Dépenses ultérieures sur les logiciels

[...] Par analogie avec le traitement des dépenses d'amélioration d'immobilisations corporelles, les dépenses d'amélioration de logiciels existants peuvent être :
- soit immobilisées, si elles ont pour effet d'augmenter la durée d'utilisation ou les performances des logiciels ;
- soit portées en charges de l'exercice, si elles n'ont pour effet que de maintenir les logiciels dans un état normal d'utilisation [par exemple, dépenses de mise en conformité de logiciels existants qui ne feraient que mettre à niveau un logiciel par rapport à une norme, sans améliorer l'utilisation].

Si ces dépenses constituent des frais de maintenance, elles doivent [...] toujours être portées dans les charges de l'exercice au titre duquel elles ont été engagées.

ANNEXE 5 **Travaux de révision à réaliser sur le cycle d'exploitation**

Procédure de révision, suite des travaux à réaliser, étape 4

Clients

Compte Client Plane, extrait de la balance âgée clients au 31/12/N

Clients	– de 30 jours	+ de 30 jours	+ de 60 jours	+ de 90 jours	+ de 180 jours
411010 Client PLANE					
15/09/N Facture V0400				78	
25/09/N Facture V0424				95	
18/10/N Facture V0947			136		
11/11/N Facture V1245		95			
26/12/N Facture V1245	70				
Total	**70**	**95**	**136**	**173**	**0**

Fournisseurs

Vérifier, à partir de la balance, si les comptes fournisseurs présentent des soldes débiteurs.

Contrôle des ventes

Réaliser le contrôle de cohérence entre le CA HT et la TVA collectée, reprendre les données de la balance.

Achats de fournitures

Les factures comptabilisées dans le compte 606400 ont été reprises, la facture du fournisseur Aubert a été enregistrée en charges par erreur.

AUBERT
13000 MARSEILLE

Doit : Modélisme Provence

Le 1er décembre N

Facture n° 251

Référence	Désignation	Quantité	Montant
RT-CC-155	Scie circulaire haute précision	1	590,00
		Total brut HT	590,00
		Escompte 2 %	11,80
		Total net HT	578,20
		TVA 20 %	115,64
		Total TTC	**693,84**

FICHE RESSOURCE 1

Situer la révision des comptes dans l'organisation comptable

I La révision des comptes

La révision des comptes consiste à justifier et contrôler les soldes de l'ensemble des comptes. Elle est :
– un élément du contrôle interne : elle permet de détecter les erreurs et d'assurer la fiabilité des écritures ;
– effectuée au moins une fois par an, à la clôture de l'exercice comptable, avant l'édition du bilan. Elle peut aussi se faire tout au long de l'exercice comptable ; dans ce cas, on parle de révision intermédiaire.

En pratique, la révision annuelle est faite après l'édition de la balance générale avant inventaire.
Selon les entreprises, elle est réalisée soit après le traitement des opérations d'inventaire (ex. : travaux relatifs aux stocks, aux comptes de tiers, aux immobilisations), soit en même temps que les travaux d'inventaire (ils sont alors prévus dans le dossier de révision).

II Une étape obligatoire dans les travaux d'inventaire

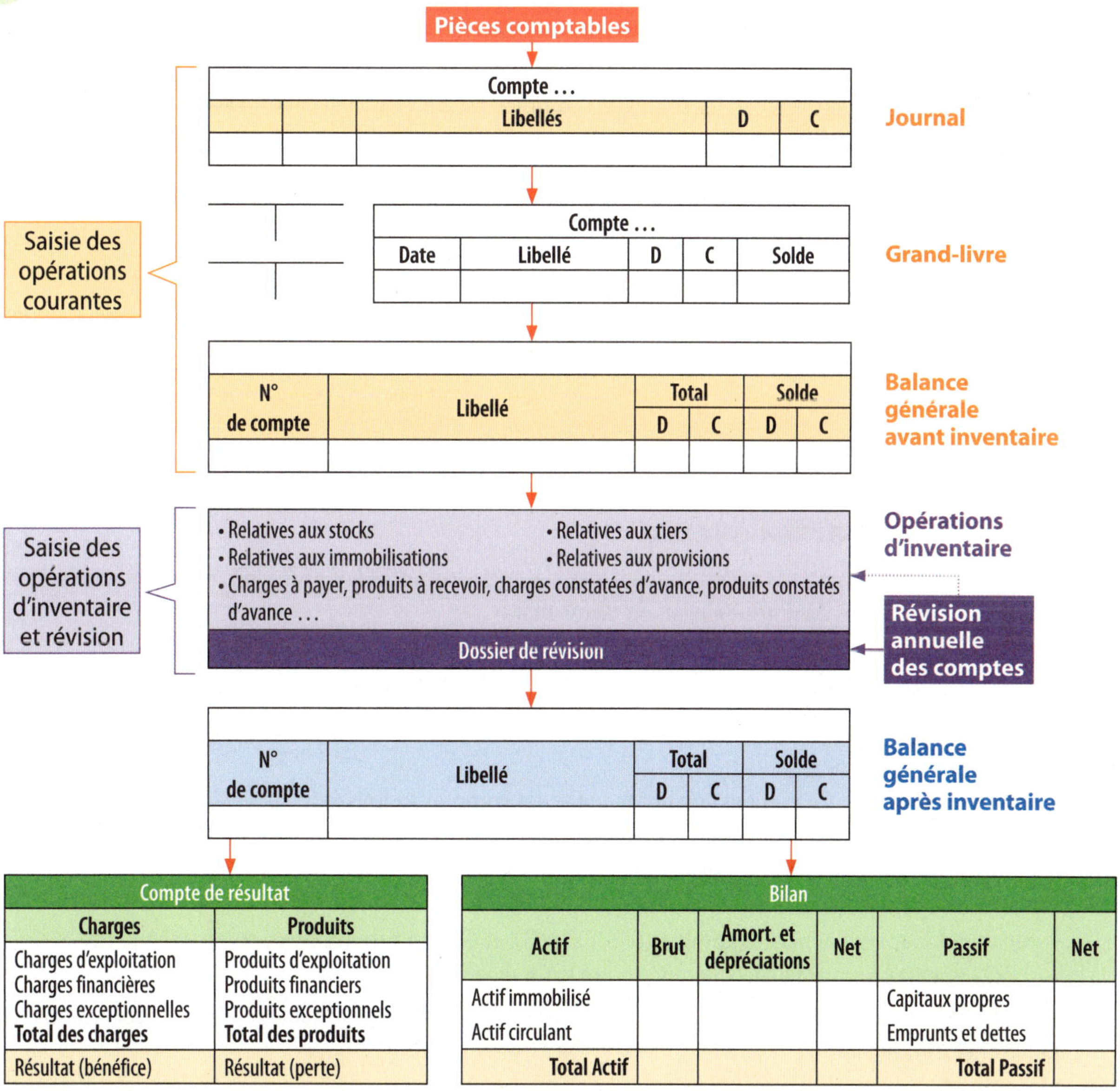

? L'essentiel en une question

Peut-on parler de révision comptable lorsque l'entreprise réalise un état de rapprochement bancaire ?

Consultez le corrigé
liennathan.fr/d94d8s

FICHE RESSOURCE 2

Choisir une méthode de révision

La révision peut être réalisée selon deux méthodes :
– par les comptes dans l'ordre de la balance ;
– par les cycles (préconisée par l'Ordre des experts-comptables).
Ainsi, chaque compte ou chaque cycle est décomposé en un **programme de travail** qui lui est propre.

I La révision par les comptes

Tous les comptes sont contrôlés, l'un après l'autre.
La révision par les comptes est réalisée dans l'ordre suivant.

1. Le contrôle des comptes des classes 1 à 5

– Les comptes d'attente. Ex. : ils doivent être soldés avant d'établir le bilan.
– Les comptes de trésorerie. Ex. : les soldes des comptes bancaires et du compte de caisse doivent être justifiés et rapprochés.
– Les comptes clients. Ex. : les soldes des comptes doivent être vérifiés, les comptes clients doivent être cohérents (vérification que toutes les factures ont été payées…).
– Les comptes fournisseurs (les contrôles sont les mêmes que pour les comptes clients).
– Les autres comptes. Ex. : vérifier les soldes des comptes fiscaux et sociaux (TVA, caisses sociales…).

2. Les contrôles des comptes des classes 6 et 7

Le contrôle des comptes s'effectue en trois temps :

1. Vérifier l'imputation des charges et des produits. Ex. : vérifier qu'une immobilisation n'a pas été enregistrée en charge.
→
2. Comparer les soldes de l'exercice avec ceux de l'exercice précédent et justifier les écarts.
→
3. Comparer les principaux ratios de l'entreprise (valeur ajoutée, charges de personnel / CA…) avec ceux des autres entreprises du même secteur d'activité.

II La révision par les cycles

Un dossier de révision par les cycles consiste à analyser des comptes liés entre eux, sans tenir compte du fait que ce sont des comptes de bilan ou de résultat.
Il peut, par exemple, se décomposer selon les cycles suivants :

- Cycle de trésorerie et de financement. Ex. : vérifier, à l'aide du tableau des emprunts, les comptes d'emprunts et les comptes relatifs aux frais financiers.
- Cycle d'exploitation :
– achats, fournisseurs. Ex. : vérification des factures, les comptes fournisseurs doivent être soldés ;
– autres charges. Ex. : vérifier l'imputation des factures ;
– ventes, clients. Ex. : les numéros des factures doivent se suivre ;
– stocks. Ex. : vérifier la cohérence des stocks ;
– personnel. Ex. : vérifier que les comptes 641, 421, 431 et 437 sont soldés et les comparer à la DSN ;
– impôts et taxes. Ex : vérifier la cohérence entre le CA et la TVA déductible.
- Cycle d'investissement : immobilisations. Ex. : faire vérifier et pointer le tableau des immobilisations par le chef d'entreprise.

? L'essentiel en une question
Quel est l'intérêt de procéder à une révision par les cycles ?

Consultez le corrigé
liennathan.fr/2a3v9s

FICHE RESSOURCE 3

Mettre en place une procédure de révision

I L'organisation d'une révision

Chaque entreprise ou cabinet d'expertise suit une **procédure de révision**, créée selon sa propre méthodologie, à laquelle le comptable va se référer. Cette procédure peut être mise à jour, voire améliorée chaque année, à la clôture de l'exercice, en fonction des besoins de l'entreprise ou de l'évolution des règles comptables.

> **Exemple**
> Suite à un besoin de trésorerie, l'entreprise peut faire appel aux associés pour une avance en compte courant. Il sera donc utile d'insérer une étape de vérification des comptes courants d'associés et de leur rémunération dans la procédure de révision, qui n'aurait pas été prévue initialement.

Un **dossier de révision** est utilisé pour **faciliter le suivi de la procédure**. Il est constitué :
– de la liste des tâches à réaliser (utilisation possible d'un tableur) ;
– des pièces comptables utiles à la justification des opérations : factures, reçus, avoirs, devis, contrats, relevés bancaires, talons de chèque…

II Exemple de procédure de révision par les cycles

Permet de s'assurer du suivi de la procédure

Étapes de la procédure

	Tâches à réaliser	Réalisées		Commentaires
		Oui	Non	
	Étape 1 : Contrôles d'ensemble			
Liste des tâches à effectuer dans le cadre de la révision	Vérifier l'équilibre de la balance.	❑	❑	
	Vérifier la permanence des méthodes.	❑	❑	
	Comparer des soldes de N avec ceux de N-1.	❑	❑	
	Comparer des ratios de l'entreprise.	❑	❑	
	Étape 2 : Contrôle des cycles de trésorerie et de financement			
Trésorerie	Réaliser l'état de rapprochement bancaire fin de mois.	❑	❑	
	Vérifier le compte Caisse 53.	❑	❑	Comparer avec le dernier brouillard.
	Vérifier les VMP.	❑	❑	Pièces comptables à demander : justificatifs des souscriptions et cessions, relevé du portefeuille à la fin de l'exercice.
Comptes de capitaux	Emprunts : vérifier le nombre d'échéances et comptabiliser les ICNE.	❑	❑	Contrôler les tableaux d'emprunts.
	Subventions : différencier subventions d'investissement et d'exploitation.	❑	❑	Vérifier les justificatifs.
	Comptabiliser l'affectation du résultat à la date de l'AG.	❑	❑	
	Étape 3 : Contrôle du cycle d'investissement			
Corporelles et incorporelles	Réaliser l'inventaire des immobilisations.	❑	❑	Contrôler le tableau des immobilisations.
	Vérifier l'enregistrement des factures.	❑	❑	Vérifier les pièces comptables.
	Comptabiliser les dotations après avoir passé les cessions.	❑	❑	Contrôler le tableau des amortissements.
Financières	Contrôler les mouvements des immobilisations financières.	❑	❑	
	Étape 4 : Contrôle du cycle d'exploitation			
Stocks	Contrôler la méthode de valorisation annoncée et de dépréciation.	❑	❑	Demander un état des stocks au client.
	Contrôler les en-cours.	❑	❑	
	Fournisseurs récurrents : s'assurer de la détention de toutes les factures de l'exercice.	❑	❑	Factures : locations mensuelles ou trimestrielles, électricité…

	Tâches à réaliser	Réalisées		Commentaires
		Oui	Non	
Fournisseurs	Fournisseurs principaux : s'assurer que le solde correspond aux extraits de comptes à la fin de l'exercice. En cas de comptes non soldés, écarts de règlement, litiges, vérifier et annoter ce qu'il en est de la situation sur la facture et l'extrait de compte du fournisseur.	❑	❑	Factures à demander au client
	S'assurer que les comptes d'achat ne contiennent pas des biens susceptibles de constituer des immobilisations.	❑	❑	Attention aux factures de plus 500 €
	Services extérieurs : – compte 615 « Entretien et réparations » : pour les réparations de véhicules, indiquer la plaque d'immatriculation du véhicule dans le libellé de l'écriture, vérifier si le véhicule appartient à l'entreprise ou est loué ; – compte 616 « Primes d'assurances » : indiquer la périodicité, rechercher d'éventuelles charges constatées d'avance.	❑	❑	Demander la carte grise ; attention à la déductibilité de la TVA.
	Comptes 627 « Services bancaires et assimilés » et 661 « Charges d'intérêts » : vérifier leur imputation.	❑	❑	
	Vérifier les factures à recevoir (documents comptables N+1).	❑	❑	
	Contrôler la séparation des exercices.	❑	❑	
	Contrôler le ratio fournisseurs.	❑	❑	
Clients	Vérifier si les numéros des factures de vente se suivent et s'il n'y a pas de numéros manquants.	❑	❑	Demander les factures de vente.
	Rechercher d'éventuelles factures à établir en fin d'exercice.	❑	❑	Demander les factures des 2 premiers mois N+1.
	Contrôler les créances douteuses et leur dépréciation.	❑	❑	Tableau des dépréciations
	Contrôler la cohérence entre le CA HT et la TVA collectée comptabilisée.	❑	❑	
	Contrôler la séparation des exercices.	❑	❑	
	Contrôler le ratio crédit clients.	❑	❑	
Personnel	Comptes 641 « Rémunérations du personnel » : vérifier si les soldes correspondent au montant de la DADS-U.	❑	❑	
	Comptes 42 « Personnel et comptes rattachés » : vérifier si tous les salaires ont été payés, s'il n'y a pas d'écarts entre les bulletins de paie et les règlements.	❑	❑	Bulletins de paie
	Contrôler les soldes des dettes fiscales et sociales avec la DADS-U.	❑	❑	
État	Vérifier les comptes de TVA déductible sur biens et services et sur immobilisations.	❑	❑	
	Vérifier si le montant des achats intracommunautaires correspond au montant de TVA intracommunautaire comptabilisé.	❑	❑	
	Contrôler le calcul du résultat fiscal et de l'IS.	❑	❑	
Résultat exceptionnel	Contrôler les charges et produits exceptionnels.	❑	❑	
	Isoler les charges non déductibles (majorations, pénalités).	❑	❑	
Autres comptes	Rechercher et comptabiliser les charges à payer et produits à recevoir	❑	❑	Si non encore fait
	Rechercher et comptabiliser les charges et produits constatés d'avance	❑	❑	
	Étape 5 : Classement des pièces comptables			

Aller plus loin

L'Ordre des experts-comptables propose des outils pouvant servir de référence à l'élaboration du dossier, et notamment une liste des contrôles essentiels pour établir les comptes.

liennathan.fr/4bs73j

La procédure de révision peut être intégrée au logiciel comptable de l'entreprise dans un guide de révision. L'ensemble peut être relié au PGI de l'entreprise.

L'essentiel en une question

Quelle est la différence entre la procédure de révision et le dossier de révision ?

Consultez le corrigé
liennathan.fr/d8a73p

APPLICATIONS

EXOS FLASH

EXO 1 Quiz interactif

Testez vos connaissances sur ce chapitre avec le quiz en ligne.

liennathan.fr/w22cf8

Votre score ....

EXO 2 Réviser les emprunts

Vous disposez du tableau de remboursement d'emprunt de l'entreprise Virant (annexe).

- **Procédez à la révision du cycle de financement et enregistrez au journal les écritures afférentes au 31/12/N+2.**

ANNEXE **Tableau de remboursement d'emprunt**

Société Générale

Montant emprunté : 15 000 € **Taux annuel : 5,90 %**

Années	Capital restant dû	Intérêts annuels	Amortissement annuel	Annuité constante	Capital restant dû
N	15 000,00	885,00	2 666,26	3 551,26	12 333,74
N+1	12 333,74	727,69	2 823,57	3 551,26	9 510,16
N+2	9 510,16	561,10	2 990,16	3 551,26	6 520,00
N+3	6 520,00	384,68	3 166,58	3 551,26	3 353,41
N+4	3 353,41	197,85	3 353,41	3 551,26	0,00

Informations complémentaires :
– le solde du compte 16412 « Emprunt à la Société Générale » est débiteur de 6 250 € ;
– les intérêts annuels de cet emprunt n'ont pas été comptabilisés.

ENTRAÎNEMENT AU BTS 1 Justifier les travaux de révision des comptes et mettre à jour le dossier ★☆☆

M. Dalavin, comptable de la société Merlin, procède aux travaux de révision des comptes au 31/12/N. Il vous transmet une note dans laquelle il a pointé plusieurs opérations déjà réalisées (annexe 1).

1 Expliquez pourquoi les éléments de la note rédigée par M. Dalavin relèvent de la révision des comptes.

2 Procédez aux enregistrements nécessaires au journal des opérations diverses afin d'apurer le compte 471 (annexe 2).

ANNEXE 1 **Note rédigée par M. Dalavin**

- Rapprochement des comptes fournisseurs avec les comptes d'achats et de TVA déductible
- Rapprochement des comptes clients avec les comptes de ventes et de TVA collectée
- Contrôle compte caisse débiteur
- Contrôle et apurement des comptes d'attente

ANNEXE 2 **Enregistrements dans le compte d'attente 471**

471000 – Compte d'attente							
Date	Pièce	Libellé écritures	Jnl	Montant Débit	Montant Crédit	Solde débiteur	Solde créditeur
01/12/N	CH 125	Chèque 125	OD	210,00	0,00	210,00	0,00
16/12/N	VIR 78	Virement 78	OD	0,00	2 000,00	0,00	1 790,00
		Total du compte		210,00	2 000,00	0,00	1 790,00

Après vérification des opérations enregistrées dans le compte 471, il apparaît que le chèque n° 125 correspond à une note de restaurant payée par le chef d'entreprise lors d'une invitation pour un repas d'affaires et que le virement n° 78 correspond à une subvention accordée par le conseil régional à l'entreprise.

ENTRAÎNEMENT AU BTS 2 Mettre à jour une procédure de révision ★★☆

Les travaux d'inventaire de la société Les Petites Gourmandises sont terminés. La comptable, Mme Sorgel, vous sollicite afin de mettre à jour le dossier de révision. L'entreprise a opté pour une révision par cycle.

1 À quel cycle peut être rattaché chacun des documents présentés (annexes 1 à 5) ?

2 À partir des éléments d'information contenus dans les documents, présentez les corrections nécessaires dans le cadre de la révision des comptes.

ANNEXE 1 **Extrait des statuts de la société Les Petites Gourmandises**

Article 24
Les sommes éventuellement versées en comptes courants pour combler des besoins de trésorerie seront remboursées à la demande de l'associé. Ce remboursement pourra être refusé si l'entreprise ne possède pas de trésorerie suffisante pour procéder au remboursement.
Les comptes courants d'associés seront rémunérés par un intérêt fixe de 7 %.

M. Martin et M. Faure ont respectivement apporté 1 500 € et 2 000 € courant N et peuvent prétendre à une rémunération de 45 € pour M. Martin et de 60 € pour M. Faure. Ils n'ont pas formulé de demande de remboursement.

ANNEXE 2 Règles relatives aux comptes courants d'associés

Les associés de sociétés peuvent consentir à ces dernières, sous certaines conditions, des avances à court terme ayant la nature d'apport en compte courant. Les mouvements liés aux comptes courants d'associés font l'objet de comptabilisations particulières. [...]

Comptabilisation d'un apport en compte courant d'associé

L'écriture comptable à enregistrer chez la société bénéficiaire de l'apport en compte courant « traditionnel » est la suivante :

- on débite le compte 512000 « Banque »,
- et on crédite le compte 455000 « Associés – comptes courants ». [...]

Comptabilisation des intérêts des comptes courants d'associés

Les sommes laissées temporairement à la disposition d'une société sous forme d'apport en compte courant peuvent être rémunérées. Lorsque l'associé souhaite percevoir des intérêts des sommes prêtées, il est nécessaire de comptabiliser l'écriture suivante, à la clôture de l'exercice comptable de la société :

- on débite le compte 661500 « Intérêts des comptes courants et des dépôts créditeurs »,
- et on crédite le compte 455800 « Associés – Intérêts courus ».

www.compta-facile.com

ANNEXE 3 Certificat d'irrécouvrabilité reçu le 27/12/N

Client : DUPONT
Réf. client : CLDUP35
Réf. dossier : FC 256
Montant : 4 530,45 € TTC

Monsieur,

Nous sommes au regret de vous informer que l'affaire citée en référence, en son état actuel, doit être considérée comme irrécouvrable.

Les tentatives de recouvrement par voie amiable sont demeurées infructueuses. Le montant de la créance ne permet pas d'engager une procédure judiciaire.

Le présent certificat vous permet de passer la créance en pertes et profits, conformément à la législation en vigueur, et, le cas échéant, à récupérer le montant de la TVA correspondante.

Nous vous prions d'agréer, Monsieur, l'expression de nos sentiments distingués.

ANNEXE 4 Extrait du tableau de remboursement d'emprunt Banque Populaire

		Capital emprunté	Intérêts	Amortissement	Mensualité	Capital restant
1	Décembre N	50 000,00	125,00	1 131,00	1 256,00	48 869,00
2	Janvier N+1	48 869,00	124,00	1 132,00	1 256,00	47 737,00

ANNEXE 5 Grand-livre général

164000 – Emprunts auprès des établissements de crédit							
Date	Pièce	Libellé écritures	Jnl	Montant Débit	Montant Crédit	Solde débiteur	Solde créditeur
01/01/N		À-nouveau	BQ	0,00	27 124,00	0,00	27 124,00
05/02/N	PREL-N01	Prélèvement 01	BQ	2 140,00	0,00	0,00	24 984,00
05/04/N	PREL-N02	Prélèvement 02	BQ	2 140,00	0,00	0,00	22 844,00
05/06/N	PREL-N03	Prélèvement 03	BQ	2 140,00	0,00	0,00	20 704,00
05/08/N	PREL-N04	Prélèvement 04	BQ	2 140,00	0,00	0,00	18 564,00
05/10/N	PREL-N05	Prélèvement 05	BQ	2 140,00	0,00	0,00	16 424,00
15/11/N	VIREMENT	Virement emprunt N	BQ	0,00	50 000,00	0,00	66 424,00
05/12/N	PREL-N06	Prélèvement 06	BQ	2 140,00	0,00	0,00	64 284,00
		Total du compte		**12 840,00**	**77 124,00**	**0,00**	**64 284,00**

CHAPITRE 9

SYNTHÈSE

Synthèse audio
liennathan.fr/2y3xi4

Le dossier de révision dans la procédure d'inventaire

1 Les principes de révision des comptes

Une étape des travaux d'inventaire

Soit tout au long de l'exercice comptable, soit une fois par an, pendant les travaux d'inventaire.

S'assurer de la **fiabilité des données** comptables en contrôlant la **cohérence des soldes des comptes**.

Deux méthodes

Révision par les comptes
dans l'ordre de la balance : classes 1 à 7.

OU

Révision par les cycles
Comptes d'investissement
Compte de financement
Compte d'exploitation

Un élément de contrôle interne

Permet de détecter des erreurs et d'y remédier.

2 La mise en œuvre de la procédure de révision des comptes

La procédure de révision

Définition des périodes de révision, des personnes concernées, des objectifs…

Elle est **propre** à chaque entreprise.

Le dossier de révision

Constitution d'un **dossier de révision** pour faciliter le suivi
- Liste des tâches
- Pièces comptables à contrôler

3 L'amélioration de la procédure de révision des comptes

La procédure de révision est évolutive :
– selon les besoins de l'entreprise ;
– selon l'évolution des règles comptables.

CHAPITRE 10
La production des comptes annuels et des situations intermédiaires

Activité	Composantes d'activité	Compétences	P7	Vers Pix
2.4. Production des comptes annuels et des situations intermédiaires	**2.4.1.** Identification des opérations à réaliser pour la production des comptes annuels et des situations intermédiaires **2.4.2.** Préparation des comptes annuels et des situations intermédiaires **2.4.3.** Présentation des projets de comptes annuels ou de situations intermédiaires	– Analyser et mettre en œuvre les procédures de présentation nécessaires – Préparer les comptes annuels (bilan, compte de résultat et annexes) ou des situations intermédiaires – Préparer, analyser et argumenter les résultats issus des documents de synthèse ou des situations intermédiaires	– L'utilisation du PGI pour produire des documents de synthèse – Une utilisation du tableur adaptée aux besoins de l'utilisateur (à partir d'un modèle) – Une utilisation des logiciels adaptés	**1.3.** Traiter des données **3.1.** Développer des documents textuels

SITUATION PROFESSIONNELLE

M. Gari, responsable de la SA Modélisme Provence, a prévu de réunir l'équipe de direction à la fin du mois de mai pour lui présenter ses objectifs stratégiques pour l'année à venir. Il compte appuyer ses arguments sur les résultats comptables de l'année écoulée et attend avec impatience les documents de synthèse. Mme Lam, DAF de l'entreprise, est presque prête. Elle vient de terminer les contrôles nécessaires sur les travaux d'inventaire et a mis à jour le dossier de révision. L'exercice comptable peut désormais être clôturé. Le résultat comptable peut être officialisé et les documents de synthèse édités. M. Gari disposera alors d'une vision complète de l'activité de Modélisme Provence au cours de l'année N et d'une évaluation du patrimoine de l'entreprise à la fin de l'année.
À l'issue de cette réunion, il pourra commencer à préparer l'assemblée générale ordinaire des actionnaires, qui aura lieu le 20 juin prochain.
Une fois les comptes approuvés, il les diffusera, entre autres, aux représentants des 25 salariés que compte l'entreprise.

VOS MISSIONS

Vous participez à l'élaboration des comptes de l'exercice N.

MISSION 1 **Identifier les opérations à réaliser** ▶ Fiches ressource 1 à 3

MISSION 2 **Préparer les comptes annuels** ▶ Fiches ressource 3 à 5

MISSION 3 **Préparer une analyse**

MISSION 1 Identifier les opérations à réaliser

1. La présentation des comptes demandée par Mme Lam pour la réunion de la fin du mois de mai N+1 correspond-elle à une situation intermédiaire ? Justifiez.
   ▶ Fiche ressource 1

Discutons-en !
Que se passe-t-il en AGO ?

2. Observez la balance au 31/12/N. Pourquoi les comptes 4886 et 4887 n'apparaissent-ils pas ? Détaillez votre réponse.
   ▶ Annexe 1 ▶ Fiche ressource 2
3. Justifiez le fait que l'entreprise Modélisme Provence peut se contenter de présenter des documents de synthèse en modèle abrégé.
   ▶ Fiche ressource 3

MISSION 2 Préparer les comptes annuels

P7 4. À l'aide d'un tableur, présentez le compte de résultat abrégé pour l'année N.
   ▶ Annexe 1 ▶ Fiche ressource 3

5. Le comptable de l'entreprise doit-il présenter des notes complémentaires pour faciliter la lecture de ce compte de résultat ? Justifiez.
   ▶ Fiche ressource 4
6. À l'aide du fichier à votre disposition, présentez l'écriture au journal qui permet de solder les comptes de gestion.
   ▶ Annexe 1 ▶ Fiche ressource 5

Besoin d'aide ?
liennathan.fr/95pvn3

7. À l'aide du fichier Excel, recopiez la balance « avant clôture » dans une nouvelle feuille, puis corrigez-la en fonction de votre écriture de solde des comptes de gestion. Observez l'impact puis commentez.

P7 8. À l'aide du fichier Excel, présentez le bilan abrégé au 31/12/N.

La question de l'expert
Expliquez pourquoi l'écriture de solde des comptes de gestion est indispensable pour établir le bilan comptable.

L'autocorrection en vidéo
liennathan.fr/ud487h

MISSION 3 Préparer une analyse

9. À l'aide d'un texteur, élaborez une note de synthèse qui répond aux demandes de M. Gari.
   ▶ Annexes 2 à 4

DONNÉES DE LA SITUATION

ANNEXE 1 Balance de l'entreprise au 31/12/N avant clôture des comptes

Modélisme Provence - Balance au 31/12/N avant clôture des comptes

Compte	Intitulé	Mouvements Débit	Mouvements Crédit	Soldes Débiteur	Soldes Créditeur
101	Capital	0	600 000		600 000
1061	Réserve légale	0	4 600		4 600
1068	Autres réserves				0
131	Subventions d'équipement	0	68 000		68 000
1391	Subventions d'équipement	4 489	0	4 489	
145	Amortissements dérogatoires	4 000	7 486		3 486
151	Provisions pour risques	24 932	48 078		23 146
1572	Provisions pour gros entretien ou grandes révisions	0	1 111		1 111
164	Emprunts auprès des établissements de crédit	24 000	24 000		0
1641	Emprunt	114 000	285 000		171 000
1642	Emprunt CA	238	52 500		52 263
1688	Intérêts courus	0	600		600
	Total Classe 1	171 658	1 091 375	4 489	924 205
2011	Frais de constitution	9 900	9 900		0
205	Concessions et droits similaires, brevets, licences, marques	12 600	600	12 000	
2111	Terrains nus	190 000	0	190 000	
2131	Bâtiments	330 000	0	330 000	
2132	Construction Ascenseur	20 000	0	20 000	
2154	Matériel industriel	30 000	0	30 000	
2155	Outillage industriel	150 590	0	150 590	
21811	Climatiseur	4 780	0	4 780	
2182	Matériel de transport	24 000	0	24 000	
21821	Véhicule Le moteur	12 000	0	12 000	
21822	Véhicule Caisse	60 000	0	60 000	
2183	Matériel de bureau et matériel informatique	42 030	10 000	32 030	
2611	Titres Gourmandise	4 800	0	4 800	
2612	Titre Douceur	6 780	0	6 780	
2731	Titres Vivendi	5 000	0	5 000	
2732	Titres Peugeot	2 600	0	2 600	
28011	Amort. Frais d'établissement	9 900	9 900		0
2805	Concessions et droits similaires, brevets, licences, droits	0	8 889		8 889
2813	Constructions	0	60 000		60 000
28155	Amort. Mat. Indust.	0	66 141		66 141
28181	Amortissement installation générale	0	697		697
28182	Amort. Mat. transport	0	16 296		16 296

Balance avant cloture | CR abrégé en liste | Solde comptes gestion

Téléchargez, au format Excel, la balance Modélisme Provence au 31/12/N, ainsi que les trames de bilan et de compte de résultat.
liennathan.fr/245gbu

ANNEXE 2 Note interne de la part de M. Gari

De : M. Gari	À : Assistant(e) comptable
Objet : Préparation de l'AGO : analyse des documents de synthèse	

Pourriez-vous me proposer une analyse des résultats de notre entreprise sur les points suivants ?

➤ Analyse du compte de résultat

Quel est le montant de notre résultat ? Recherchez-en l'origine en comparant les charges et les produits au niveau des opérations d'exploitation, au niveau financier et au niveau exceptionnel.

➤ Analyse du bilan

- Dans l'actif, au niveau des immobilisations
  1) Expliquez les raisons des mouvements des immobilisations dans la colonne « Brut ».
  2) Que pensez-vous des immobilisations ? Sont-elles en fin de vie ? Devons-nous investir ?
- Dans le passif, au niveau des dettes
  3) Que pensez-vous de l'endettement de l'entreprise ? De quoi est-il composé ?
  4) Pose-t-il un problème à l'entreprise ?

En attendant votre réponse par note de synthèse.

ANNEXE 3 Résultats d'une recherche sur les rapports de gestion

Le contenu et les objectifs du rapport

La présentation des résultats est faite par le comptable soit par écrit (note de synthèse, rapport interne…), soit par oral lors d'une réunion. Lors de ce compte rendu, il faut faire ressortir les atouts et les faiblesses de l'entreprise. Des calculs complémentaires peuvent être effectués, qui permettront d'affiner l'analyse (ex. : ratios). Le dirigeant pourra alors prendre des décisions principalement stratégiques (qui donneront l'orientation générale de l'entreprise) ou tactiques (décisions de gestion, à moyen terme).

	Exemples de problèmes identifiés	Exemples de décisions
À partir du compte de résultat	Si le résultat est déficitaire : d'où provient la perte ? • Analyse des charges : quel type de charges est trop important ? – Analyse des charges d'exploitation – Analyse des charges financières • Analyse des produits : les produits sont-ils suffisants ?	– Négociation des prix des marchandises auprès des fournisseurs… – Négociation des services bancaires auprès des banques… – Augmentation des prix de vente si possible – Politique de distribution des produits finis plus poussée…
	Si le résultat est bénéficiaire : est-il suffisant pour assurer le développement de l'entreprise et distribuer des dividendes aux associés ?	Revoir la politique de distribution des dividendes…
À partir du bilan	Il faut vérifier : – l'état des immobilisations (fin de vie de certains biens…) ; – l'importance des stocks et surtout de la consommation de l'exercice ; – les créances et les dettes.	– Investissements à prévoir – Relance des clients pour accélérer les règlements ou retarder les paiements auprès des fournisseurs

ANNEXE 4 Mettre en forme une note de synthèse

Émetteur : nom et coordonnées

Destinataire : nom et coordonnées

Copie à : permet de diffuser la même note à d'autres récepteurs.

Sources des documents analysés
Pièces jointes : extraits des documents utiles

Le **plan** doit apparaître.

Titre explicite

NOTE DE SYNTHÈSE

Date : …/…/…

De : … Service : Comptable Tél. : 04 90…	À : … Service : …
	Copie à : …

Sources : Documents de synthèse
Annexe

P. J. : …

Présentation des résultats de l'entreprise

Introduction

Annonce du plan

I – Analyse du compte de résultat

II – Analyse du bilan

Conclusion

Pas de **formule de politesse** ni de **civilités**

La **conclusion** résume l'idée générale de l'argumentation. Pas de prise de position personnelle.

Programme de travail sur l'exercice comptable

L'exercice comptable correspond à la période pour laquelle l'entreprise est tenue d'établir des comptes annuels. Normalement, la durée est de 12 mois répartis ou non sur l'année civile.

I La chronologie des travaux comptables

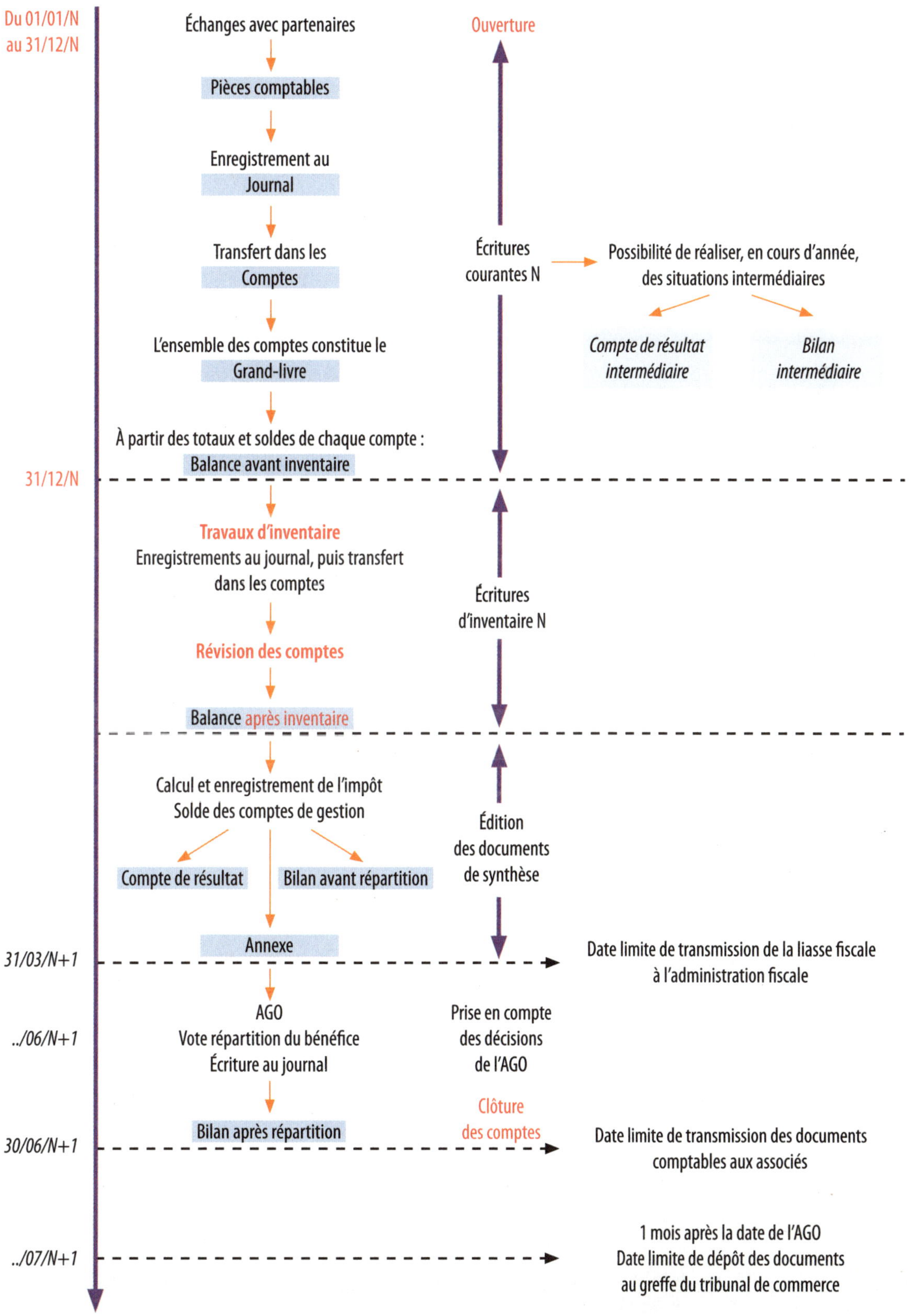

II La distinction entre comptes annuels et situations intermédiaires

1. Les comptes annuels

À l'issue de la comptabilisation des opérations courantes puis des opérations d'inventaire, les soldes des comptes des classes 1 à 7 correspondent aux valeurs qui apparaîtront dans les documents de synthèse de fin d'exercice comptable.

Lors de la clôture des comptes, les comptes des classes 6 et 7 sont soldés pour laisser apparaître le résultat comptable de l'année. Il s'agit alors de présenter l'aboutissement de ces travaux en établissant les documents obligatoires de fin d'exercice :

- le **bilan** présente l'image du patrimoine de l'entreprise à la date de clôture ;
- le **compte de résultat** présente l'activité de l'entreprise au cours des 12 derniers mois et met en évidence le résultat comptable ;
- l'**annexe** comptable complète les informations présentées de façon très synthétique dans les deux documents précédents.

Ces documents donnent une image fidèle du patrimoine de l'entreprise, de la situation financière et du résultat, respectant les principes de continuité de l'exploitation, de permanence des méthodes, de prudence et d'indépendance des exercices. Ils sont établis en conformité avec les dispositions du Code de commerce et du plan comptable général.

Selon la loi, ils forment un tout indissociable qui doit être présenté par toute personne physique commerçant ou société commerciale.

2. Les situations intermédiaires

Sans attendre la fin de l'exercice comptable, les entreprises peuvent établir une ou plusieurs situations intermédiaires (par mois, trimestre…).

Une situation intermédiaire peut être décidée par le responsable de l'entreprise pour ses besoins de gestion ou imposée par un tiers.

> **Exemple**
> Un banquier peut réclamer une situation intermédiaire avant de prendre la décision d'accorder ou non un emprunt.

Dans certains cas, les situations intermédiaires sont obligatoires :

- lorsque l'on décide de distribuer des acomptes sur dividendes ;
- lorsque l'on procède à une augmentation de capital en numéraire.

Ces situations intermédiaires ne donnent pas lieu à l'établissement d'une liasse fiscale et les annexes sont plus restreintes. Cependant, les mêmes méthodes comptables que pour les comptes annuels doivent être appliquées : respect des principes comptables (notamment le principe d'indépendance des exercices) et objectif d'image fidèle.

L'essentiel en une question

Si, lors d'une AGO en juin, l'entreprise présente ses comptes aux actionnaires, est-ce une situation intermédiaire ?

Consultez le corrigé
liennathan.fr/3s46jr

FICHE RESSOURCE 2

Les situations intermédiaires : la nécessité d'abonner les charges et les produits

L'abonnement des charges et des produits permet de présenter des situations comptables intermédiaires les plus justes possible.

I Le respect du principe d'indépendance des exercices lors d'une situation intermédiaire

Comme pour les comptes annuels, les situations intermédiaires doivent présenter l'ensemble des évènements comptables qui les concernent. Or, certaines charges ne sont pas enregistrées régulièrement en comptabilité. Par exemple, les factures d'électricité ne sont pas reçues chaque mois, les amortissements sont traditionnellement comptabilisés une fois en fin d'année. C'est pourquoi le comptable qui souhaite présenter des situations intermédiaires devra mettre en place un système d'**abonnement des charges et des produits** afin de respecter le principe d'indépendance des exercices.

De nombreuses charges et de nombreux produits sont concernés par ce besoin d'abonnement :

Les charges décaissées	Loyers payés, assurances, abonnements pour l'énergie, impôts, congés payés, intérêts sur emprunts, contrats d'entretien…
Les produits encaissés	Loyers perçus, redevances, revenus de créances et de prêts…
Les charges calculées	Dotations aux amortissements, dotations aux dépréciations…
Les produits calculés	Reprises de dépréciations ou quotes-parts de subventions d'investissement…

II Le schéma comptable

Le PCG prévoit l'utilisation des comptes 4886 « Compte de répartition périodique des charges » et 4887 « Compte de répartition périodique des produits ».

1. À la constatation de la charge réelle ou du produit réel

À réception de la facture, l'entreprise l'enregistre comme habituellement (TVA et compte de dettes) mais remplace au débit le compte de charges par le compte 4886.

À réception de la facture, l'entreprise l'enregistre comme habituellement (TVA et compte de créances) mais remplace au crédit le compte de produits par le compte 4887.

2. À chaque période comptable (par exemple, chaque mois)

Une estimation d'une fraction de la charge est enregistrée au débit du compte de classe 6 concerné. Le compte 4886 est crédité.

Inversement, un produit abonné est enregistré au crédit du compte 7 concerné. Le compte 4887 est débité.

Remarques :

- Si la facture est reçue le 1er janvier, la constatation de la charge réelle ou du produit réel intervient avant l'abonnement. Mais si la première facture est reçue en cours d'année, on peut débuter l'abonnement dès le 1er janvier, en fonction d'une estimation de charge ou de produit.
- L'abonnement peut être modifié en cours d'année ou après réception d'une facture.
- En fin d'exercice, il faut s'assurer que le compte 4886 est soldé et la charge entière est inscrite dans les comptes correspondants.

L'essentiel en une question

Dans quel cas n'est-il pas nécessaire d'abonner certaines charges ou certains produits ?

Consultez le corrigé
liennathan.fr/dd8y89

FICHE RESSOURCE 3

La présentation des documents de synthèse

On distingue en comptabilité trois présentations des documents de synthèse, variables essentiellement en fonction de la taille de l'entreprise et donc de la complexité des éléments à traiter dans la comptabilité.

I Les trois présentations des documents de synthèse

Le système de base	Il s'agit de la présentation légale normale des documents, qui prévoit le bilan (avant et après répartition), le compte de résultat (en liste ou en tableau) et l'annexe.
Le système abrégé	Il s'agit d'une présentation simplifiée des comptes, qui prévoit le bilan et le compte de résultat (annexe non obligatoire). Les postes du bilan et du compte de résultat ne sont pas détaillés (moins de lignes que dans le système de base). Cette présentation est acceptée en général dans les petites entreprises.
Le système développé	Les postes du bilan et du compte de résultat sont détaillés (plus de lignes que dans le système de base). Par exemple, dans le bilan, les créances d'exploitation et hors exploitation sont séparées. Le compte de résultat est complété des SIG. L'annexe prévoit un tableau de financement. Cette présentation n'est pas imposée. Elle est souvent adoptée par les grandes entreprises mais reste possible pour toutes les entreprises, au choix.

II Les conditions pour une présentation simplifiée des comptes

Les petites entreprises (au sens du Code de commerce)	Les moyennes entreprises (au sens du Code de commerce)
Elles peuvent présenter **leurs comptes** de manière simplifiée si, à la clôture de l'exercice comptable, deux des trois critères suivants sont respectés : – Total du bilan ≤ 6 M€ – Chiffre d'affaires HT ≤ 12 M€ – Effectif moyen ≤ 50 personnes	Elles peuvent présenter **un compte de résultat** simplifié si, à la clôture de l'exercice comptable, deux des trois critères suivants sont respectés : – Total du bilan ≤ 20 M€ – Chiffre d'affaires HT ≤ 40 M€ – Effectif moyen ≤ 250 personnes

Attention, sur le plan fiscal, il n'y a aucune simplification.

III L'alimentation des postes des documents de synthèse à partir des comptes

Les documents de synthèse sont détaillés en rubriques et en postes. Les postes sont alimentés des soldes des comptes du grand-livre. Les documents annuels peuvent être présentés en négligeant les centimes.

Aller plus loin

Téléchargez les éléments constitutifs du compte de résultat.
liennathan.fr/ud832r

Aller plus loin

Téléchargez les éléments constitutifs du bilan.
liennathan.fr/8jv6p4

L'essentiel en une question

Pourquoi la présentation de documents simplifiés est-elle réservée aux petites entreprises ?

Consultez le corrigé
liennathan.fr/8g97wd

FICHE RESSOURCE 4

Les contenus de l'annexe comptable

L'annexe a pour rôle d'expliquer et de compléter les informations fournies par le bilan et le compte de résultat. Elle est obligatoire à la clôture des comptes (système de base), facultative lors d'une situation intermédiaire.

Le nombre et l'importance des données à fournir dépendent de la taille et de la forme juridique de l'entreprise. Aucun formalisme n'est exigé pour la présentation de l'annexe mais, en général, elle est composée de cinq parties.

Éléments de l'annexe	Commentaires
I. Faits caractéristiques de l'exercice	Mention des faits qui ont une incidence comptable (effectifs, activité, évolution de la structure financière…)
II. Mention des modes et méthodes d'évaluation appliqués aux documents financiers	Indication du référentiel comptable utilisé (plan comptable, système de base, développé…) Indication des méthodes choisies en cas d'options possibles Mention des dérogations aux règles générales en raison des particularités propres à l'entreprise Mention et justification des dérogations aux règles générales d'évaluation et de présentation des documents financiers
III. Notes sur le bilan	
Mouvements ayant affecté les postes de l'actif immobilisé Commentaires sur les méthodes utilisées pour le calcul des amortissements et des dépréciations	Tableau des immobilisations Tableau des amortissements Tableau des dépréciations Indication des options choisies en matière d'amortissements, modalités de détermination des dépréciations
Informations sur les stocks, les créances et les dettes	Méthodes d'évaluation des stocks Tableau des dépréciations Tableau des échéances des créances et des dettes
Informations sur les comptes de régularisation	Modes d'évaluation des charges et produits à rattacher à l'exercice ou non Indication des écarts de conversion
Informations sur les incidences des dispositions fiscales sur les capitaux propres*	Incidence des amortissements dérogatoires et de l'étalement des subventions d'investissement
Informations sur les provisions	Tableau des provisions et commentaires
IV. Notes sur le compte de résultat	
Informations sur les différents postes du compte de résultat*	Méthodes d'évaluation, ventilation de l'impôt sur les bénéfices entre l'impôt sur le résultat courant et l'impôt sur le résultat exceptionnel
V. Informations complémentaires	
Immobilisations détenues en crédit-bail	Indication de la valeur des biens, des redevances restant à payer, du prix de levée d'option
Autres engagements financiers	Précisions sur les engagements reçus par l'entreprise ou donnés par elle et ne figurant pas au bilan
Liste des filiales et participations	Noms des sociétés et pourcentage de participation
Titres composant le capital	Nombre de titres

* N'apparaît pas dans l'annexe simplifiée.

J.-L. Siegwart, L. Cassio, *Introduction à la comptabilité*, Nathan.

L'essentiel en une question

L'annexe est-elle facultative ? Pourquoi ?

Consultez le corrigé
liennathan.fr/bwv463

FICHE RESSOURCE 5

La clôture des comptes

I Le calcul des achats nets et du chiffre d'affaires net

En cours d'exercice, les réductions accordées ou obtenues n'ont pas diminué directement les achats et les ventes. Selon le cas, la réduction a été portée dans un sous-compte qui contient le chiffre 9 en 3e position (609 au crédit ou 709 au débit). Or, les réductions sur achats sont considérées comme des diminutions de charges et non comme des produits. Il faut donc, en fin d'exercice, solder ces comptes par virement aux comptes qu'ils contribuent à diminuer et non par virement direct au compte de résultat. Cette opération permet de faire apparaître les ventes nettes et les achats nets.

Achats nets = Achats (comptes 60, 61, 62) – Réductions sur achats (comptes 609, 619, 629)

Ventes nettes = Ventes (compte 70) – Réductions sur ventes (compte 709)

Exemple

Dans l'entreprise AlphaServices, le montant des réductions sur achats pour l'exercice est de 2 000 € et il s'élève à 3 000 € sur les ventes. L'écriture à passer est la suivante :

		31/12/N		
6091		Réductions sur achats de MP	2 000	
	601	Achats de matières premières		2 000
701		Ventes de produits finis	3 000	
	7091	Réductions sur ventes de produits finis		3 000

II La mise en évidence du résultat comptable

Après avoir établi le compte de résultat, une écriture est passée au journal afin de solder les comptes de charges et de produits et débiter/créditer la contrepartie dans le compte de résultat (12) :

- si le résultat est un bénéfice, on crédite le compte 120 « Résultat bénéficiaire » ;
- si le résultat est une perte, on débite le compte 129 « Résultat déficitaire ».

Exemple

L'entreprise A3G réalise en N un bénéfice (utilisation du compte 120).

		31/12/N	D	C
706		Prestations de services	960 948	
707		Ventes de marchandises	1 517 978	
764		Revenus des VMP	23 056	
7752		PCEA – Immobilisations corporelles	1 232	
78162		Reprises sur dépréciations des immobilisations corporelles	33 000	
78173		Reprises sur dépréciations des stocks	1 200	
78174		Reprises sur dépréciations des créances	3 456	
	607	Achats de marchandises		799 115
	6037	Variation des stocks de marchandises		4 760
	601	Achats de matières premières		2 288
6031		Variation des stocks de matières premières	1 110	
	6063	Fournitures d'entretien		5 598
	6064	Fournitures administratives		11 196
	6132	Location des locaux		27 648
	616	Assurances		31 700
	6226	Honoraires de l'expert-comptable		5 764
	6231	Publicité		18 567
	6251	Déplacements		23 456
	627	Services bancaires		3 214
	631	Impôts		127 654
	6411	Rémunérations		248 604
	6451	Charges de Sécurité sociale		788 059
	6611	Charges d'intérêts		48 492
	6752	VNCEAC – Immobilisations corporelles		20 436
	6811	Dotations aux amortissements sur immobilisations		97 680
	68173	Dotations aux dépréciations des stocks		4 567
	68174	Dotations aux dépréciations des créances		18 900
	120	Résultat comptable		254 282
		Écritures de solde des comptes de gestion		

L'essentiel en une question

Peut-on présenter le bilan comptable sans avoir soldé les comptes de gestion ?

Consultez le corrigé
liennathan.fr/83tc2u

APPLICATIONS

ATELIER PGI

ebp SOLUTIONS DE GESTION

Réviser la balance et produire des comptes

Chapitres concernés :

Chapitre 9 : Le dossier de révision dans les procédures d'inventaire

Chapitre 10 : La production des comptes annuels et des situations intermédiaires

Téléchargez la fiche de travail
liennathan.fr/gg82y7
PDF

EXOS FLASH

EXO 1 Quiz interactif

Testez vos connaissances sur ce chapitre avec le quiz en ligne.

liennathan.fr/3mf7v6

Votre score ....

EXO 2 Calculer et enregistrer des abonnements de charges

L'entreprise Voiriot présente des situations intermédiaires mensuelles. Elle utilise la méthode de l'abonnement pour les charges d'assurance (annexe).

- **Enregistrez au journal toutes les écritures à passer entre le 1er janvier et le 31 décembre N.**

ANNEXE Les charges annuelles d'assurance

- Le 1er janvier, un contrat d'assurance est signé. 12 000 € par an payables en 2 fois.
- 6 000 € sont réglés au 1er janvier, 6 000 € sont à prévoir au 1er juin.
- Au 1er juin, la prime d'assurance augmente de 3 %. L'entreprise règle 6 180 €.

EXO 3 Déterminer les achats et ventes nettes

Avant de procéder au solde des comptes de gestion (annexe), le comptable de l'entreprise Azur souhaite mettre en évidence les achats nets et les ventes nettes.

- **Passez les écritures nécessaires.**

ANNEXE Extrait des comptes de gestion de l'entreprise Azur

Comptes	Intitulés	Soldes	
		Débiteurs	Créditeurs
601	Achats stockés – Matières premières (et fournitures)	512 365	
6031	Variation des stocks de matières premières (et fournitures)		12 564
606	Achats non stockés – Matières et fournitures	245 987	

Comptes	Intitulés	Soldes	
		Débiteurs	Créditeurs
6091	RRR obtenus sur achats stockés		23 654
615	Entretien et réparations	45 874	
6231	Annonces et insertions	25 000	
6241	Transports sur achats	45 875	
6251	Voyages et déplacements	23 654	
6261	Frais de télécommunications	12 547	
630	Impôts	105 632	
641	Rémunérations du personnel	1 563 214	
6451	Cotisations à l'URSSAF	385 632	
661	Charges d'intérêts	236 000	
675	Valeurs comptables des éléments d'actif cédés	25 632	
6811	Dotations sur immobilisations incorporelles et corporelles	600 123	
6815	Dotations aux provisions d'exploitation	14 189	
6817	Dotations pour dépréciations des actifs circulants	8 547	
706	Prestations de services		3 852 144
7096	RRR accordés sur prestations de services	21 456	
74	Subventions d'exploitation		47 040
761	Produits de participations		12 000
765	Escomptes obtenus		23 522
775	Produits des cessions d'éléments d'actif		254 000
777	Quote-part des subventions d'investissement virée au résultat		33 000
7815	Reprises sur provisions d'exploitation		24 932
	Total	**3 871 727**	**4 282 856**

EXO 4 Présenter une situation intermédiaire

La SARL Intermède est fabricant de confiseries. Son exercice comptable coïncide avec l'année civile. Le dirigeant s'inquiète de la rentabilité de son entreprise car ses comptes sont en découvert bancaire.

- **Préparez les éléments à l'aide de l'annexe puis présentez un compte de résultat intermédiaire au 31/01/N. Pouvez-vous rassurer ce chef d'entreprise ?**

ANNEXE **Les opérations de janvier N**

- Achats de matières premières : 50 000 € HT
- Ventes : 32 000 € HT
- Stock initial au 01/01/N de matières premières : 1 200 €
- Stock final au 31/01/N de matières premières : 40 000 €
- Achats d'approvisionnement : 1 850 € HT
- Charges de personnel : 16 000 €
- L'entreprise a procédé la vente :
  – d'un four : VNC 1 000 € et prix de vente 2 240 € HT ;
  – de VMP : produits nets sur cession 1 430 €.
- Par ailleurs, l'entreprise a souscrit un contrat d'assurance qu'elle estime à 12 000 € par an et loue l'un de ses hangars actuellement inoccupé pour un loyer annuel perçu de 36 000 €.

ENTRAÎNEMENT AU BTS 1 Élaborer des documents de synthèse dans un système de base ★☆☆

Vous assistez le comptable de l'entreprise Infopro77, spécialisée dans la vente de matériel informatique et le dépannage, située à Meaux (Seine-et-Marne). Celui-ci vient de terminer la balance après inventaire de l'exercice N (système de base, *cf.* annexe) et vous charge de terminer l'élaboration des documents de synthèse.

P7 **1 Présentez le compte de résultat au 31/12/N.**

P7 **2 Présentez le bilan au 31/12/N.**

3 Procédez à l'analyse des documents de synthèse.

ANNEXE **Balance après inventaire (disponible sur tableur)**

N° de compte	Libellé	Solde débiteur	Solde créditeur
101	Capital		17 500
164	Emprunts		5 760
213	Constructions	19 000	
2813	Amortissements des constructions		3 100
215	Installations techniques, matériel et outillage	16 000	
2815	Amortissements des installations techniques		7 316
218	Autres immobilisations corporelles	2 400	
2818	Amortissements des autres immobilisations		930
35	Stocks de produits finis	6 600	
401	Fournisseurs		11 890
411	Clients	4 775	
491	Provisions pour dépréciations des clients		50
4198	Clients – RRR à accorder		12
486	Charges constatées d'avance	183	
487	Produits constatés d'avance		16
512	Banque	382	
6037	Variation des stocks de marchandises		600
607	Achats de marchandises	22 720	
615	Entretien et réparations	6 100	
630	Impôts	4 300	
641	Charges de personnel	10 120	
6811	Dotations aux amortissements	3 924	
661	Charges d'intérêts	1 680	
701	Ventes de produits finis		50 970
765	Escomptes obtenus		40
	TOTAL	**98 184**	**98 184**

Téléchargez la balance Infopro77 après inventaire liennathan.fr/w2xvpg

ENTRAÎNEMENT AU BTS 2 Élaborer des documents de synthèse dans un système développé ★★☆

L'entreprise SA Tinge, spécialisée dans la fabrication de skis et snowboards, doit présenter ses documents de synthèse selon le système développé. La société clôture ses comptes le 31 décembre. Elle vous fournit la balance après inventaire de l'exercice N (annexe).

P7 **1** **Présentez le compte de résultat et le bilan (système développé) sur tableur à l'aide du fichier fourni** (liennathan.fr/44f8sp).

P7 **2** **Présentez les tableaux de l'annexe concernant :**
a) **les immobilisations ;**
b) **les amortissements ;**
c) **les provisions.**

ANNEXE **Balance après inventaire N**

N° de compte	Libellé	Soldes	
		Débiteur	Créditeur
101	Capital		300 000,00
106	Réserves		168 950,00
1424	Provisions pour investissement		21 400,00
145	Amortissements dérogatoires		87 500,00
1572	Provisions pour gros entretien		160 000,00
164	Emprunts auprès des établissements de crédit		120 000,00
1688	ICNE		7 200,00
203	Frais de recherche et de développement	90 000,00	
205	Brevets	7 000,00	
211	Terrains	84 600,00	
213	Constructions	500 000,00	
2182	Matériel de transport	46 000,00	
2183	Matériel de bureau et matériel informatique	18 000,00	
2184	Mobilier	3 200,00	
261	Titres de participation	146 000,00	
273	TIAP	16 000,00	
275	Dépôts et cautionnements	640,00	
2803	Amortissements des frais de R&D		63 000,00
2805	Amortissements des brevets		1 700,00
2813	Amortissements des constructions		412 500,00
28182	Amortissements du matériel de transport		11 387,00
28183	Amortissements du matériel de bureau et informatique		10 182,00
28184	Amortissements du mobilier		2 240,00
2961	Dépréciations des titres de participation		32 000,00
2973	Dépréciations des TIAP		200,00
37	Stocks de marchandises	597 480,00	
397	Dépréciation des stocks de marchandises		169,00
401	Fournisseurs		254 000,00
404	Fournisseurs d'immobilisations		5 000,00
4081	Fournisseurs – Factures non parvenues		24 922,25
4098	Fournisseurs – RRR à obtenir	8 200,00	

•••

ANNEXE (suite)

N° de compte	Libellé	Soldes	
		Débiteur	Créditeur
411	Clients	337 836,64	
416	Clients douteux	13 888,96	
4181	Clients – Factures à établir	2 990,00	
4284	Dettes provisionnées pour part. des salariés au résultat		7 000,00
43	Sécurité sociale		26 800,00
444	État – IS		2 000,00
4455	État – TVA à décaisser		31 317,60
44586	État – Factures non parvenues	4 084,25	
486	CCA	9 590,00	
491	Dépréciation des comptes clients		3 746,00
512	Banque	13 317,00	
519	CCB		33 200,00
53	Caisse	588,00	
6037	Variation des stocks	27 780,00	
606	Achats non stockés	29 478,00	
607	Achats de marchandises	1 876 789,00	
6097	RR obtenus		72 800,00
612	Redevances de crédit-bail	74 400,00	
613	Locations	3 256,00	
615	Entretien et réparations	7 956,00	
616	Primes d'assurance	11 172,00	
623	Publicité	2 422,00	
624	Transports	13 550,00	
626	Frais postaux et de télécommunications	17 494,00	
631	Impôts, taxes et versements assimilés	8 420,00	
635	Autres impôts	56 000,00	
641	Rémunérations du personnel	524 680,00	
645	Charges de Sécurité sociale	322 420,00	
654	Pertes sur créances irrécouvrables	1 900,00	
661	Charges d'intérêts	12 988,00	
665	Escomptes accordés	4 056,00	
671	Charges exceptionnelles sur opérations de gestion	1 390,00	
675	VNC	89 500,00	
6811	Dotations aux amortissements	45 906,00	
6815	Dotations aux provisions	80 000,00	
6817	Dotations aux dépréciations des actifs circulants	515,00	
6866	Dotations aux dépréciations d'éléments financiers	22 200,00	
6872	Dotations aux provisions réglementées	1 200,00	
691	Participation des salariés aux résultats	7 000,00	
695	IS	50 200,00	
707	Ventes de marchandises		3 262 914,00
708	PAA		3 370,00
7097	RRR accordés sur ventes	30 723,00	
765	Escomptes obtenus		2 182,00
775	PCEA		72 000,00
7817	Reprises sur dépréciations		230,00
7872	Reprises sur provisions réglementées		17 300,00
7875	Reprises sur provisions exceptionnelles		6 000,00
	TOTAL	5 222 809,85	5 222 809,85

SYNTHÈSE

Synthèse audio
liennathan.fr/5v89zu

La production des comptes annuels et des situations intermédiaires

1 Les opérations à réaliser

L'exercice comptable

Durée : 12 mois

Ex. : du 01/01/N au 31/12/N

Peut être indépendant de l'année civile

→

Les écritures courantes

Enregistrement quotidien des pièces comptables *(ex. : factures)*
+ Enregistrements mensuels *(ex. : TVA)*
→ Journal → Comptes → Balance → Documents de synthèse

Les situations intermédiaires

Présentation des comptes en cours d'exercice comptable
(ex. : situation à 6 mois, situations mensuelles)

Nécessité d'utiliser une méthode d'abonnement

↓

La clôture des comptes N

Maximum 7 mois

Ex. : du 01/01/N+1 au 31/07/N+1

→

Travaux d'inventaire

Enregistrement des écritures annuelles *(ex. : amortissements)*

Révision des comptes

Calcul de l'impôt

AGO : répartition des bénéfices → Bilan après répartition
Transmission des documents aux associés
Dépôt au greffe du tribunal de commerce

2 La présentation des comptes annuels

Le niveau de détail attendu

Selon la taille de l'entreprise
- Système abrégé
- Système de base
- Système développé

CR + Bilan + Annexe

→

L'alimentation des postes des documents de synthèse

Postes du CR : solde des comptes des classes 6 et 7
Postes du bilan : solde des comptes des classes 1 à 5

↓

Écriture de solde des comptes de gestion
→ Résultat comptable en compte 12
→ Résultat dans capitaux propres → Bilan équilibré

3 Les éléments d'analyse

L'analyse de l'activité

Comparer temps et espace

Formation du résultat comptable :
Évolution du CA
Évolution des soldes intermédiaires

→

L'analyse du bilan

Comparer temps et espace

Évolution du patrimoine :
Financement des investissements
Taux d'endettement
Évolution du BFR

CHAPITRE 11

L'affectation des résultats

Activité	Composantes d'activité	Compétences	P7
2.5. Suivi comptable des travaux relatifs à l'affectation des résultats	**2.5.1.** Présentation d'un projet de répartition du résultat aux organes de direction **2.5.2.** Enregistrement des opérations comptables nécessaires et obligatoires **2.5.3.** Mise à jour des documents de synthèse suite à la répartition du résultat	– Mettre en œuvre les techniques d'affectation du résultat conformément aux textes en vigueur, aux statuts et aux procédures internes – Analyser, appliquer et enregistrer les opérations relatives à un projet d'affectation en cohérence avec les objectifs de gestion et la politique de distribution des dividendes – Mettre à jour les documents de synthèse afin d'obtenir le bilan après répartition	– Une utilisation du tableur adaptée aux besoins de l'utilisateur – L'utilisation du PGI pour effectuer les enregistrements des écritures, les contrôler et mettre à jour les données – L'utilisation du PGI pour produire des documents de synthèse

SITUATION PROFESSIONNELLE

La SA Delec 2000 (Diffusion Electro 2000), implantée à Pertuis (Vaucluse), fabrique et commercialise des composants électromécaniques et des connecteurs pour l'électronique auprès de professionnels et de particuliers.
Son effectif actuel est de 88 salariés, dont trois comptables et un chef comptable, Claude Demir.
Cette entreprise a nécessité des investissements industriels importants. Le capital de 7 500 000 € a été apporté par huit associés.
Vous travaillez dans le service Comptabilité. En qualité de comptable, vous avez traité toutes les opérations d'inventaire. La clôture des comptes est terminée. Nous sommes en avril N+1, il s'agit désormais d'anticiper l'assemblée générale ordinaire (AGO) des actionnaires qui aura lieu le 28/06/N+1.

VOS MISSIONS

Vous devez préparer le projet d'affectation du résultat de l'exercice N pour l'AGO du 28 juin prochain. Avant cela, vous recensez les différentes étapes de votre mission.

MISSION 1 **Collecter les informations et préparer le projet de répartition des bénéfices de l'exercice N** ▶ Fiches ressource 1 à 3

MISSION 2 **Préparer la mise à jour des documents après approbation des comptes en AGO** ▶ Fiches ressource 4 et 5

CHAPITRE 11

VOS MISSIONS

MISSION 1 Collecter les informations et préparer le projet de répartition des bénéfices

1. Quel est le nombre d'actions détenues par chaque associé ? Quel rapport faites-vous avec la répartition des bénéfices ?
▶ Annexe 1

2. Observez la répartition du bénéfice N-1. L'entreprise peut-elle donner 100 % du bénéfice aux associés ? Présentez les contraintes légales et statutaires qui concernent Delec 2000.
▶ Annexes 2 et 3 ▶ Fiches ressource 1 et 2

3. Calculez le total des dividendes versés en N-1. Comparez ce montant avec celui gardé en réserves. Commentez.
▶ Fiche ressource 2

4. Observez le projet de répartition des bénéfices N. Vérifiez le calcul du bénéfice distribuable. Pourquoi n'est-il pas prévu de réserve légale ?
▶ Annexes 4 et 5 ▶ Fiches ressource 2 et 3

5. L'entreprise prévoit-elle d'être aussi généreuse cette année N avec les associés ? Présentez ses contraintes et les solutions qu'elle envisage.
▶ Annexe 6

La question de l'expert
Pourquoi peut-on dire que le report à nouveau créditeur représente une partie du bénéfice de N-1 pour lequel le choix entre réserve et dividende n'a pas encore été fait ?

Discutons-en !
Comment expliquer les distributions record de bénéfices dans les entreprises ?

Besoin d'aide ?
liennathan.fr/9s3cs2

L'autocorrection en vidéo
liennathan.fr/vz468p

MISSION 2 Préparer la mise à jour des documents après approbation des comptes en AGO

6. Lors de l'AGO du 28/06/N+1, les actionnaires n'ont pas accepté le projet présenté par la direction. Pourquoi, à votre avis ? Quels changements ont été votés ?
▶ Annexe 7

P7 **7.** Complétez sur tableur le tableau d'affectation du résultat de l'exercice N.
▶ Annexe 8 ▶ Fiche ressource 4

8. Calculez le montant du dividende qui sera affecté à chaque associé.

9. Complétez l'extrait du bilan passif au 31/12/N après répartition des bénéfices.
▶ Annexe 4 ▶ Fiche ressource 5

P7 **10.** Préenregistrez dans le tableur les écritures relatives à l'affectation du résultat et à leur paiement en vue d'une saisie ultérieure dans le PGI.

La question de l'expert
Le PDG de la SA Delec 2000 souhaite modifier les statuts pour prévoir l'obligation de doter une réserve statutaire. Quelles sont ses motivations ? Peut-il effectuer cette démarche de sa seule initiative et a-t-elle une chance d'aboutir ?

L'autocorrection en vidéo
liennathan.fr/7qud93

DONNÉES DE LA SITUATION

ANNEXE 1 Répartition du capital entre les associés

Capital : 75 000 actions de valeur nominale 100 €

- Pierre DELMAS 25 % des actions
- Hélène DUBOIS 20 % des actions
- Paul HENRY 20 % des actions
- Véronique BROSSARDIER 7 % des actions
- Éric DEMEDJIAN 7 % des actions
- Raphaël DUBORD 7 % des actions
- Anne LAFFARGE 7 % des actions
- Sylvain REYBAUD 7 % des actions

ANNEXE 2 Extrait des statuts de la SA Delec 2000

Article 7 – Chaque exercice social a une durée d'une année qui commence le 1er janvier et finit le 31 décembre.

Article 8 – S'il résulte des comptes de l'exercice, tels qu'ils sont approuvés par l'assemblée générale ordinaire, l'existence d'un bénéfice distribuable suffisant après dotation de la réserve légale, il est attribué aux actionnaires, à titre de premier dividende, une somme nécessaire pour leur verser un intérêt de 5 % sur le montant du capital. Quant au surplus, s'il en existe, l'AGO peut décider de l'inscrire à un ou plusieurs postes de réserves dont elle règle l'affectation ou l'emploi, de le reporter à nouveau ou de le distribuer. [...]

ANNEXE 3 Extrait du procès-verbal de l'AGO des actionnaires du 28/06/N (répartition du bénéfice de l'exercice N-1)

[...] Après délibération, les comptes de l'exercice du 01/01/N-1 au 31/12/N-1 ainsi que le rapport de gestion sont approuvés à l'unanimité des voix. Le projet de répartition des bénéfices est approuvé, à savoir :

– bénéfice net d'impôt : 820 000 €, augmenté du report à nouveau de l'exercice précédent, à savoir 50 000 € ;

– dotation à la réserve légale : 10 000 € ;

– dotations aux autres réserves (réserve facultative) : 190 000 € ;

– attribution d'un dividende de 8 € par action.

[...]

ANNEXE 4 Bilan passif de la société Delec 2000 au 31/12/N (extrait)

PASSIF	Exercice N		Exercice N-1	
	Après répartition	Avant répartition	Après répartition	Avant répartition
Capitaux propres				
Capital	7 500 000	7 500 000	7 500 000	7 500 000
Réserves :				
– Réserve légale	....	750 000	750 000	740 000
– Autres réserves (facultatives)	....	2 850 000	2 850 000	2 660 000
Report à nouveau	....	70 000	70 000	50 000
Résultat de l'exercice (bénéfice)	....	900 000	0	820 000

ANNEXE 5 **Projet d'affectation du résultat de l'exercice N présenté par la direction**

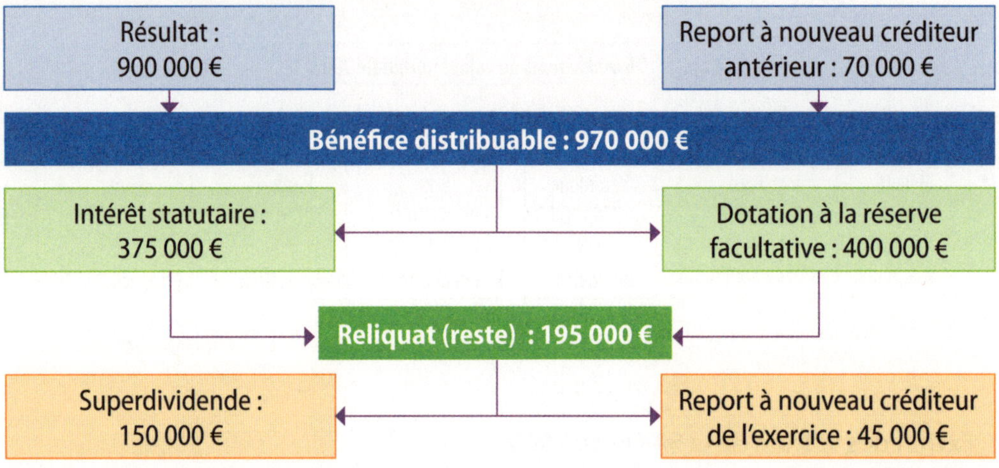

ANNEXE 6 **Projet d'investissement pour le lancement d'un nouveau composant électronique**

De nombreux constructeurs font appel à des sous-traitants pour se fournir en composants électroniques. Une très grande compagnie de renommée internationale, dont le nom est encore confidentiel, souhaite confier à la société Delec 2000 la fabrication des accéléromètres qui équipent ses smartphones.
Ce projet nécessite un agrandissement de la chaîne de production avec l'embauche d'au moins 10 salariés qualifiés et l'acquisition de nouvelles machines. **Le coût du projet a été fixé (hors embauche de personnel) à 800 000 €. Le financement est assuré à hauteur de 600 000 € grâce aux subventions publiques et à l'autofinancement, mais il manque donc 200 000 € pour boucler le projet.** Un emprunt bancaire peut être envisagé, mais la société, déjà fortement endettée, souhaite trouver une autre solution.
Au vu des excellents résultats de cette année, il sera demandé au conseil d'administration – et notamment à M. Delmas, le président-directeur général, très impliqué dans ce projet – à l'AGO des actionnaires de **réserver une partie des bénéfices de l'année au financement de ce projet.**

ANNEXE 7 **Extrait du procès-verbal de l'AGO des actionnaires du 28/06/N+1**

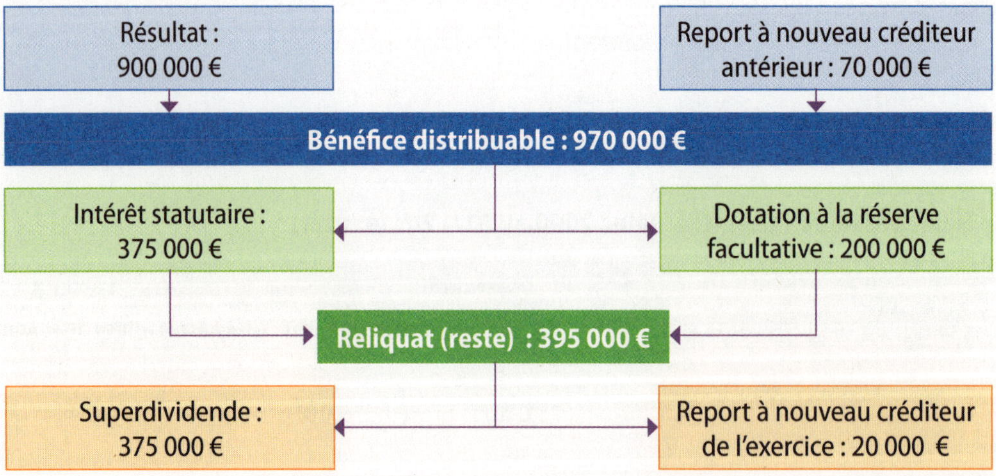

ANNEXE 8

Téléchargez le tableau d'affectation des résultats de l'exercice N
liennathan.fr/4jr69j

FICHE RESSOURCE 1

Les obligations juridiques relatives à l'affectation du résultat

I Les objectifs des investisseurs

Lorsqu'un associé de SARL ou un actionnaire de SA investit dans une société, la rentabilité de ses titres va reposer essentiellement sur deux critères :

- l'espérance d'une prise de valeur des titres dans le temps, afin d'en tirer une plus-value en cas de revente ;
- la possibilité d'en tirer le meilleur rendement possible avec les dividendes les plus élevés à la fin de chaque exercice comptable.

II Les contraintes juridiques relatives à l'affectation du résultat

En cas de bénéfice à répartir, la préparation de l'affectation du résultat comptable doit respecter :

- des contraintes **légales** (ex. : affectation dans certaines réserves obligatoires) ;
- des contraintes **statutaires**, c'est-à-dire prévues dans les statuts de la société (ex. : l'affectation à certaines réserves ou un intérêt prioritaire à verser un dividende aux associés).

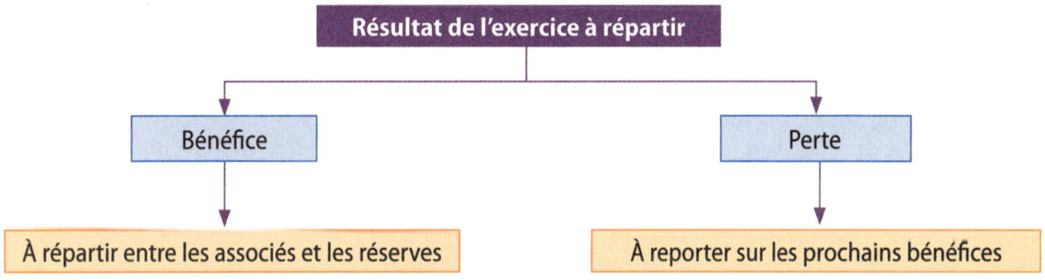

Ce n'est qu'après avoir satisfait à ces deux contraintes que la direction soumettra le projet de répartition des bénéfices au vote de l'AGO des actionnaires, pour approbation ou modification.

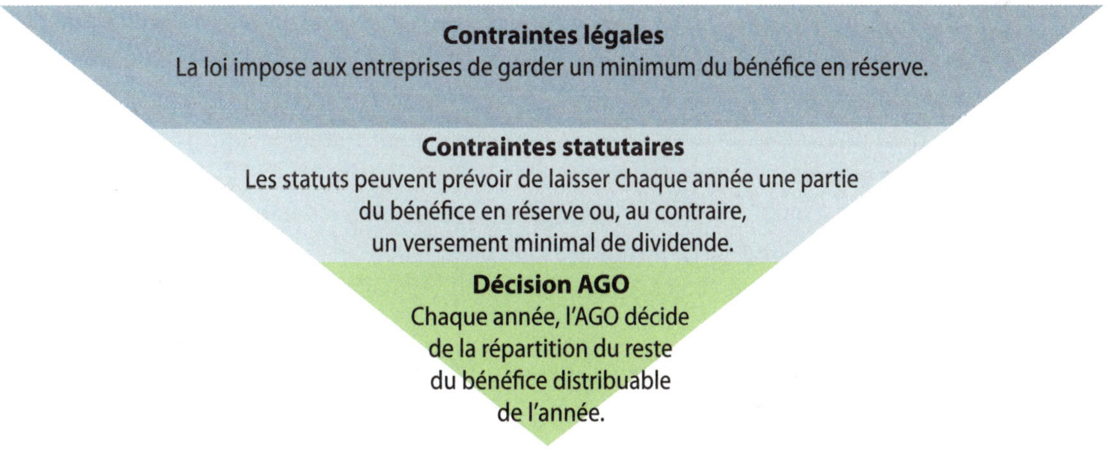

L'affectation des résultats doit avoir lieu dans un délai maximum de **6 mois** à compter de la clôture de l'exercice (exemple : pour un exercice qui se termine le 31/12/N, l'affectation du résultat doit avoir lieu avant le 30/06/N+1). Les bénéfices distribués seront répartis entre les associés proportionnellement à leur participation dans le capital.

L'essentiel en une question

Est-il possible d'affecter l'ensemble du bénéfice aux actionnaires ?

Consultez le corrigé
liennathan.fr/4ppe82

FICHE RESSOURCE 2

Les modalités de l'affectation du résultat

I Le schéma général d'affectation du résultat

On ne peut distribuer qu'un bénéfice, en aucun cas une perte. Un bénéfice doit en priorité servir à combler d'éventuelles pertes antérieures. En l'absence de pertes antérieures, il est possible de procéder à la distribution de ce bénéfice. Toutefois, la totalité de celui-ci n'est pas toujours distribuable. Il existe des obligations à la fois légales et contractuelles (statutaires) qui font qu'une partie du bénéfice doit faire l'objet d'une affectation prioritaire avant toute mise en distribution.
Enfin, un bénéfice distribuable n'est pas forcément distribué : ce sont les associés, propriétaires de l'entreprise, qui en décident.

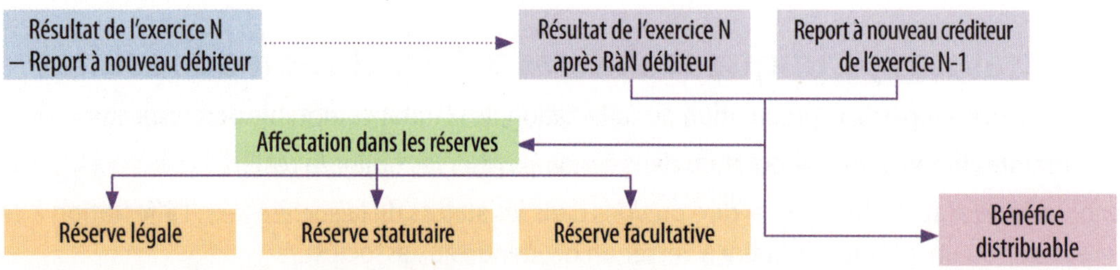

II Le calcul du bénéfice distribuable

Bénéfice comptable après impôts et après imputation des déficits antérieurs
– Affectation obligatoire à la réserve légale
– Affectation contractuelle à la réserve statutaire
+ Report à nouveau créditeur

= Bénéfice distribuable

1. Le report à nouveau débiteur

Il s'agit des pertes antérieures qui sont imputées prioritairement sur le bénéfice comptable. L'entreprise ne peut distribuer de bénéfices tant que les pertes antérieures ne sont pas entièrement apurées.

2. Les réserves

- La **réserve légale** (compte 1061) : la loi impose aux sociétés d'affecter chaque année une fraction du bénéfice (5 %) dans un compte de réserve légale. Cette obligation s'arrête lorsque le montant cumulé de la réserve légale atteint 10 % du capital social.
- La **réserve statutaire** (compte 1063) : son affectation, prévue dans les statuts de la société, est obligatoire dès l'instant où les statuts en précisent les modalités.
- La **réserve facultative** (compte 1068 « Autres réserves ») : son affectation dépend de la décision de l'AGO des associés.

3. Le report à nouveau créditeur

Il est constitué de faibles sommes qui proviennent souvent des arrondis liés aux calculs des dividendes (on n'arrondit jamais à l'euro supérieur car on ne peut distribuer plus que le bénéfice). Il peut s'agir aussi d'une part du bénéfice de l'année précédente pour laquelle le choix entre mise en réserve et distribution de dividende n'a pas été effectué. Dans ce cas, le choix est volontairement reporté à l'année suivante.

> **Exemple**
> S'il reste à distribuer 41 000 € pour 4 000 actions, on calcule comme suit : 41 000 / 4 000 = 10,25 € par action. Il restera 0,25 € par action non distribué, soit en tout : 0,25 € × 4 000 actions = 1 000 €. Cette somme sera « reportée à nouveau » sur l'exercice suivant.

? L'essentiel en une question
Le bénéfice comptable est-il égal au bénéfice distribuable ?

Consultez le corrigé
liennathan.fr/c29vy3

FICHE RESSOURCE 3

Les différentes composantes de l'affectation du résultat

I Les dividendes

Il s'agit de la partie du bénéfice destinée aux associés. On distingue :

- le **premier dividende** ou **intérêt statutaire** : il correspond à une fraction du bénéfice qui doit être obligatoirement distribuée aux associés (à condition que le bénéfice soit suffisant) car elle est prévue dans les statuts. Il est calculé sur le montant du capital libéré. Le taux d'intérêt est précisé dans les statuts ;
- le **second dividende** ou **superdividende** : après affectation du résultat bénéficiaire à la réserve légale, au premier dividende et aux autres réserves (statutaire ou facultative), le reliquat est, en règle générale, distribué aux associés sous forme de superdividende. Ce dernier étant en règle générale arrondi par titre à l'euro inférieur, le solde non affecté en qualité de superdividende est reporté à nouveau sur l'exercice suivant.

II La hiérarchie de l'affectation du résultat bénéficiaire

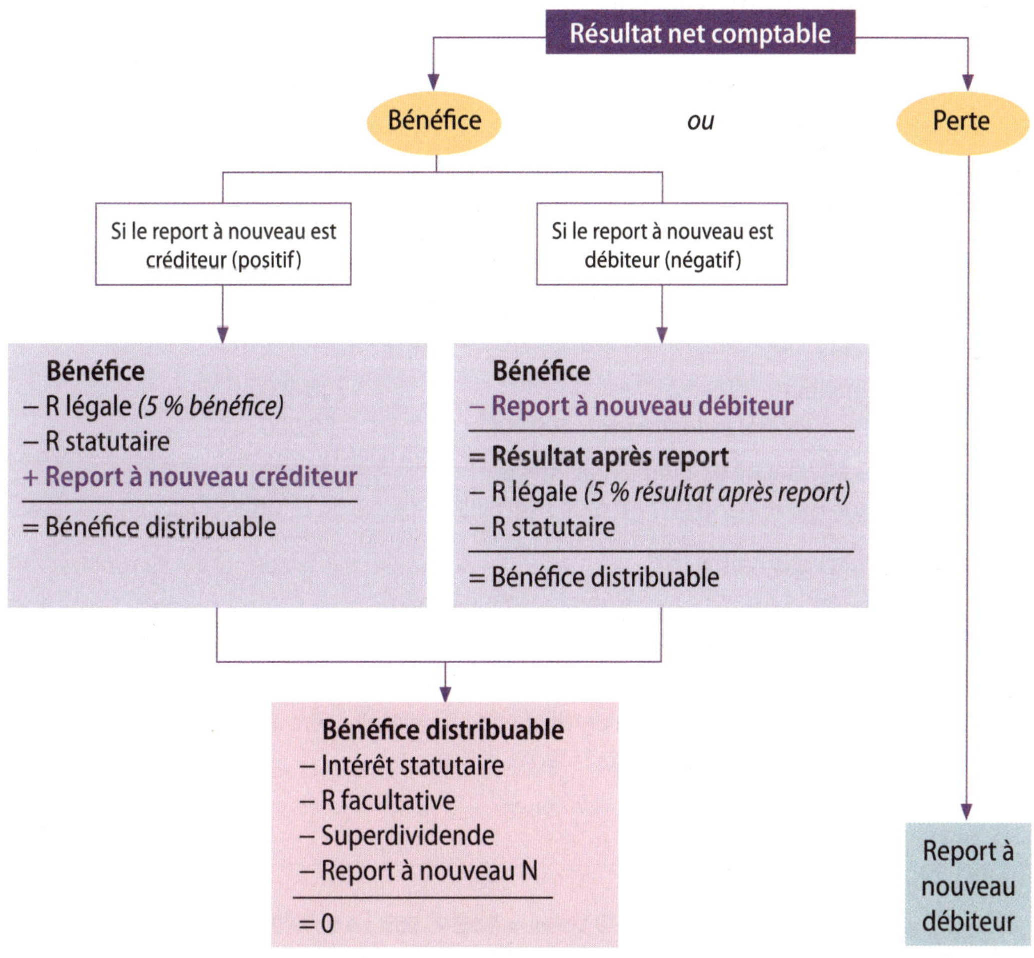

III Exemple

La société Denver, au capital de 1 000 000 € divisé en 10 000 titres d'une valeur unitaire de 100 €, a réalisé un bénéfice net d'impôt de 128 000 €. Les statuts ne prévoient pas de réserve statutaire.

1. La base de calcul de la réserve légale

Deux cas peuvent se présenter selon que le report à nouveau est débiteur (négatif) ou créditeur (positif).

Éléments	Cas 1	Cas 2
Montant du capital social	1 000 000	1 000 000
Report à nouveau	**+ 5 000**	**– 3 500**
Résultat comptable N	128 000	128 000
Base de calcul de la réserve légale	**128 000**	**124 500**

Bénéfice = 128 000

Bénéfice – RàN débiteur
128 000 – 3 500 = 124 500

2. Le montant de la réserve légale à retenir compte tenu des plafonds

Dans le cas 1 de l'entreprise Denver, deux hypothèses peuvent se présenter :

Reste encore à doter en RL :
100 000 – 90 000 = 10 000

Reste encore à doter en RL :
100 000 – 95 000 = 5 000

Éléments	Cas 1-A	Cas 1-B
Montant du capital social	1 000 000	1 000 000
Plafond réserve légale = Capital × 0,1	100 000	100 000
Cumul réserve légale avant répartition	90 000	95 000
Résultat comptable N	128 000	128 000
Dotation réserve légale N	6 400	5 000
Cumul réserve légale après répartition	96 400	100 000

128 000 × 0,05 = 6 400
Peut être totalement dotée (car il reste 10 000 à doter).

128 000 × 0,05 = 6 400
Mais il reste 5 000 seulement à doter (dotation plafonnée à 5 000).

3. Le calcul du bénéfice distribuable

Dans le cas 1-A :

Bénéfice net	128 000
– Dotation à la réserve légale	– 6 400
+ Report à nouveau créditeur antérieur	5 000
= Bénéfice distribuable	**126 600**

4. Le premier dividende ou intérêt statutaire

Pour la société Denver, le montant de l'intérêt statutaire est égal à 5 % du capital. Le capital est entièrement libéré.

Bénéfice distribuable	126 600
– Intérêt statutaire (premier dividende) : 100 000 × 0,05 =	**– 50 000**
= Reliquat après affectation au premier dividende	76 600

Premier dividende par titre : 50 000 / 10 000 titres = 5 €

5. L'affectation du reliquat

Le reliquat après affectation au premier dividende est réparti entre les réserves et le second dividende ou superdividende.

Les associés ont décidé d'affecter la somme de 30 000 € dans une réserve facultative, le reste étant distribué aux associés sous forme de superdividende. Ce dernier sera arrondi par titre à l'euro inférieur.

L'affectation du reliquat va s'effectuer de la façon suivante :

Reliquat après affectation au premier dividende	76 600
– Dotation à la réserve facultative	– 30 000
= Reste pour superdividende théorique	*46 600*
– Superdividende réel : 46 600 / 10 000 titres = 4,66 €, soit : 4 € × 10 000 =	**– 40 000**
= Reste = Report à nouveau créditeur	6 600

L'essentiel en une question

Pourquoi peut-on dire que le premier objectif d'un résultat positif est de combler les pertes antérieures ?

Consultez le corrigé
liennathan.fr/97yx6k

FICHE RESSOURCE 4

Le tableau des affectations du résultat et l'enregistrement comptable

I Le tableau des affectations du résultat

Il s'agit du document normalisé imposé par le plan comptable. Il indique :
- l'origine du résultat de l'exercice ;
- les différentes affectations réalisées.

Exemple (suite de la société Denver) : **tableau des affectations du résultat de la société Denver**

Éléments	Origine	Affectation
Origine		
Report à nouveau antérieur	5 000	
Résultat de l'exercice	128 000	
Affectations		
Affectations aux réserves : – Réserve légale – Autres réserves		 6 400 30 000
Dividendes : – Intérêts statutaires – Superdividende		 50 000 40 000
Report à nouveau		6 600
Totaux	**133 000**	**133 000**

II L'affectation du résultat comptable

1. L'affectation du résultat déficitaire

Si le résultat de l'exercice dégage une perte, celle-ci figure au débit du compte 129 « Résultat de l'exercice (perte) ». Il faut transférer la perte dans un compte de report à nouveau **débiteur**.

Exemple : soit une société qui dégage une perte de 8 500 € au titre de l'exercice N.

Écriture d'affectation de la perte au 31/12/N

		31/12/N		
119		Report à nouveau (solde débiteur)	8 500	
	129	Résultat de l'exercice (perte)		8 500
		Pour affectation de la perte		

2. L'affectation du résultat bénéficiaire

Le résultat bénéficiaire est affecté dans les comptes de réserves et de dividendes prévus à cet effet.

Exemple : la société Denver procède à l'affectation du bénéfice de l'exercice N.

Écriture d'affectation du bénéfice au 31/12/N

		31/12/N		
120		Résultat de l'exercice	128 000	
110		Report à nouveau créditeur (N-1)	5 000	
	1061	Réserve légale		6 400
	1068	Autres réserves (facultative)		30 000
	110	Report à nouveau créditeur (N)		6 600
	457	Associés – Dividendes à payer (50 000 + 40 000)		90 000
		Suivant tableau des affectations du résultat		

L'essentiel en une question

Où est passé le résultat de l'exercice (compte 120) après affectation ?

Consultez le corrigé liennathan.fr/3m3v8v

FICHE RESSOURCE 5

Le bilan après répartition du bénéfice et le paiement des dividendes

I Le bilan avant et après répartition des bénéfices

Lorsque la répartition des bénéfices a été effectuée, il est nécessaire de présenter un bilan dans lequel le résultat disparaît au profit des réserves, du report à nouveau et des dividendes à verser aux associés.

Exemple (suite de la société Denver)

Extrait du bilan passif avant et après répartition des bénéfices de la société Denver

PASSIF	Avant répartition	Après répartition
Capitaux propres		
Capital social	1 000 000	1 000 000
Réserves :		
– Réserve légale (90 000 + 6 400)	90 000	96 400
– Autres réserves (250 000 + 30 000)	250 000	280 000
Report à nouveau	5 000	6 600
Résultat de l'exercice (bénéfice ou perte)	**128 000**	**0**
Total I	**1 473 000**	**1 383 000**
Dettes		
Autres dettes (y compris les dividendes)	370 000	460 000(1)
Total II	**1 843 000**	**1 843 000**

La différence correspond au montant des dividendes distribués (90 000 €).

(1) 460 000 = 370 000 + 90 000 (dividendes).

II Le paiement des dividendes aux associés

La mise en paiement des dividendes doit intervenir au plus tard dans les 9 mois suivant la clôture de l'exercice et le règlement doit s'effectuer en une seule fois en numéraire. Toutefois, certains associés peuvent demander que le montant des dividendes soit versé sur le compte courant ouvert à leur nom dans la société. Ils laissent ainsi leurs dividendes à disposition de la société : cette dernière dispose donc d'une avance de trésorerie. Bien entendu, les sommes laissées par les associés sur leur compte courant font l'objet d'une rémunération.

Exemple (suite)

Dans la société Denver, le paiement des dividendes a lieu le 10/07/N+1. Tous les associés sont réglés par virement bancaire, à l'exception du premier associé, qui souhaite laisser ses dividendes à la disposition de la société jusqu'à la fin de l'année N+1 contre rémunération. Le montant de ses dividendes s'élève à 27 000 €. L'écriture relative au paiement et à l'affectation des dividendes est la suivante :

Écriture d'affectation du bénéfice au 31/12/N

		31/12/N		
457		Associés – Dividendes à payer	90 000	
	455	Associé 1 – Compte courant		27 000
	512	Banque		63 000
		Règlement des dividendes aux associés		

? L'essentiel en une question

Pourquoi les capitaux propres diminuent-ils après affectation du résultat ?

Consultez le corrigé
liennathan.fr/q559te

APPLICATIONS

EXOS FLASH

EXO 1 Quiz interactif

Testez vos connaissances sur ce chapitre avec le quiz en ligne.

liennathan.fr/8amt86

Votre score ....

EXO 2 Calculer le bénéfice distribuable avec dotation à la réserve légale plafonnée

Répondez aux questions suivantes à l'aide de l'annexe.

1. **Déterminez le nombre de titres qui composent le capital.**
2. **Calculez la dotation à la réserve légale et indiquez la particularité qui se présente.**
3. **Déterminez le bénéfice distribuable.**

ANNEXE Extrait des comptes (avant répartition) de la société Alpha

Capital (actions de 500 €)	100 000
Réserve légale	9 800
Autres réserves	38 000
Report à nouveau créditeur	1 000
Résultat de l'exercice (bénéfice)	45 000

EXO 3 Répartir le bénéfice et enregistrer l'écriture

Répondez aux questions suivantes à l'aide de l'annexe.

1. **Calculez le nombre de titres qui composent le capital social.**
2. **Déterminez le bénéfice distribuable de l'exercice N.**
3. **Calculez le montant du premier dividende et du superdividende.**
4. **Présentez l'affectation des résultats dans un tableau à deux colonnes (« Origine » et « Affectation »).**
5. **Enregistrez, dans le journal des opérations diverses, l'écriture correspondante en date du 25/06/N+1. Que remarquez-vous par rapport au tableau dressé à la question précédente ?**
6. **Complétez la dernière colonne de l'annexe. Chiffrez la différence entre les montants avant et après répartition puis expliquez l'écart.**

ANNEXE Extrait des capitaux propres de l'entreprise Béta au 31/12/N

Comptes (extrait)	Avant répartition	Après répartition
Capital (actions de 1 000 €)	300 000	....
Réserve légale	18 000	....
Autres réserves (réserve facultative)	23 000	....
Report à nouveau créditeur	2 500	....
Résultat de l'exercice (bénéfice)	56 000	....

L'article 16 des statuts indique, à propos de la répartition des bénéfices : « Après affectation à la réserve légale, il sera prélevé, sur le solde, après ajout éventuel d'un report à nouveau créditeur, un intérêt statutaire de 6 % du montant du capital social. Le solde, après affectation à la réserve facultative, sera attribué aux actionnaires à titre du superdividende. »

Pour l'exercice N, l'AGO des actionnaires a décidé de doter la réserve facultative à hauteur de 12 000 € et d'arrondir le superdividende unitaire à l'euro inférieur.

ENTRAÎNEMENT AU BTS 1 Affecter le résultat dans une SA avec un report à nouveau débiteur ★★☆

Vous travaillez en qualité de comptable au sein de la société Franker, spécialisée dans la production et la commercialisation d'huiles aromatiques méditerranéennes. Son siège social est situé à Gardanne (Bouches-du-Rhône). Elle emploie près de 300 salariés.

Ces dernières années, les lourds investissements engagés, aussi bien sur le plan industriel que commercial, ont entraîné un résultat déficitaire en N-1, résultat qui a été affecté dans un compte de report à nouveau débiteur.

Le chef comptable de la société Franker vous charge de préparer le projet d'affectation du résultat bénéficiaire de l'exercice N qui sera présenté aux actionnaires lors de l'AGO prévue le 07/06/N+1. Il vous a fait passer une note interne de la part du conseil d'administration, vous précisant que ce dernier a décidé de proposer de doter la réserve facultative à hauteur de 100 000 €, le solde étant affecté aux actionnaires à titre de superdividende.

1. **Rappelez la raison pour laquelle la constitution d'une réserve légale est obligatoire et précisez son mode de calcul.**
2. **Calculez le bénéfice distribuable.**
3. **Présentez l'écriture qui a été enregistrée dans les comptes lors de la clôture du bilan après inventaire au 31/12/N-1 en ce qui concerne l'affectation de la perte.**
4. **Présentez les calculs relatifs au projet d'affectation du résultat de l'exercice N en suivant les indications précédentes et en vous référant à l'annexe 2. Vous préciserez le dividende unitaire qui serait distribué à chaque actionnaire.**
5. **L'AGO du 07/06/N+1 a validé le projet d'affectation du résultat. Présentez l'extrait des capitaux propres après affectation du résultat (annexe 1 à compléter) et le tableau d'affectation du résultat de l'exercice N (annexe 3 à compléter sous Excel).**
6. **Chiffrez et expliquez la différence entre les montants des capitaux propres avant et après répartition.**
7. **Enregistrez, dans le journal des opérations diverses, l'écriture relative à la répartition du bénéfice de l'exercice N.**

ANNEXE 1 **Extrait des capitaux propres au 31/12/N**

Éléments	Avant répartition	Après répartition (à compléter)
Capital social (50 000 actions de valeur nominale 200 €)	10 000 000	....
Réserve légale	700 000	....
Réserve statutaire	400 000	....
Réserve facultative	1 100 000	....
Résultat de l'exercice	1 540 000	....
Report à nouveau débiteur	– 120 000	....
Report à nouveau créditeur	0	....
Totaux	13 620 000	....

ANNEXE 2 **Extraits des statuts de la société**

Article 6 – Le capital social est de 10 000 000 €, divisé en actions d'un montant de 200 € chacune, souscrites en numéraire et libérées entièrement à la souscription du capital.

Article 7 – Chaque exercice social a une durée d'une année qui commence le 1er janvier et finit le 31 décembre. […]

Article 10 – S'il résulte des comptes de l'exercice, tels qu'ils sont approuvés par l'assemblée générale, l'existence d'un bénéfice distribuable suffisant après dotation de la réserve légale, il est attribué aux actionnaires, à titre de premier dividende, une somme nécessaire pour leur verser un intérêt de 5 % sur les sommes dont leurs actions sont libérées. Sur le solde, une affectation en réserve statutaire d'un montant de 10 % sera effectuée. Quant au reliquat, s'il en existe un, l'assemblée générale peut décider de l'inscrire à un ou plusieurs postes de réserves dont elle règle l'affectation ou l'emploi, de le reporter à nouveau ou de le distribuer. Le second dividende ou superdividende sera toujours arrondi à l'euro inférieur par action. […]

ANNEXE 3

Téléchargez le tableau d'affectation du résultat de l'exercice N
liennathan.fr/gh5k62

ENTRAÎNEMENT AU BTS 2 — Retrouver une affectation du résultat et préparer un projet de répartition des bénéfices ★★★

Vous venez d'être embauché(e) en qualité de comptable au sein de la SA Sivor. Le directeur financier vous charge de procéder à la préparation de la prochaine assemblée générale des actionnaires prévue le 05/06/N+1. À cet effet, il vous remet les annexes 1 à 3.

Suite à un déménagement du service comptable dans d'autres locaux, le directeur financier ne retrouve plus le détail de l'affectation du résultat de l'exercice N-1. Il vous confie la tâche de la reconstituer en plus des autres travaux qui vont vous être attribués.

1 **À l'aide de l'annexe 1, retrouvez le détail de l'affectation du résultat de l'exercice N-1 afin de le remettre au directeur financier.**

2 **Déterminez le montant théorique de la dotation à la réserve légale et précisez le problème qui va se poser.**

3 **Présentez les calculs relatifs au projet d'affectation du résultat de l'exercice N en vous référant aux dispositions des statuts et aux règles légales. Vous préciserez le dividende unitaire qui serait distribué à chaque actionnaire.**

4 **L'AGO du 05/06/N+1 a validé partiellement le projet d'affectation du résultat sous réserve d'affecter la somme de 2 500 000 € en réserve facultative, la différence de 300 000 € étant affectée dans le report à nouveau. Présentez le tableau d'affectation du résultat de l'exercice et l'extrait des capitaux propres avant et après affectation du résultat au 31/12/N (fichier Excel à télécharger : liennathan.fr/8cbi84).**

5 **Chiffrez et expliquez la différence entre le montant des capitaux propres avant répartition et celui après répartition.**

6 **Enregistrez, dans le journal des opérations diverses, l'écriture relative à la répartition du bénéfice au 31/12/N et à la mise en paiement des dividendes aux actionnaires par virement bancaire le 17/07/N+1.**

ANNEXE 1 **Extrait des capitaux propres avant inventaire**

Comptes du passif	Exercice N	Exercice N-1
Capital (actions de 100 €)	54 000 000	54 000 000
Réserve légale	5 250 000	4 850 000
Autres réserves (réserve facultative)	32 650 000	28 630 000
Report à nouveau créditeur	600 000	800 000
Résultat de l'exercice (bénéfice)	9 850 000	8 000 000
Totaux	**102 350 000**	**96 280 000**

ANNEXE 2 **Extraits des statuts de la société**

[...]

Article 3 – Le capital social est de 54 000 000 €, divisé en 540 000 actions d'un montant de 100 € chacune, souscrites en numéraire et libérées entièrement à la souscription du capital.

Article 5 – Chaque exercice social a une durée d'une année qui commence le 1er janvier et finit le 31 décembre. [...]

Article 8 – S'il résulte des comptes de l'exercice, tels qu'ils sont approuvés par l'assemblée générale, l'existence d'un bénéfice distribuable suffisant après dotation de la réserve légale, il est attribué aux actionnaires, à titre de premier dividende, une somme nécessaire pour leur verser un intérêt de 5 % sur les sommes dont leurs actions sont libérées. Sur le solde, s'il en existe un, l'assemblée générale peut décider de l'inscrire à un ou plusieurs postes de réserves dont elle règle l'affectation ou l'emploi, de le reporter à nouveau ou de le distribuer.

[...]

ANNEXE 3 **Note interne du conseil d'administration**

Émetteur : Conseil d'administration
Destinataire : Service comptable et financier
Date : 15/05/N+1
Objet : Projet d'affectation du résultat de l'exercice N

Le conseil d'administration a décidé, lors de sa dernière réunion, de proposer une affectation en réserve facultative à hauteur de 2 800 000 € et d'arrondir le superdividende par action à l'euro inférieur. Merci de tenir compte de ces informations afin de préparer le projet d'affectation du résultat de l'exercice N.

ANNEXE 4

Téléchargez le tableau d'affectation du résultat de l'exercice N
liennathan.fr/8cbi84

ENTRAÎNEMENT AU BTS 3 Justifier la répartition du résultat ★★☆

Vous travaillez en qualité de comptable au sein de la société R&D. La répartition du résultat a déjà été effectuée. Le chef comptable vous demande toutefois de procéder à la vérification de certains montants et de calculer les dividendes alloués aux actionnaires (annexes 1 à 4).

1 À l'aide de l'annexe 4, justifiez les montants de la dotation à la réserve légale, du report à nouveau de l'exercice N et des dividendes attribués aux actionnaires.

2 Précisez la répartition des dividendes entre les différents actionnaires en fonction des indications de l'annexe 2.

3 Présentez l'extrait des capitaux propres après affectation du résultat (annexe 1). Justifiez la différence entre les totaux avant et après affectation.

4 Enregistrez l'écriture d'affectation du résultat en date du 31/12/N.

ANNEXE 1 Extrait du bilan au 31/12/N (avant affectation du résultat)

Capitaux propres	Avant affectation	Après affectation
Capital social (500 actions de 100 €)	50 000	....
Réserve légale	4 000	....
Autres réserves	14 200	....
Report à nouveau créditeur	3 720	....
Résultat de l'exercice (bénéfice)	38 500	....
Totaux	**110 420**	....

ANNEXE 2 Extrait des statuts

Lors de la constitution de la société, il a été apporté en numéraire la somme de 50 000 € intégralement libérée. La répartition des apports a été la suivante :

M. Richard	30 000 €
M. Dhavine	10 000 €
Autres actionnaires	10 000 €

Sur les bénéfices, diminués le cas échéant des pertes antérieures, un prélèvement de 5% doit être affecté à la réserve légale. Ce prélèvement cesse d'être obligatoire lorsque ladite réserve atteint le dixième du capital social.

Le bénéfice distribuable est constitué par le bénéfice de l'exercice, diminué des pertes antérieures et du prélèvement pour la réserve légale, augmenté du report à nouveau créditeur.

L'intérêt statutaire est fixé à 5% du capital libéré.

Sur les bénéfices distribuables, les actionnaires peuvent prélever toute somme, soit pour être reportée à nouveau sur le prochain exercice, soit pour être affectée dans un compte de réserve facultative.

ANNEXE 3 Proposition de répartition du bénéfice

Il a été décidé le 02/06/N+1 de doter la réserve facultative à hauteur de 14 000 €.

Le superdividende unitaire est arrondi à l'euro inférieur, le reste étant placé en report à nouveau.

ANNEXE 4 Tableau des affectations du résultat de l'exercice N

Éléments	Origine	Affectation
Origine		
Report à nouveau créditeur de N-1	3 720	
Résultat de l'exercice N	38 500	
Affectation		
Réserve légale		1 000
Réserve facultative		14 000
Dividendes		27 000
Report à nouveau		220
Totaux	**42 220**	**42 220**

SYNTHÈSE

Synthèse audio
liennathan.fr/73prp9

L'affectation des résultats

1 Le projet de répartition des bénéfices

Les entreprises ne sont pas complètement libres quant à leur décision de répartition des bénéfices. Elles doivent tenir compte de diverses contraintes.

Contraintes légales et réglementaires

- Légale : réserve légale
- Réglementaire : réserve statutaire ou versement d'un dividende prioritaire

Stratégie de la direction

Volonté de privilégier l'entreprise (dotation importante en réserve) ou les associés (distribution importante de dividendes)

Volonté des associés

Les associés expriment leurs souhaits en AGO et procèdent au vote.

Calcul du bénéfice distribuable

Dépend des résultats antérieurs

Pertes antérieures

Bénéfice
– RàN débiteur
– Réserve légale
– Réserve statutaire
= Bénéfice distribuable

Bénéfices passés

Bénéfice
– Réserve légale
– Réserve statutaire
+ RàN créditeur
= Bénéfice distribuable

Affectation du bénéfice distribuable

Bénéfice distribuable
– Premier dividende
– Réserves facultatives
– Second dividende
– RàN année N
= 0

2 La mise à jour des documents après approbation en AGO

Tableau d'affectation du résultat

Présentation des éléments à l'**origine** (résultat et RàN) et des **affectations** (réserves, dividendes, RàN)

Écriture au journal

Les comptes 120 ou 129 sont soldés.

Si perte : 119 ← 129

Si bénéfice :

Comptes 120 et 110 (N-1) débités	Comptes 1061, 1068, 110 (N) et 457 crédités

Paiement des dividendes

Les dividendes versés sont proportionnels aux actions détenues par associé.

Les associés peuvent convenir de laisser leurs dividendes en compte courant.

CHAPITRE 12

La sauvegarde et l'archivage des documents comptables

Activité	Composantes d'activité	Compétences	P7
2.6. Sauvegarde et archivage des documents comptables	**2.6.1.** Sauvegarde et archivage des documents de synthèse et des situations intermédiaires **2.6.2.** Réponse à une demande de contrôle extérieur	– Mettre en œuvre les procédures nécessaires à la sauvegarde et à l'archivage des documents de synthèse et des situations intermédiaires – Préparer un dossier permettant d'apporter les informations nécessaires à une demande extérieure	– La localisation des ressources – Le partage des ressources selon le besoin identifié – L'archivage des documents conforme aux règles comptables et aux procédures en vigueur dans l'organisation (chronologie, cohérence, formalisme, traçabilité, responsabilité)

SITUATION PROFESSIONNELLE

La SA Delec 2000 (Diffusion Electro 2000), implantée à Pertuis (Vaucluse), fabrique et commercialise des composants électromécaniques et des connecteurs pour l'électronique.
L'entreprise a terminé les travaux d'inventaire. L'ensemble des travaux comptables relatifs aux ajustements de fin d'exercice sont terminés, le dossier de révision a été mis à jour, les comptes de l'année N ont été approuvés en assemblée générale ordinaire (AGO). À cette occasion, l'affectation des résultats a été votée et les documents de synthèse après répartition ont été mis à jour.
Il s'agit désormais de mettre en œuvre les procédures nécessaires à la sauvegarde et à l'archivage de l'ensemble des données : pièces comptables justificatives, journaux, grand-livre, balances, documents de synthèse et annexes.

VOS MISSIONS

La société Delec 2000, dans laquelle vous êtes comptable, a subi une inondation. Depuis, votre responsable, M. Demir, s'inquiète des conséquences qui pourraient impacter l'entreprise. Vous participez à la vérification de la fiabilité des procédures de sauvegarde et d'archivage des documents comptables afin, éventuellement, de les améliorer.

MISSION 1 **Distinguer sauvegarde et archivage** ▶ Fiches ressource 1 à 3

MISSION 2 **Analyser l'intérêt de la dématérialisation des documents** ▶ Fiche ressource 4

MISSION 3 **Transmettre des éléments d'information lors d'une demande extérieure** ▶ Fiche ressource 5

VOS MISSIONS

MISSION 1 Distinguer sauvegarde et archivage

1. **Expliquez pourquoi il est indispensable de prévoir une tâche de sauvegarde liée au PGI et ce qui la distingue d'un archivage.**
▶ Annexe 1 ▶ Fiches ressource 1 et 2

P7 **2.** **Indiquez à quoi correspond une stratégie de sauvegarde et expliquez celle mise en place chez Delec 2000.**
▶ Annexe 2 ▶ Fiche ressource 3

3. **Vérifiez les paramétrages actuels de la sauvegarde. Cela correspond-il à ce qui est prévu ? Indiquez les avantages et les inconvénients. Que pourriez-vous proposer pour réduire les risques ?**
▶ Annexe 3

Besoin d'aide ?
liennathan.fr/6vx56v

La question de l'expert
Une sauvegarde externalisée *via* un prestataire peut-elle se substituer à une sauvegarde locale ?

L'autocorrection en vidéo
liennathan.fr/75de8k

MISSION 2 Analyser l'intérêt de la dématérialisation des documents

4. **Delec 2000 a systématisé l'archivage électronique depuis quelques années. Expliquez pourquoi et comment cela a pu être mis en œuvre dans la mesure où la société continue à recevoir de nombreux documents papier.**
▶ Fiche ressource 4

5. **Expliquez en quoi consiste la GED. Les intérêts relevés par Delec 2000 vous semblent-ils vérifiés ?**
Annexes 4 et 5

P7 **6.** **Actuellement, les documents sont archivés sur un serveur dédié dans une salle de l'entreprise, mais celui-ci est bientôt saturé. Que pourriez-vous proposer comme solution ?**

Qu'est-ce qu'un système d'archivage électronique (SAE) ?
liennathan.fr/9ij72b

MISSION 3 Transmettre des éléments d'information lors d'une demande extérieure

7. **M. Demir vous demande de préparer les documents susceptibles d'être exploités par le commissaire aux comptes (CAC) lors de sa venue. Le FEC est-il un document pertinent ? Le PGI utilisé permet-il de répondre à ce besoin ?**
▶ Annexe 6 ▶ Fiche ressource 5

8. **Afin de faciliter le travail du CAC, il a été décidé de mettre à sa disposition l'ensemble des données des modules pertinents du PGI de la société pour qu'il puisse en disposer sur son ordinateur. Comment Delec 2000 peut-elle procéder ? Quelles doivent être les conditions pour que cela soit possible ?**
▶ Annexe 7

La question de l'expert
Trouvez d'autres d'utilisations de l'EDI qui sont régulièrement effectuées dans un service comptable et financier.

L'autocorrection en vidéo
liennathan.fr/2z4ix4

DONNÉES DE LA SITUATION

ANNEXE 1 Modules disponibles dans le PGI utilisé par Delec 2000

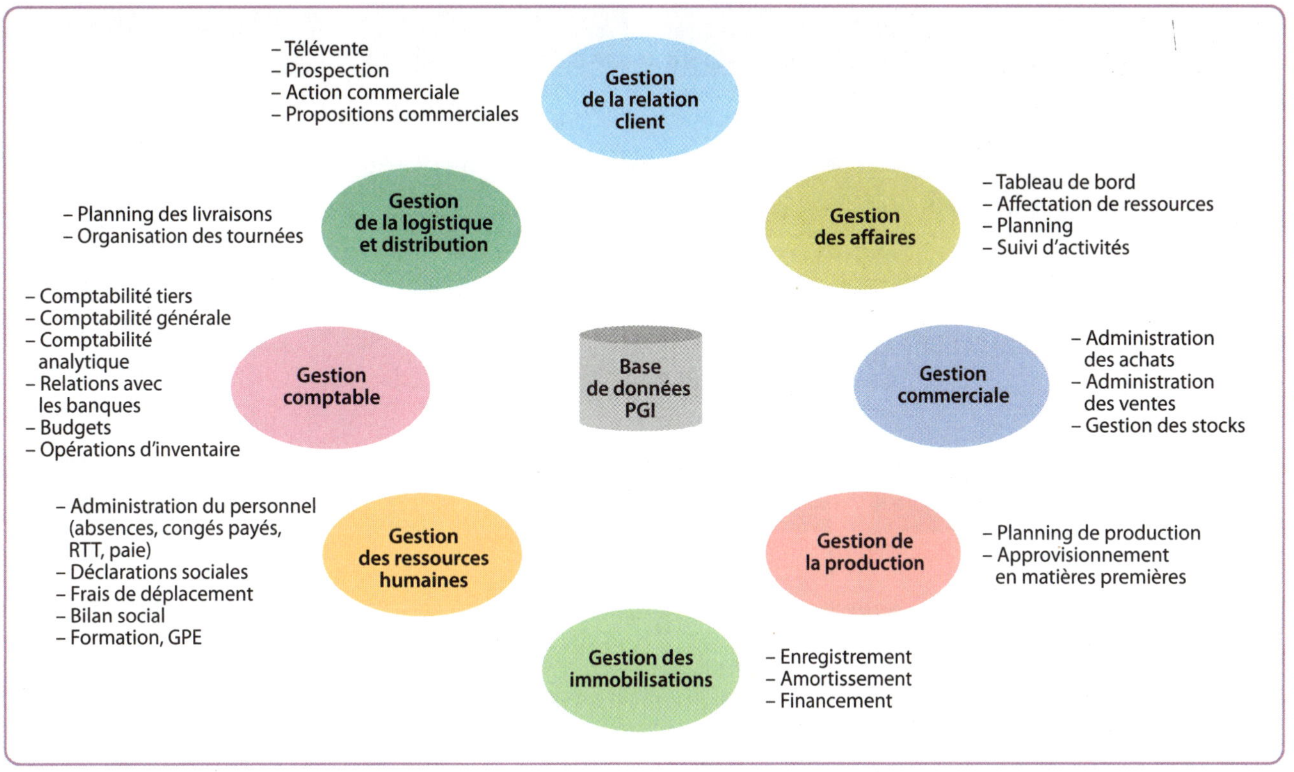

ANNEXE 2 Stratégie de sauvegarde de la base de données comptables chez Delec 2000

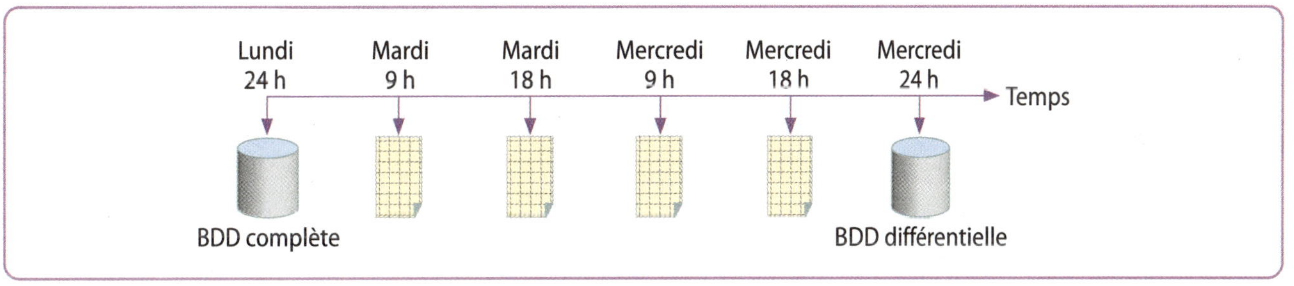

ANNEXE 3 Planification d'une sauvegarde

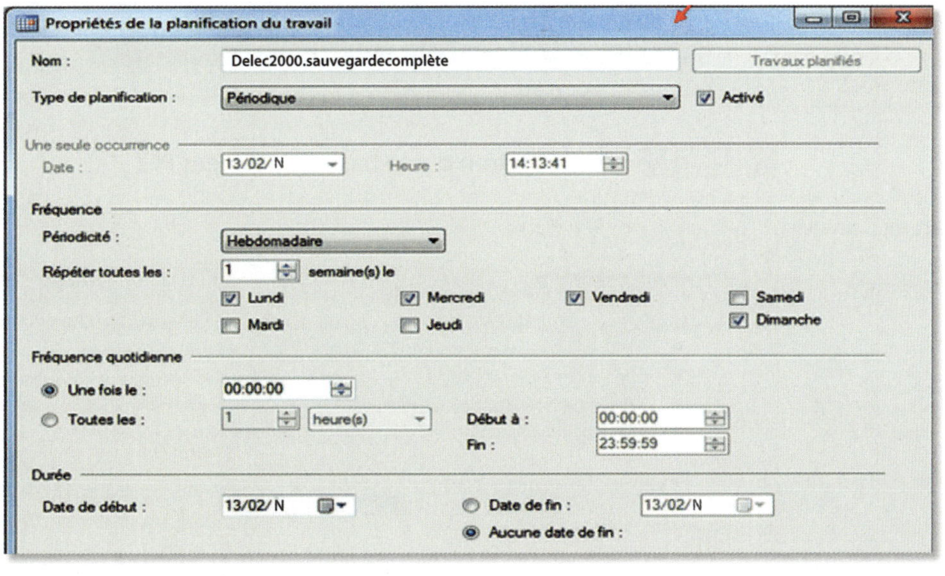

ANNEXE 4 Étapes et avantages de la GED

ÉTAPE 1 – CAPTURE DE VOS FLUX DOCUMENTAIRES
- Documents numérisés ou natifs électroniques
- Récupération automatique de vos SI métiers, bases de données, Outlook
- Import de masse de fichiers volumineux

ÉTAPE 2 – CENTRALISATION ET CLASSEMENT
- Intégration du plan de classement dans une arborescence structurée
- Indexation semi-automatique paramétrable
- Gestion du cycle de vie : durées de conservation…
- Gestion de dossiers vivants

ÉTAPE 3 – RECHERCHE ET CONSULTATION
- Accès facile à l'ensemble de vos documents numériques et physiques
- Recherche par mots clés ou plein texte sur le contenu
- Enregistrement de modèles

ÉTAPE 4 – EXPLOITATION AU QUOTIDIEN
- Annotation personnalisée
- Gestion des modes d'affichage, des modèles
- Suivi exhaustif des versions
- Reporting, suivi des indicateurs et audit d'activité

ÉTAPE 5 – TRAVAIL COLLABORATIF
- Espaces de travail collaboratif par processus métier, projet…
- Data Room ouvertes aux intervenants extérieurs
- Notification automatique : suivi des créations, modifications…

ÉTAPE 6 – AUTOMATISATION ET VALIDATION DES PROCESSUS METIERS
- Création de workflows par métier
- Diffusion en masse de documents
- Gestion des formulaires (collecte d'informations et pièces jointes)
- Circuit de validation

ÉTAPE 7 – SÉCURITÉ ET CONFORMITÉ
- Personnalisation des droits d'accès
- Piste d'audit sur tout le cycle de vie (historique et traçabilité)
- Archivage à vocation probatoire automatisé

ANNEXE 5 Les intérêts de la GED pour Delec 2000

Le responsable informatique de l'entreprise Delec 2000 a évalué les intérêts de l'utilisation de la GED.

- L'entreprise peut multiplier par 3 sa capacité de traitement de dossiers.
- La GED divise par 2 le temps consacré à la recherche d'informations par les personnes concernées.
- La GED autorise un accès immédiat aux informations (cas d'urgence).
- La GED réduit de 80 % l'espace physique de stockage des documents.
- La GED est un système sécurisé de gestion des documents.

ANNEXE 6 Fenêtre d'export du PGI

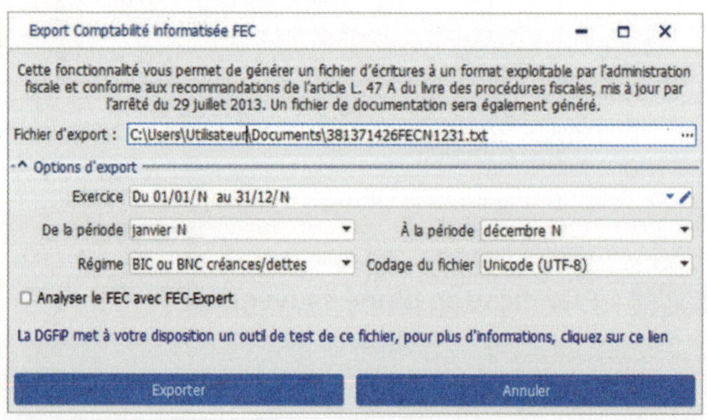

ANNEXE 7 Restauration d'une base de données PGI

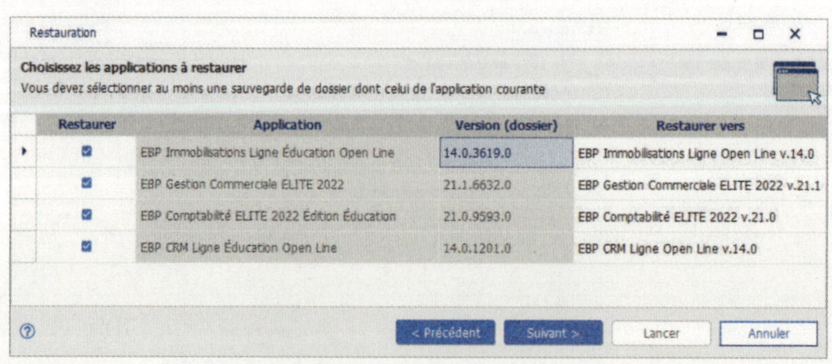

FICHE RESSOURCE 1

La conservation des données

I Pourquoi la conservation des données est-elle nécessaire ?

1. La réalisation de l'activité de l'entreprise

L'activité de l'entreprise s'appuie sur son système d'information (SI). Quel que soit le secteur auquel elle appartient, elle obtient, traite et diffuse des données grâce au SI. Ces données doivent être conservées car leur utilisation par les différents services de l'entreprise peut être étalée dans le temps. Par ailleurs, certaines situations exigent parfois d'accéder ou de retrouver des données qui datent de plusieurs mois ou années.

> Exemples : litige avec un partenaire (client, fournisseur, salarié…), contrôle (administration fiscale, commissaire aux comptes).

Des dispositifs adaptés doivent donc être mis en œuvre pour **archiver** les données et documents correspondants de façon satisfaisante et assurer leur **force probante**.

En outre, la dimension technologique du SI est aujourd'hui prépondérante. L'informatisation est omniprésente et repose sur des infrastructures matérielles (postes de travail, serveurs, réseaux) et logicielles (applications multiples et PGI, notamment). Des **risques** de panne, de dysfonctionnement ou de problèmes liés à la sécurité (piratage) peuvent se manifester. Il convient alors de **sauvegarder** les données afin de pouvoir y faire face.

2. Le respect des obligations légales

Plusieurs textes prévoient une obligation de conservation des informations et documents qui y sont liés. Il s'agit principalement du Code de commerce et du Livre des procédures fiscales, qui précisent la nature des documents à conserver et les délais correspondants.

II Les documents à conserver

1. Les documents comptables

Typologie documentaire	Délai légal	Textes de référence
Livres et registres comptables	Au moins 10 ans à compter de la fin de l'exercice comptable	Article L123-22 du Code de commerce
Documents justifiant le paiement des impôts et taxes	Au moins 6 ans	Articles L102 B, L169, L169 A et L176 du Livre des procédures fiscales
Factures	Au moins 10 ans à compter de la date d'émission	Article L123-22 du Code de commerce
Documents bancaires (talon de chèque, relevé bancaire…)	Au moins 5 ans à compter de la date de leur établissement	Article L110-4 du Code de commerce

2. Les documents commerciaux

Typologie documentaire	Délai légal	Texte de référence
Correspondances commerciales	Au moins 5 ans à compter de la date de réception (ou de l'expiration des engagements contractuels le cas échéant)	Article L110-4 du Code de commerce
Bail commercial	Au moins 5 ans à compter de la date de fin du bail	
Contrats conclus entre commerçants et entre commerçants / non-commerçants	Au moins 5 ans à compter du terme du contrat	
Bons de commande et bons de livraison	Au moins 5 ans à compter de la date de leur établissement	

? **L'essentiel en une question**

Pourquoi faut-il archiver les documents comptables et commerciaux ?

Consultez le corrigé
liennathan.fr/6msr54

FICHE RESSOURCE 2

La sauvegarde et l'archivage

I Définitions

1. La sauvegarde

Sauvegarder des données est une opération qui consiste à en faire une **copie**, afin de pallier leur éventuelle destruction, totale ou partielle (conséquence d'une catastrophe naturelle, d'un sabotage, de l'attaque d'un virus, d'une défaillance du système informatique – « plantage » –, d'une mauvaise manipulation…).

Une sauvegarde permet de **restaurer** les données en cas de panne.

2. L'archivage

Archiver est une opération consistant à assurer la conservation d'un document, quel que soit son support, en vue d'une consultation ultérieure, à titre de preuve ou d'information.

II Les principaux critères de comparaison

	Sauvegarde	Archivage électronique
Objectif	Restauration des données	Conservation de l'information (document de référence ou archive probante)
Gestion des risques	Limite le risque de perte et de corruption des données et des systèmes.	Limite le risque de contentieux et garantit la conformité à la réglementation fiscale.
Accès	– Fréquence imprévisible car dépend d'un éventuel incident. – Souvent urgent : la comptabilité doit continuer « à vivre » en temps réel. – Accès au niveau de la base de données ou du système	– Fréquent pour les archives récentes – Occasionnel pour les archives intermédiaires – Imprévisible pour les archives anciennes – Accès au niveau du dossier ou du document
Sécurité d'accès	– Au niveau du jeu de sauvegarde – Accès par le personnel de l'exploitation informatique relevant de la direction des systèmes d'information (DSI)	– Au niveau de la base d'archivage et au niveau des catégories d'archives – Accès par le personnel du service producteur ou concerné
Conservation	Conçu pour une conservation à court terme	– Conçu pour une conservation à long terme – Doit pouvoir être relu par l'administration fiscale – Conservation pendant les durées requises par le législateur

rfcomptable.grouperf.com, Académie des sciences et techniques comptables et financières, guide « Le contrôle fiscal informatisé : comment s'y préparer », 2011.

? L'essentiel en une question

La sauvegarde peut-elle se substituer à l'archivage ?

Consultez le corrigé
liennathan.fr/8a6y6m

FICHE RESSOURCE 3

La mise en œuvre d'une sauvegarde et d'un archivage

I La mise en œuvre d'une sauvegarde

1. La saisie des informations dans la base de données

L'informatisation des procédures comptables repose sur la saisie des écritures à travers des **formulaires** qui facilitent et guident l'opérateur de saisie et imputent les comptes en respectant l'architecture du PCG et les règles de la comptabilité française de l'ANC et des normes IAS/IFRS.

Tous ces enregistrements sont structurés dans une **base de données relationnelle** gérée par un SGBDR inclus dans le PGI ou dans un SGBDR indépendant (ORACLE, SQL Server, MySQL...).

2. La stratégie de sauvegarde

Une stratégie de sauvegarde doit être planifiée en combinant les différents types de sauvegarde pour optimiser le temps de sauvegarde et le temps d'une restauration éventuelle.

Exemple de stratégie de sauvegarde

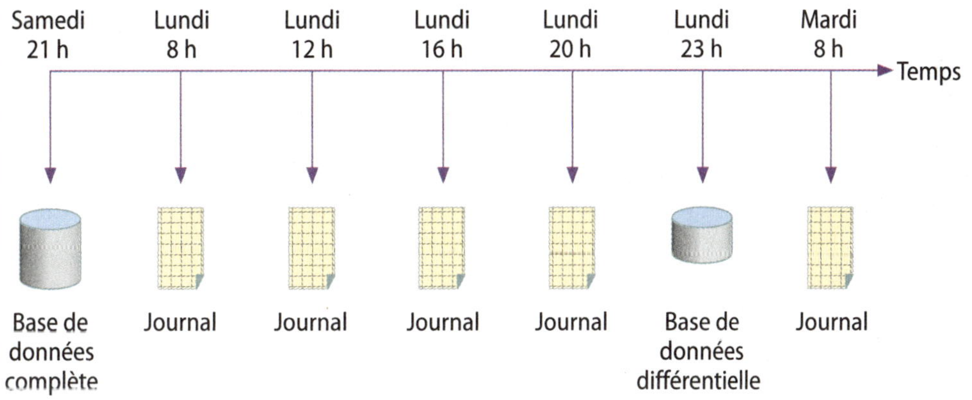

a) La sauvegarde incrémentale

C'est une sauvegarde des transactions (écritures, mises à jour, suppressions) depuis la dernière sauvegarde, quel que soit son type, de la base.

Exemple (suite)
Le journal du lundi 8 h ne contient que les modifications ayant eu lieu sur la base depuis la sauvegarde complète de la base le week-end. De même, celle de 12 h ne contient que les modifications intervenues depuis la sauvegarde du journal de 8 h. Il s'agit d'une stratégie dite « incrémentale » puisque les sauvegardes des journaux ne contiennent que l'incrément des modifications (les nouvelles modifications) depuis la sauvegarde précédente.

b) La sauvegarde différentielle

C'est une sauvegarde de la base de données qui ne contient que les modifications apportées à la base depuis la dernière sauvegarde complète. Elle est donc la somme de toutes les sauvegardes incrémentales précédentes. Son volume étant plus faible, elle est plus rapide qu'une sauvegarde complète.

Exemple (suite)
La sauvegarde du lundi 23 h contient toutes les modifications apportées depuis le samedi 21 h. Elle rend donc caduques les sauvegardes des journaux de la journée du lundi. Si un incident se produit après le mardi 8 h, il faut restaurer la sauvegarde complète du samedi, puis la sauvegarde différentielle du lundi 23 h et, enfin, le journal du mardi matin. Donc, la sauvegarde et la restauration sont plus rapides que dans le cas de la sauvegarde incrémentale.

3. Le support de sauvegarde

Plusieurs supports de sauvegarde sont utilisés :

– la clé USB : parfois utilisée dans les petites organisations, **ce type de support est déconseillé** (risque de perte, fiabilité relative) ;

– le disque dur externe : plus fréquent, il rend difficile l'automatisation de la sauvegarde (à utiliser de façon complémentaire à un autre support) ;

– le NAS (*Network Attached Storage*) : c'est un serveur spécialisé dans le stockage, accessible *via* une connexion réseau. Il contient souvent plusieurs disques durs et offre une grande capacité de stockage. Il peut être sur le réseau local de l'entreprise ou à distance, dans le datacenter d'un prestataire (souvent en cloud computing) ;

– la bande magnétique : ce support est spécifiquement conçu pour la sauvegarde.

II La mise en place d'un système d'organisation et de classement

1. La mise en place d'un système d'organisation et de classement

Une véritable **charte d'archivage** doit être élaborée et respectée par tous au sein de l'entreprise pour faciliter le partage de l'information et gagner en sérénité. Des principes de codification des documents doivent être mis en place et respectés par tous pour :

- gagner du temps et de l'espace ;
- rationaliser le classement et ainsi faciliter l'accès à une archive ;
- gérer le cycle de vie des documents (durée de conservation, destruction).

De nombreuses entreprises se sont spécialisées dans le domaine de l'archivage des documents et proposent des techniques, des matériels et des méthodes de classement aussi bien pour un stockage classique (dans des chemises, des classeurs, des tiroirs, des armoires) que pour un stockage numérique basé sur les techniques de la GED (gestion électronique des documents).

2. Une obligation légale

L'archivage comptable est une obligation légale définie par l'article 911-4 du plan comptable général et l'instruction fiscale 13L-1-06 du 24 janvier 2006 : « Toute donnée comptable [...] est enregistrée, sur tout support offrant toute garantie en matière de preuve. »

3. L'archivage électronique

Aujourd'hui, l'archivage est essentiellement réalisé de manière électronique. Il consiste à stocker des documents sur des supports informatiques à des fins de conservation et de consultation ultérieure. La conservation de l'information doit offrir des garanties d'**intégrité** et de **fiabilité dans le temps**.

Il faut donc que l'archivage soit **indépendant du logiciel comptable** et de toute technologie. Il doit être possible de relire des données archivées par un logiciel X avec un logiciel Y.

L'essentiel en une question

La sauvegarde consiste-t-elle à faire une copie de l'ensemble des données ?

Consultez le corrigé
liennathan.fr/kuv978

FICHE RESSOURCE 4

La dématérialisation des documents

Les documents peuvent être dématérialisés dès leur création ou numérisés ultérieurement, afin de faciliter leur sauvegarde, leur archivage et leur transmission. Un stockage externalisé peut compléter ou se substituer à un stockage local, souvent basé sur du cloud computing. Pour certains usages, un coffre-fort électronique est utilisé.

I La numérisation des documents papier

Afin de **dématérialiser un document papier**, on procède à sa **numérisation** grâce à un numériseur (scanner). Sans traitement particulier, ce document sera généralement stocké sous forme d'image intégrée dans un fichier PDF (qui permet une lecture facilitée et une préservation de la mise en forme). Toutefois, de plus en plus souvent, un **traitement OCR** (*Optical Character Recognition*, reconnaissance optique des caractères) est effectué afin de pouvoir exploiter le contenu du document scanné, c'est-à-dire le modifier, en extraire une partie, effectuer des recherches sur des termes, montants ou références…

II L'utilisation du cloud pour le stockage

Le cloud computing (en français, « informatique dans les nuages ») se rapporte à l'utilisation de serveurs distants répartis dans le monde entier et accessibles par Internet. Il offre plusieurs avantages :
– **la fourniture de services à la demande :** la capacité de stockage proposée par le prestataire s'adapte aux besoins de l'entreprise. Elle est **élastique** car le stockage peut évoluer à la hausse ou à la baisse. C'est donc l'inverse d'une offre forfaitaire figée ou évoluant par paliers ;
– **la réduction des coûts :** l'entreprise ne paie que ce qu'elle consomme réellement, grâce à un service mesurable et quantifiable à l'aide d'un indicateur de consommation ;
– **l'accessibilité :** les éléments stockés sont accessibles *via* Internet et les technologies utilisées offrent, la plupart du temps, une grande compatibilité et interopérabilité ;
– **l'expertise du prestataire :** il propose des conseils et solutions adaptés aux besoins du client.
Le cloud peut être utilisé pour stocker les sauvegardes, mais aussi comme support d'un SAE (système d'archivage électronique), qui respecte les obligations associées à l'archivage tout en permettant la dématérialisation des documents concernés.

III Le coffre-fort électronique

Cette solution de stockage répond aux **besoins de conservation et de transmission de documents** dématérialisés en offrant des garanties élevées en matière de sécurité relative aux accès et à la sauvegarde dans le temps. Seules les personnes habilitées peuvent déposer et consulter les documents qui s'y trouvent. Ce type de stockage est notamment utilisé par le service chargé de l'établissement des bulletins de paie, qui sont de plus en plus souvent dématérialisés avant d'être transmis aux salariés.

IV La transmission des documents : le recours à l'EDI

L'**échange de données informatisé** (EDI) est un échange de documents entre partenaires sans intervention humaine (entre ordinateurs). Il peut donc concerner des documents commerciaux (relation entre client et fournisseur), mais aussi des déclarations. L'EDI présente plusieurs avantages :
– la **réduction des coûts** de transmission et une plus **grande fiabilité** (diminution du risque d'erreur) ;
– un **gain de temps** ;
– la possibilité d'**automatisation** (notamment en évitant les ressaisies manuelles de données).

L'essentiel en une question

La dématérialisation a ouvert de nouvelles possibilités. Listez-les.

Consultez le corrigé
liennathan.fr/522ydj

FICHE RESSOURCE 5

Répondre aux demandes de contrôle extérieur

La comptabilité ayant une valeur probante, l'entreprise est susceptible de devoir répondre à des contrôles effectués par différents acteurs. La transmission des documents se fait, la plupart du temps, sous forme dématérialisée.

I La transmission de la liasse fiscale

https://edificas.org/

En fin d'exercice comptable, l'entreprise doit transmettre la liasse fiscale, qui comprend notamment le bilan, le compte de résultat, l'annexe et les autres documents résultant des opérations d'inventaire. Cette transmission se fait obligatoirement sous forme dématérialisée *via* la procédure EDI-TDFC (échange de données informatisé-transfert des données fiscales et comptables).

De façon plus générale, les téléprocédures réalisées avec l'État par EDI sont normalisées par l'association Edificas (Échange de données informatisé fiscales, informationnelles, comptables, analytiques et d'audit, et sociales), qui permet aux concepteurs de logiciels ou aux prestataires EDI de disposer des spécifications techniques nécessaires pour organiser la transmission des données.

II La nécessité de pouvoir fournir le FEC

Le FEC (fichier des écritures comptables) est un **fichier informatique** qui peut être **demandé** par l'administration fiscale dans le cadre d'un contrôle **dès lors que la comptabilité est tenue de façon informatisée.**

Ainsi, l'article L47 A I du Livre des procédures fiscales prévoit, depuis 2014, que les contribuables qui tiennent leur comptabilité au moyen de systèmes informatisés doivent la présenter sous forme de fichiers dématérialisés lors d'un contrôle de l'administration fiscale.

Le FEC, généré à partir du PGI de l'entreprise, **contient toutes les écritures** figurant dans les différents journaux utilisés au cours de l'exercice comptable. Il permet à l'administration fiscale de contrôler la cohérence des données de la comptabilité avec celles figurant dans la liasse fiscale, et ainsi de mieux préparer ou approfondir un éventuel contrôle fiscal.

III Répondre aux demandes du commissaire aux comptes

Selon sa taille et son statut, l'entreprise doit faire certifier ses comptes par un commissaire aux comptes (CAC). Le CAC intervient pour certifier que les comptes sont réguliers et sincères, et qu'ils renvoient une image fidèle du patrimoine et de la situation financière de l'entreprise. L'entreprise lui fournit toutes les informations dont il a besoin pour réaliser sa mission et émettre son opinion.

Parmi les éléments fréquemment requis, figurent le FEC, le grand-livre et la balance, dans lesquels le CAC effectue généralement des extractions. Ces éléments sont aujourd'hui systématiquement demandés sous forme dématérialisée, le plus souvent dans un **format tableur** et un document PDF.

? L'essentiel en une question

La transmission d'informations à contrôler est-elle toujours automatisée ?

Consultez le corrigé
liennathan.fr/3m4x9x

APPLICATIONS

EXOS FLASH

EXO 1 Quiz interactif

Testez vos connaissances sur ce chapitre avec le quiz en ligne.

liennathan.fr/s3y35n

Votre score ....

EXO 2 Distinguer archivage et sauvegarde

Le dirigeant d'une entreprise est serein car une procédure fiable de sauvegarde a été mise en place par son informaticien. La sauvegarde complète est automatisée et réalisée quotidiennement. Une copie est également transmise sur l'infrastructure d'un prestataire par Internet. Pourtant, son expert-comptable lui indique que, malgré cette procédure, il ne satisfait pas aux exigences en matière d'archivage.

- **Rappelez brièvement pourquoi l'archivage et la sauvegarde ne correspondent pas aux mêmes opérations.**

EXO 3 Mettre en œuvre une sauvegarde

Vous réalisez un stage dans une PME. Toutes les fins de semaine, le responsable comptable effectue une sauvegarde de la comptabilité sur une clé USB, qu'il conserve précieusement.

- **Que pensez-vous de cette stratégie de sauvegarde ? Identifiez quelques risques qui y sont liés.**

EXO 4 Repérer les caractéristiques du cloud computing

Un prestataire propose aux salariés itinérants une offre de stockage en ligne du contenu de leurs smartphones aux tarifs mentionnés en annexe.

- **Cette offre relève-t-elle du cloud computing ? Justifiez votre réponse.**

ANNEXE **Tarifs du prestataire**

	Gratuit	**0,99 €/mois**	**2,99 €/mois**	**9,99 €/mois**
	Suffisant pour stocker tous les éléments essentiels, tels que contacts, calendriers et notes.	Parfait pour conserver photos, vidéos, fichiers, apps et sauvegardes d'appareils	Idéal si vous avez beaucoup de photos et de vidéos.	Stockage pour toute une vie de photos et de vidéos. La meilleure option pour les vidéos de surveillance.
Stockage	**5 Go**	**50 Go**	**200 Go**	**2 To**

ENTRAÎNEMENT AU BTS 1 Lutter contre les risques de perte de données

★★☆

Vous travaillez au sein de la société Pro&Go, spécialiste du transport routier. Votre responsable souhaite améliorer l'efficacité de la sauvegarde et de l'archivage des documents comptables de l'entreprise. Dans cet objectif, il vous charge d'étudier les diverses causes de perte de données et de proposer des solutions.

P7 **À l'aide de l'annexe, précisez quels sont, selon vous, les moyens qui pourraient être mis en œuvre pour lutter contre ces risques.**

ANNEXE

ENTRAÎNEMENT AU BTS 2 Mettre en place une politique de sauvegarde

★★★

Vous êtes stagiaire comptable dans une PME. Votre supérieur vous demande de faire le point sur les critères incontournables d'une politique de sauvegarde (annexe).

P7 **Quelles démarches devrez-vous entreprendre pour évaluer chacun de ces critères dans cette entreprise ?**

ANNEXE **Mettre en place une politique de sauvegarde**

Avant de vous atteler à la comparaison des différentes solutions de sauvegarde qui s'offrent à vous, il convient de déterminer vos besoins avec précision. Dans cette optique, mettre en place une politique de sauvegarde vous aidera à circonscrire votre projet. Pour cela, il vous faut définir :

– la nature des données à sauvegarder ;
– leur volume ;
– la fréquence de sauvegarde souhaitée ;
– l'estimation des pertes subies en cas de dysfonctionnement de votre système informatique ;
– votre budget disponible à consacrer à votre future solution de sauvegarde.

Une fois cette politique de sauvegarde établie, vous y verrez plus clair parmi les propositions des spécialistes présents sur ce marché actif et en perpétuel développement.

Bien choisir sa solution de sauvegarde

Plusieurs éléments sont à considérer avec attention pour bien choisir la solution de sauvegarde qui correspond aux besoins de votre entreprise :

– la volumétrie des données à sauvegarder : votre solution de sauvegarde doit s'adapter au volume des données que vous souhaitez stocker ;
– la vitesse de sauvegarde : on parle aussi de fréquence de sauvegarde. Si vous avez un grand volume de données à sauvegarder, il est recommandé d'opter pour une fréquence de sauvegarde automatisée et récurrente, qui passe par le biais de serveurs informatiques ;
– la fiabilité du support choisi : si vous investissez dans une solution onéreuse, cette dernière doit être pérenne pour amortir votre amortissement de façon optimale ;
– la simplicité d'utilisation : vos données doivent être récupérables facilement lors de la restauration et donc bénéficier d'un chiffrage ou d'un mode de classement logique et simple. D'une manière générale, votre solution de sauvegarde doit pouvoir se gérer facilement ;
– la sécurité : les données que vous sauvegardez, notamment si vous choisissez la télésauvegarde, doivent impérativement être cryptées pour assurer leur confidentialité ;
– la compatibilité : votre système de sauvegarde doit être compatible avec votre système d'exploitation et s'adapter à l'évolution du réseau informatique de votre entreprise ;
– la robustesse : certaines solutions de sauvegarde comme les disques durs externes sont parfois sensibles aux températures extérieures ou aux éventuels chocs ;
– le coût : votre système de sauvegarde doit entrer dans votre budget défini au préalable.

www.materiel-informatique-entreprise.fr

SYNTHÈSE

Synthèse audio
liennathan.fr/zj59w8

La sauvegarde et l'archivage des documents comptables

1 La conservation des données

L'archivage

- Pour conserver les données en vue d'une **utilisation ultérieure.**
- Est imposé par la **réglementation.**
- Les conditions doivent garantir la **force probante** des documents.
- Peut être physique ou dématérialisé.

La sauvegarde

- Pour faire face à une **perte de données** consécutive à la réalisation d'un **risque.**
- Données et documents dématérialisés.
- Nécessite la mise en œuvre d'une politique de sauvegarde.

Méthode

Complète ou combinaison des méthodes complète, incrémentale et/ou différentielle

Localisation

Dans l'entreprise ou externalisée chez un prestataire (cloud)

Support

Support optique, disque dur, serveur dédié de type NAS

2 Le recours à la dématérialisation

La dématérialisation

Documents papier qui doivent être numérisés (avec recours à l'OCR) ou documents nativement numériques

L'intégration GED

Une fois numérisés, les documents peuvent être stockés, classés et organisés dans un système de gestion électronique des documents (GED).
Facilite les accès et les recherches.

Le SAE

Le système d'archivage électronique (SAE) respecte la réglementation et facilite les opérations d'archivage, de recherche et de consultation.

3 La transmission des documents à l'extérieur

La liasse fiscale

- Une fois par an
- Obligatoirement dématérialisée
- Procédure EDI-TDFC
- Les téléprocédures réalisées avec l'État *via* EDI sont normalisées par l'association Edificas.

Le FEC

Le fichier des écritures comptables (FEC) peut être demandé lors d'un contrôle fiscal si la comptabilité est informatisée.
Il est généré à partir du PGI.

Les demandes des CAC

Si l'entreprise doit faire certifier ses comptes par un commissaire aux comptes (CAC), celui-ci demande souvent le FEC et d'autres éléments comptables.
Sous forme dématérialisée.
Souvent sous tableur.

CHAPITRE 13

La production d'informations nécessaires à la consolidation

Activité
2.7. Contribution à la production d'informations nécessaires à la consolidation

Composantes d'activité
2.7.1. Caractérisation de l'entreprise dans le périmètre de consolidation
2.7.2. Participation à la réalisation de retraitements simples

Compétences
– Appliquer la méthode de consolidation et produire les informations nécessaires
– Réaliser des retraitements et des enregistrements basiques

P7
Une utilisation du tableur adaptée aux besoins de l'utilisateur

SITUATION PROFESSIONNELLE

Au cours des dix dernières années, la SA Delec 2000 (Diffusion Electro 2000), implantée à Pertuis (Vaucluse), a connu une telle croissance qu'elle a pris une participation largement majoritaire dans la société CEV 83. Elle a également acquis des participations dans l'entreprise Circuitronik, du même secteur d'activité. La société Domotik 21 en détenant aussi, Delec 2000 a conclu un partenariat avec elle afin d'exercer un contrôle sur Circuitronik. Les décisions dans cette entreprise sont donc prises d'un commun accord entre les deux sociétés associées.
Vous êtes embauché(e) au sein de la société Delec 2000 en qualité de comptable chargé(e) des opérations de consolidation. Vous travaillez sous la responsabilité de Claude Demir, chef comptable, et en partenariat avec un cabinet de conseil spécialisé dans l'assistance en consolidation pour des groupes de toutes tailles (sociétés cotées et PME).

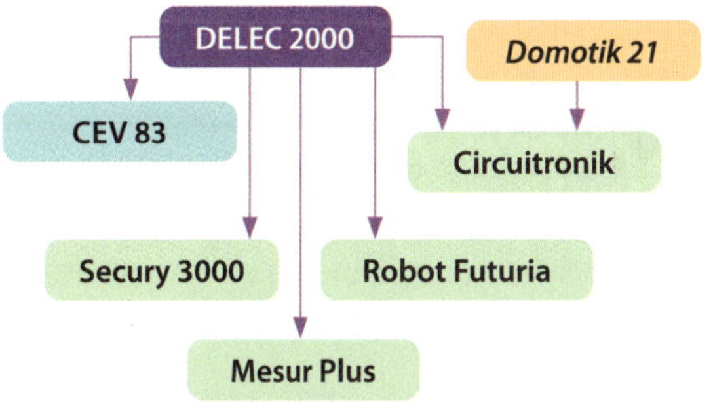

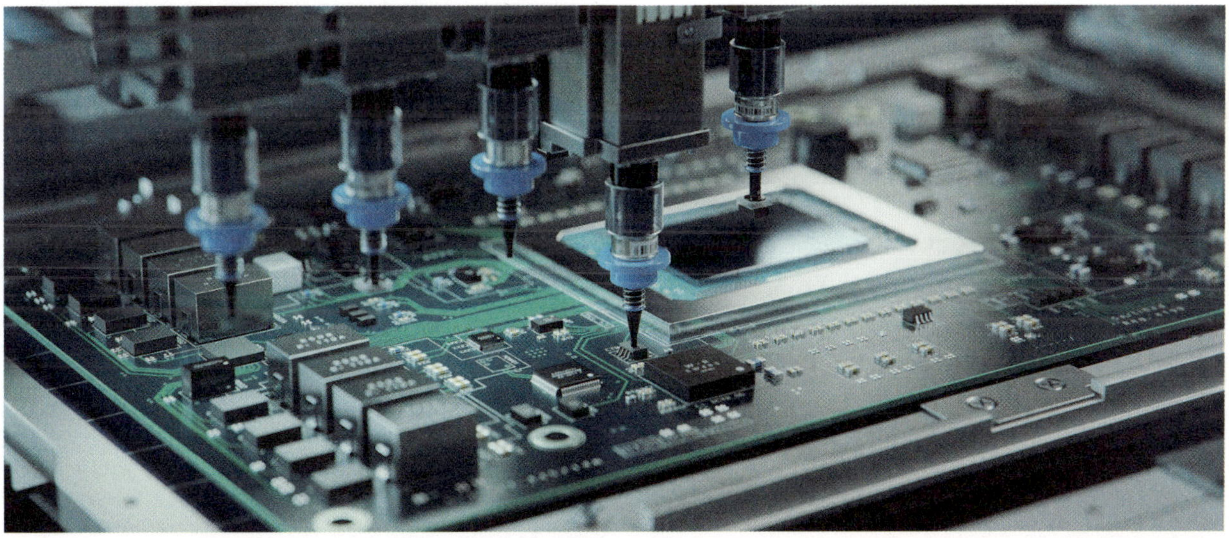

VOS MISSIONS

Vous êtes chargé(e) de rassembler le maximum d'informations afin, d'une part, de connaître le périmètre de consolidation et, d'autre part, de déterminer la méthode de consolidation à appliquer. Vous procéderez ensuite à la présentation du bilan et du compte de résultat consolidés des sociétés Delec 2000 et CEV 83.

MISSION 1 **Identifier la notion de groupe** ▶ Fiches ressource 1 et 2

MISSION 2 **Délimiter un périmètre de consolidation** ▶ Fiches ressource 3 et 4

MISSION 3 **Présenter les comptes consolidés** ▶ Fiches ressource 5 à 7

VOS MISSIONS

MISSION 1 Identifier la notion de groupe

1. Expliquez pourquoi la SA Delec 2000 et les cinq sociétés dans lesquelles elle détient des participations forment un groupe et la raison pour laquelle la société Domotik 21 n'en fait pas partie.
   ▶ Annexes 1 et 2 ▶ Fiche ressource 1

2. Les participations de Delec 2000 dans Secury 3000 et dans Robot Futuria présentent des particularités différentes. Lesquelles ?
   ▶ Fiche ressource 2

3. Le groupe sera amené à présenter des comptes consolidés. Quel en est l'intérêt ?

Discutons-en !
Société mère et *holding*, y a-t-il une différence ?

MISSION 2 Délimiter un périmètre de consolidation

4. Les sociétés d'un même groupe font-elles systématiquement partie du périmètre de consolidation ? Calculez les pourcentages de contrôle et d'intérêt de Delec 2000 dans chaque société.
   ▶ Fiche ressource 3

5. Concluez sur le périmètre de consolidation à retenir pour le groupe et sur la méthode de consolidation qui sera appliquée pour chaque société.
   ▶ Fiche ressource 4

MISSION 3 Présenter les comptes consolidés

6. Préparez le bilan consolidé (intégration globale) des sociétés Delec 2000 et CEV 83.
   ▶ Annexes 3 et 5 ▶ Fiches ressource 5 et 6

7. Préparez le compte de résultat consolidé.
   ▶ Annexes 4 et 6 ▶ Fiche ressource 7

La question de l'expert
Indiquez pourquoi, selon vous, les comptes consolidés sont un élément important au niveau de la prise de décision.

Besoin d'aide ?
liennathan.fr/49fq8r

Besoin d'aide ?
liennathan.fr/74ri2d

L'autocorrection en vidéo
liennathan.fr/x825mw

DONNÉES DE LA SITUATION

ANNEXE 1 Le groupe constitué autour de Delec 2000

DÉSIGNATION DE LA SOCIÉTÉ	NATURE DE L'ACTIVITÉ
Comptoir électronique du Var CEV 83	Grossiste en matériel électronique
Secury 3000	Fabrication et distribution d'alarmes électroniques et de matériels de vidéosurveillance
Mesur Plus	Fabrication et distribution d'oscilloscopes, de multimètres, testeurs et traceurs
Circuitronik	Fabrication en sous-traitance pour l'industrie informatique de circuits analogiques spéciaux (amplificateurs opérationnels et audio)
Robot FUTURIA	Fabrication en sous-traitance de cartes microcontrôleurs pour l'industrie de la robotique

Remarque : aucune de ces sociétés n'est cotée sur un marché réglementé.

ANNEXE 2 Informations sur les pourcentages de contrôle

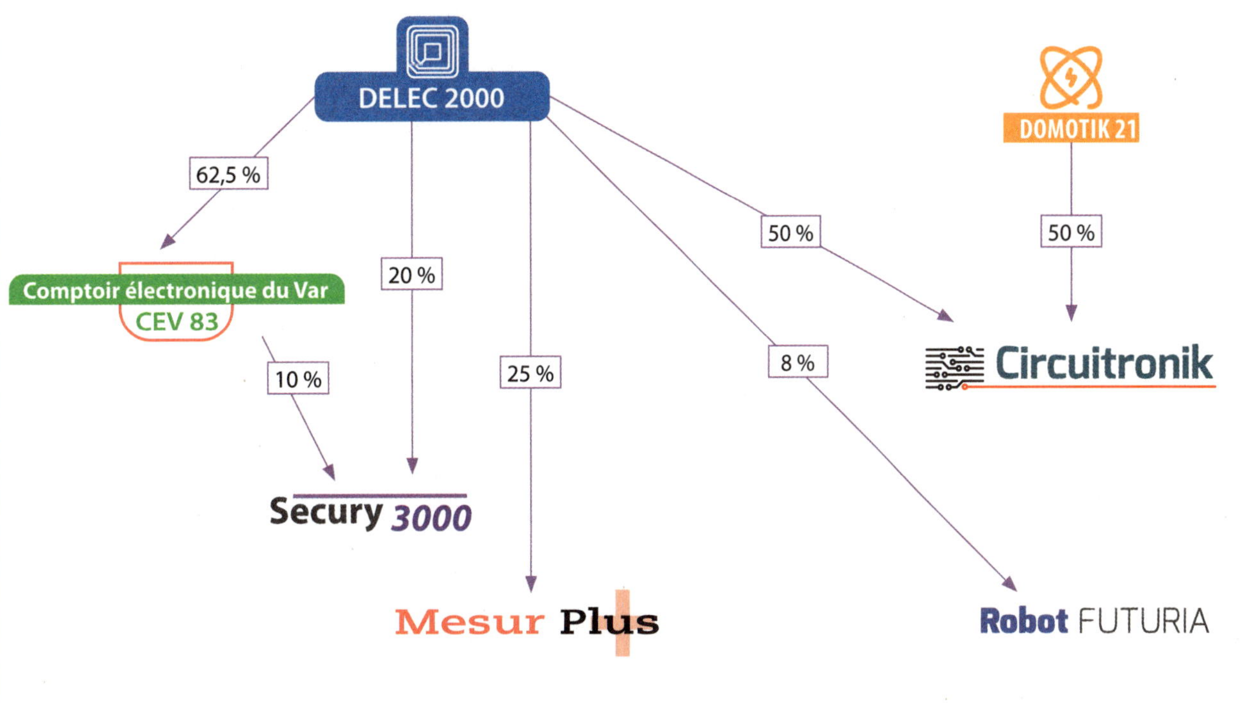

DONNÉES DE LA SITUATION

Téléchargez le bilan et le compte de résultat consolidés à compléter.
liennathan.fr/d5ta33

ANNEXE 3 Bilan consolidé des sociétés Delec 2000 et CEV 83

ACTIF	SOCIÉTÉ MÈRE	FILIALE	TOTAL	PASSIF	SOCIÉTÉ MÈRE	FILIALE	TOTAL
Immobilisations				**Capitaux propres**			
Matériel industriel				Capital			
Installations techniques				Réserves consolidées			
Autres immobilisations				Résultat consolidé			
Participations							
Total de l'actif immobilisé (I)				**Total des capitaux propres (I)**			
Stocks				**Intérêts minoritaires (II)**			
Créances clients				Emprunts bancaires			
Autres créances				Dettes fournisseurs			
Disponibilités				Dettes fiscales et sociales			
				Autres dettes			
Total de l'actif circulant (II)				**Total des dettes (III)**			
TOTAL GÉNÉRAL (I + II)				**TOTAL GÉNÉRAL (I + II + III)**			

ANNEXE 4 Compte de résultat consolidé des sociétés Delec 2000 et CEV 83

CHARGES	SOCIÉTÉ MÈRE	FILIALE	TOTAL	PRODUITS	SOCIÉTÉ MÈRE	FILIALE	TOTAL
Achats de matières premières				Ventes de produits finis			
Autres achats et charges externes				Produits financiers			
Impôts, taxes et versements assimilés				Reprises			
Charges de personnel							
Charges financières							
Dotations							
Total des charges consolidées				**Total des produits consolidés**			
Résultat : bénéfice part du groupe				Résultat : perte part du groupe			
Résultat : bénéfice part des intérêts minoritaires				Résultat : perte part des intérêts minoritaires			
TOTAL GÉNÉRAL				**TOTAL GÉNÉRAL**			

ANNEXE 5 Bilans simplifiés des sociétés Delec 2000 et CEV 83

Bilan simplifié de la SA Delec 2000

ACTIF	SOMMES	PASSIF	SOMMES
Matériel industriel	4 200 000	Capital (75 000 actions de 100 €)	7 500 000
Autres immobilisations	830 000	Réserves	3 680 000
Participations(1)	700 000	Résultat	1 400 000
Total de l'actif immobilisé (I)	**5 730 000**	**Total des capitaux propres (I)**	**12 580 000**
Stocks de matières premières	2 520 000	Emprunts	520 000
Stocks de produits finis	3 000 000	Dettes fournisseurs(2)	1 000 000
Créances clients	2 800 000	Dettes fiscales et sociales	600 000
Autres créances	800 000	Autres dettes	300 000
Disponibilités	150 000		
Total de l'actif circulant (II)	**9 270 000**	**Total des dettes (II)**	**2 420 000**
TOTAL GÉNÉRAL (I + II)	**15 000 000**	**TOTAL GÉNÉRAL (I + II)**	**15 000 000**

(1) Dont titres de participation détenus sur la société CEV 83 : 375 000 € (2 500 actions à 150 €).

(2) Dont dette envers la société CEV 83 : 200 000 €.

Bilan simplifié de la société CEV 83

ACTIF	SOMMES	PASSIF	SOMMES
Installations techniques	200 000	Capital (4 000 actions de 150 €)	600 000
Autres immobilisations	300 000	Réserves	200 000
Participations(1)	50 000	Résultat	60 000
Total de l'actif immobilisé (I)	**550 000**	**Total des capitaux propres (I)**	**860 000**
Stocks de marchandises	150 000	Emprunts bancaires	20 000
Créances clients(1)	285 000	Dettes fournisseurs	100 000
Autres créances	100 000	Dettes fiscales et sociales	70 000
Disponibilités	15 000	Autres dettes	50 000
Total de l'actif circulant (II)	**550 000**	**Total des dettes (II)**	**240 000**
TOTAL GÉNÉRAL (I + II)	**1 100 000**	**TOTAL GÉNÉRAL (I + II)**	**1 100 000**

(1) Dont créance sur la SA Delec 2000 : 200 000 €.

ANNEXE 6 **Comptes de résultat simplifiés des sociétés Delec 2000 et CEV 83**

Compte de résultat simplifié de la SA Delec 2000

CHARGES	SOMMES	PRODUITS	SOMMES
Achats de matières premières[1]	17 178 000	Ventes de produits finis	28 960 000
Autres achats et charges externes	5 310 000	Produits financiers	145 000
Impôts, taxes et versements assimilés	158 000	Reprises	78 000
Charges de personnel et charges sociales	4 032 000		
Charges financières	85 000		
Dotations	1 020 000		
Total des charges	**27 783 000**	**Total des produits**	**29 183 000**
Résultat : bénéfice	1 400 000	Résultat : perte	
TOTAL GÉNÉRAL	**29 183 000**	**TOTAL GÉNÉRAL**	**29 183 000**

(1) Dont achats envers la société CEV 83 : 550 000 €.

Compte de résultat simplifié de la société CEV 83

CHARGES	SOMMES	PRODUITS	SOMMES
Achats de matières premières	870 000	Ventes de produits finis[1]	1 490 000
Autres achats et charges externes	70 000	Produits financiers	7 000
Impôts, taxes et versements assimilés	30 000	Reprises	3 000
Charges de personnel et charges sociales	463 000		
Charges financières	1 000		
Dotations	6 000		
Total des charges	**1 440 000**	**Total des produits**	**1 500 000**
Résultat : bénéfice	60 000	Résultat : perte	
TOTAL GÉNÉRAL	**1 500 000**	**TOTAL GÉNÉRAL**	**1 500 000**

(1) Dont ventes envers la SA Delec 2000 : 550 000 €.

FICHE RESSOURCE 1

Les groupes de sociétés

I La notion de groupe

Lorsque plusieurs sociétés sont liées par des participations dans leur capital, elles forment un groupe. Toutes sont sous la dépendance de l'une d'entre elles, dénommée « **société mère** », qui a la charge de présider la direction du groupe.

Un groupe n'a pas de personnalité morale. Chaque société qui le compose possède une personnalité juridique autonome.

1. Une signification économique

Les groupes de sociétés sont souvent une réponse à la mondialisation de l'économie et aux impératifs de compétitivité. En rachetant d'autres entreprises, un groupe achète souvent un savoir-faire indispensable à son développement.

2. Les prises de participation

Pour s'assurer du contrôle d'une entreprise, une société mère achète une partie de ses titres. On parle de « participation » si les titres détenus représentent au moins 10 % du capital de la société dominée.

Si la participation représente entre 10 et 50 % du capital	Si la participation représente plus de 50 % du capital
Participation simple	La société dominée est une filiale. La société mère en assure le contrôle et la direction.

II Une nécessité : présenter des comptes consolidés

1. La notion de comptes consolidés

Un groupe, bien qu'il ne possède pas de personnalité juridique propre, doit publier des comptes dits « consolidés » (bilan, compte de résultat) afin de fournir une image fiable et globale de la situation patrimoniale et économique de l'entité, comme s'il s'agissait d'une seule et même entreprise. L'élaboration de ces comptes est strictement encadrée par une réglementation comptable.

2. Les textes réglementaires

Le règlement français n° 99-02 du Comité de réglementation comptable (CRC) pose les règles de consolidation (notamment le périmètre et les méthodes de consolidation) et fixe le principe de l'autonomie des règles et des méthodes comptables applicables aux comptes consolidés.

Toutefois, les sociétés européennes cotées en Bourse sont soumises au règlement européen IAS (*International Accounting Standards*) 2005, qui impose les normes IFRS (*International Financial Reporting Standards,* normes comptables internationales).

Pour les sociétés non cotées, la présentation des comptes consolidés en normes IFRS reste une option.

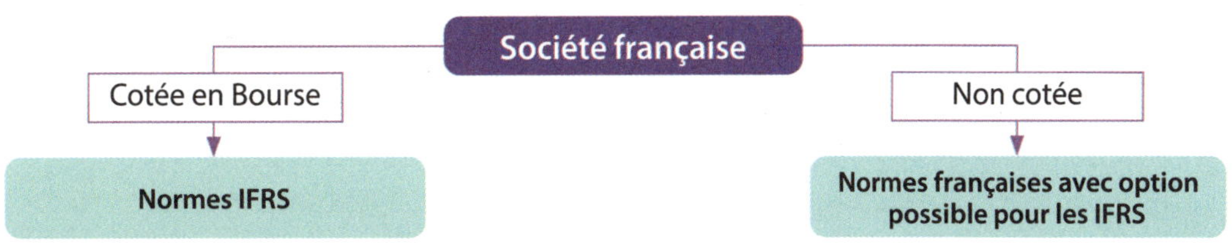

L'essentiel en une question

À partir de quel pourcentage de contrôle peut-on parler de filiale ?

Consultez le corrigé
liennathan.fr/8r4fc8

FICHE RESSOURCE 2

Les différentes formes de participation

On distingue quatre catégories de participations entre entreprises.

Catégories	Liens	Exemples
Les participations directes	La société mère (SM) détient des actions dans sa filiale (F).	 SM détient 60 % du capital d'une autre société. Il s'agit donc de sa filiale puisque le taux de participation est supérieur à 50 %.
Les participations indirectes	La société mère détient des actions de sa filiale F1. Cette dernière détient des actions dans une autre société F2. La société mère détient donc indirectement une part du capital de F2 par l'intermédiaire de F1.	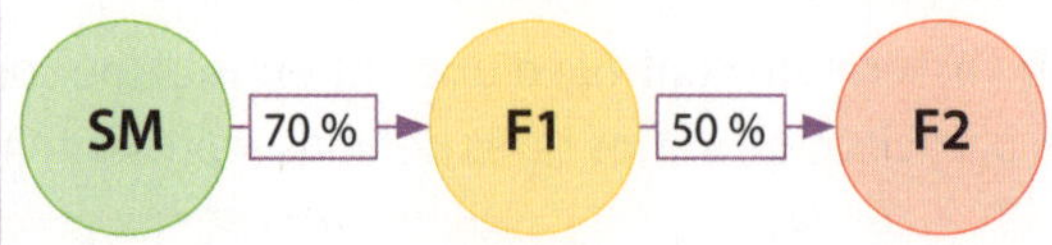 SM détient 70 % du capital de F1, qui est donc, sur le plan juridique, sa filiale. F1 détient une participation de 50 % dans le capital de F2, qui est donc la filiale de F1. Puisque cette dernière est déjà une filiale de SM, SM contrôle donc F2 de manière indirecte.
Les participations réciproques	La société mère détient des actions dans sa filiale, qui détient elle-même une partie du capital de la société mère.	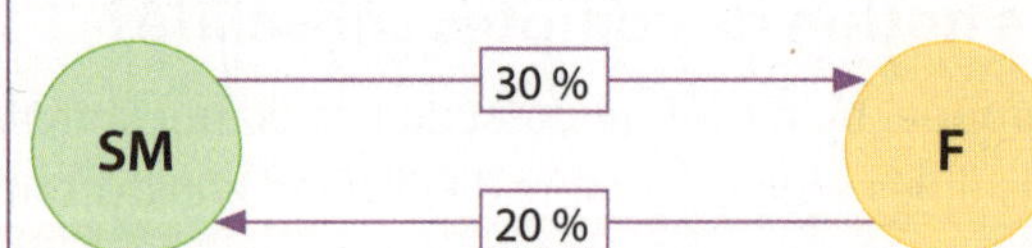
Les participations circulaires	La société mère détient une participation dans la société F1, qui elle-même détient une participation dans la société F2. Mais F2 détient également une participation dans la société mère.	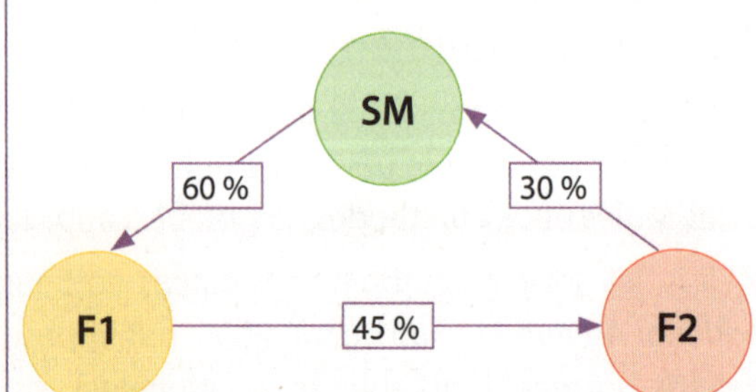

Dans ce chapitre, l'étude sera limitée aux participations directes et indirectes.

L'essentiel en une question

Comment contrôle-t-on une société de manière indirecte ?

Consultez le corrigé
liennathan.fr/8b7m6h

FICHE RESSOURCE 3

Le périmètre de consolidation

I La sélection des sociétés à consolider

1. Le calcul du pourcentage de contrôle

Une société peut faire partie d'un groupe mais ne pas être incluse dans les comptes consolidés : elle ne fait pas partie du périmètre de consolidation. Celui-ci dépend du pourcentage de contrôle détenu par la société mère.

Le **pourcentage de contrôle** représente le **nombre de droits de vote** détenus par la société dominante, directement ou indirectement.

Une société dont le pourcentage de contrôle est **inférieur à 20 %** n'est pas comprise dans le périmètre de consolidation.

Ce pourcentage détermine aussi la méthode de consolidation à appliquer.

> % direct SM vers F
> \+ % participation dernière société de la chaîne(1)
> = **Pourcentage de contrôle**
> (1) *À condition que la chaîne ne soit pas rompue, c'est-à-dire qu'aucun pourcentage ne soit inférieur à 50 %.*

Exemple

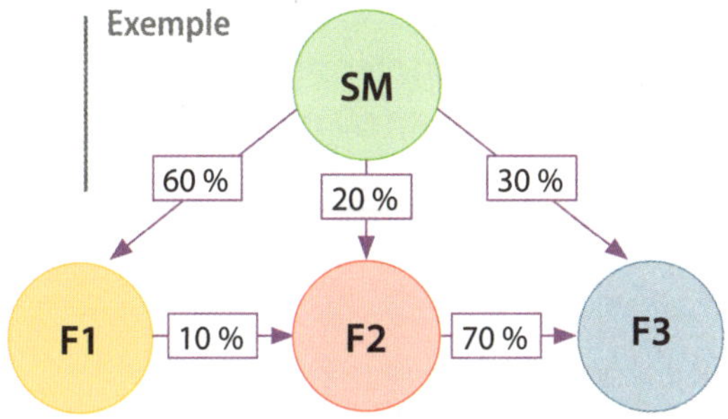

% de contrôle	De SM dans		
	F1	F2	F3
Direct	60 %	20 %	30 %
Indirect	0 %	10 %	0 %(1)
Total	**60 %**	**30 %**	**30 %**

(1) Puisque la participation intermédiaire dans F2 était inférieure à 50 %, on dit que la chaîne est rompue et on ne retient aucun pourcentage.

Les trois sociétés font partie du périmètre de consolidation car leur pourcentage de contrôle est supérieur à 20 %.

2. Les différents types de contrôle

Le contrôle exclusif	Le contrôle conjoint	L'influence notable
La société mère détient directement ou indirectement au moins 50 % du capital de sa filiale.	Il s'agit du partage du contrôle d'une société gérée en commun par un nombre limité d'associés sans que l'un d'entre eux exerce un contrôle exclusif.	La société mère détient au moins 20 % des droits de vote attachés aux actions ou a réussi à faire nommer un membre au conseil d'administration. Elle participe ainsi aux prises de décision importantes de l'entreprise mais sans en détenir le contrôle.

Exemple (suite)
La société mère exerce une influence notable dans les sociétés F2 et F3 et un contrôle exclusif dans la société F1.

II Le calcul des capitaux propres à intégrer

Le **pourcentage d'intérêt** représente la **part des capitaux propres** détenue, de manière directe ou indirecte, par la société mère dans sa filiale, le reste représentant la part des intérêts des actionnaires dits « minoritaires ».

> % direct SM vers F
> \+ Produit des participations formant la chaîne jusqu'à la société dominée
> = **Pourcentage d'intérêt**

Calculé uniquement pour les sociétés comprises dans le périmètre de consolidation, il sert à déterminer le pourcentage des capitaux propres qui seront repris dans les calculs de consolidation.

Exemple (suite)

% d'intérêt	De SM dans		
	F1	F2	F3
Direct	60 %	20 %	30 %
Indirect	0 %	60 % × 10 % = 6 %	(60 % × 10 % × 70 %) + (20 % × 70 %) = 18,20 %
Total	**60 %**	**26 %**	**48,20 %**

L'essentiel en une question

Quelle est la différence entre pourcentage de contrôle et pourcentage d'intérêt ?

Consultez le corrigé
liennathan.fr/826ehi

FICHE RESSOURCE 4

Le choix d'une méthode de consolidation

I Le principe de la consolidation

Avant consolidation, l'actif du bilan de la société mère présente des titres de participation (classe 2, « Immobilisations financières »). Ces titres représentent une part du patrimoine de la filiale.

Consolider consiste à remplacer, dans les comptes de la société mère, la valeur de ces titres par une part de chaque élément du patrimoine de la filiale (immobilisations, stocks, créances, dettes, capitaux propres…).

Sachant que la société mère et la filiale réalisent en général des échanges entre elles, des corrections sont effectuées pour éliminer ces échanges internes au groupe, afin de ne garder que les opérations entre le groupe et d'autres sociétés extérieures.

II Le choix d'une méthode de consolidation

À chaque catégorie de contrôle correspond une méthode de consolidation précise. Il existe une certaine différence entre les normes françaises et les normes internationales IFRS en cas de contrôle conjoint.

	Le contrôle exclusif	Le contrôle conjoint	L'influence notable
Normes françaises	Intégration globale	Intégration proportionnelle	Mise en équivalence
Normes IFRS	Intégration globale	Activité conjointe[1] : intégration proportionnelle Ou Coentreprise[2] : mise en équivalence	Mise en équivalence

(1) Une activité conjointe (*joint operation*) est concrétisée par un partenariat entre deux entreprises qui exercent un contrôle conjoint, chaque partie bénéficiant des actifs économiques de l'ensemble mais supportant également les obligations financières communes.

(2) Une coentreprise (*joint-venture*) est une entreprise créée par deux ou plusieurs entreprises et détenue à parts égales par ces dernières. Cette coentreprise est souvent constitué dans le but de satisfaire aux besoins d'un projet spécifique (par exemple, une alliance technologique ou industrielle).

III Les différences entre ces trois méthodes

- Quand la société mère détient plus de 50 % du capital de sa filiale, elle applique la méthode de l'intégration globale en remplaçant les titres de participation détenus à son actif par tous les éléments actifs et passifs de sa filiale et en faisant apparaître les intérêts minoritaires détenus par les autres associés de la filiale.
- Pour la méthode de l'intégration proportionnelle, la société mère applique le même principe que celui de l'intégration globale mais elle ne retient que le pourcentage de participation dans les actifs et passifs qu'elle détient sur sa filiale.
- Enfin, dans la méthode de la mise en équivalence, la valeur des titres de participation est substituée à la part des capitaux propres détenus par la société mère, ce qui revient à procéder chaque année à une réévaluation de la valeur de ces titres.

? L'essentiel en une question

Quand applique-t-on la méthode de l'intégration globale ?

Consultez le corrigé
liennathan.fr/h25e9q

La préparation du bilan consolidé selon la méthode de l'intégration globale

I Les principes de la méthode

Il s'agit de cumuler, au niveau du groupe, les postes de bilan de la société mère et ceux de la filiale (pris à 100 %), d'annuler quelques opérations internes au groupe et de mettre en évidence au passif la part détenue par le groupe et celle détenue par d'autres sociétés :

- l'actif du groupe est composé des éléments d'actif de la société mère auxquels s'ajoutent 100 % des éléments d'actif de la filiale, à l'exception des titres de participation de la société mère et des retraitements ;
- le passif exigible du groupe (dettes) est composé des éléments de passif exigibles de la société mère auxquels s'ajoutent 100 % des dettes de la filiale, à l'exception des retraitements ;
- les capitaux propres du groupe sont composés de ceux de la société mère et d'un écart de consolidation (différence entre la valeur des titres détenus et la valeur réelle de la filiale) ;
- la part du groupe détenue par des associés minoritaires est mise en évidence au passif.

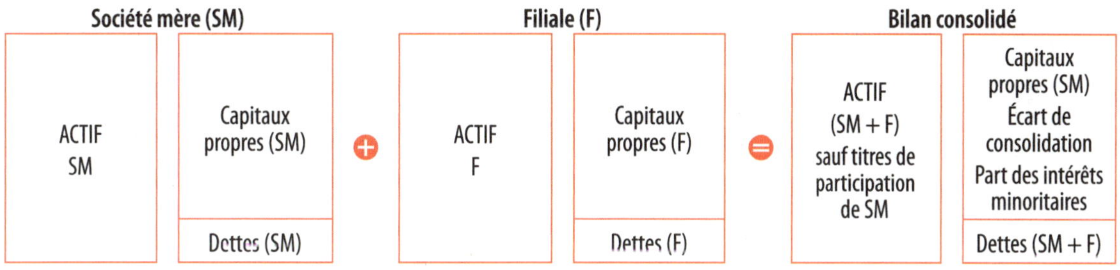

II Application de la méthode

Exemple

La société mère (SM), au capital de 500 000 € (actions de 100 €), contrôle 60 % du capital de sa filiale (F) (3 000 actions de 100 €). Les bilans des deux sociétés sont fournis ci-dessous.

Bilan de la société mère

ACTIF	Sommes	PASSIF	Sommes
Constructions	350 000	Capital (5 000 actions de 100 €)	500 000
Autres immobilisations	50 000	Réserves	90 000
Participations dans F[1]	180 000	Résultat	10 000
Total de l'actif immobilisé (I)	**580 000**	**Total des capitaux propres (I)**	**600 000**
Stocks	120 000	Dettes fournisseurs[2]	140 000
Autres actifs	100 000	Dettes sociales et fiscales	60 000
Total de l'actif circulant (II)	**220 000**	**Total des dettes (II)**	**200 000**
TOTAL GÉNÉRAL (I + II)	**800 000**	**TOTAL GÉNÉRAL (I + II)**	**800 000**

(1) 1 800 actions à 100 € de F correspondant à une participation de 60 % du capital.

(2) Dont une dette de 40 000 € envers F.

Bilan de la filiale

ACTIF	Sommes	PASSIF	Sommes
Constructions	150 000	Capital (3 000 actions de 100 €)	300 000
Autres immobilisations	120 000	Réserves	95 000
		Résultat	5 000
Total de l'actif immobilisé (I)	**270 000**	**Total des capitaux propres (I)**	**400 000**
Stocks	100 000	Dettes fournisseurs	100 000
Autres actifs[1]	175 000	Dettes sociales et fiscales	45 000
Total de l'actif circulant (II)	**275 000**	**Total des dettes (II)**	**145 000**
TOTAL GÉNÉRAL (I + II)	**545 000**	**TOTAL GÉNÉRAL (I + II)**	**545 000**

(1) Dont une créance de 40 000 € détenue sur SM.

1. Les capitaux propres du groupe consolidé

Avant consolidation, la société mère détenait au bilan des titres de participation valorisés au coût historique. Après consolidation, ces titres sont supprimés de l'actif du bilan, mais les ressources correspondantes restent au passif. Puis l'ensemble des biens et dettes de la filiale sont placés dans les différents postes du bilan. Pour équilibrer le bilan, il faut alors intégrer, dans le passif du groupe, les capitaux propres de la filiale non encore pris en compte.

Exemple (suite)

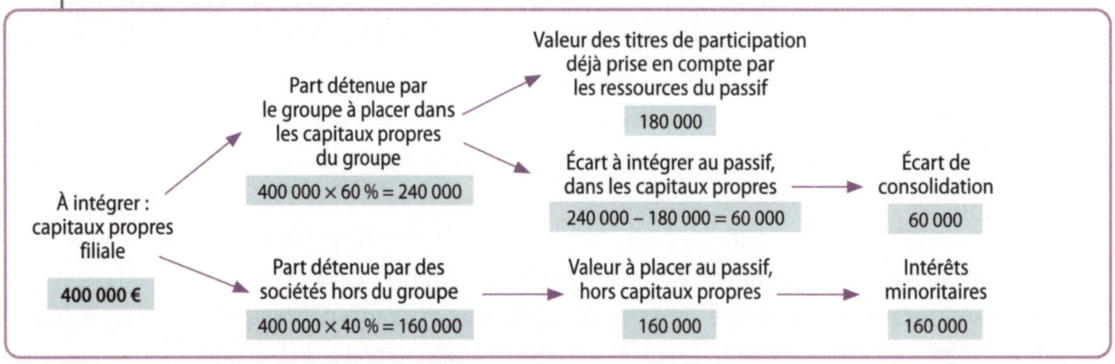

a. Calculer et affecter l'écart de consolidation

L'écart de consolidation correspond à la différence entre le coût d'acquisition des titres de participation détenus par la société mère et la part réelle correspondante dans les capitaux propres de sa filiale.

Exemple (suite)
SM détient 60 % des capitaux propres de F, soit : 400 000 × 60 % = 240 000 €.
La valeur des participations au bilan de la société mère est de 180 000 €.
L'écart de consolidation de 60 000 € (240 000 – 180 000) doit être réparti entre les réserves et le résultat de la société mère.

	Part affectée au résultat de la société mère	Part affectée dans les réserves de la société mère
Règle d'affectation	Résultat de la filiale × Taux de participation de la société mère	Le reste est affecté en réserves de la société mère : Écart de consolidation – Part affectée au résultat

Exemple (suite)

Écart : 60 000 €	5 000 × 60 % = **3 000 €**	60 000 – 3 000 = **57 000 €**

b. Mettre en évidence la part des intérêts minoritaires

Les intérêts minoritaires correspondent à la part des sociétés hors groupe dans les capitaux propres de la filiale.

Exemple (suite)
Les intérêts minoritaires représentent 40 % des capitaux propres de la filiale : 400 000 × 0,4 = 160 000 €.

2. L'élimination des opérations réciproques

Si la société mère possède une créance (client ou prêt) sur sa filiale, cela signifie que cette dernière a contracté une dette (fournisseur ou emprunt) auprès d'elle (ou inversement). Ces opérations réciproques doivent être éliminées au moment de la consolidation puisqu'elles s'annulent comptablement au niveau du groupe. Il s'agit de ne garder que les liens entre le groupe et l'extérieur.

Exemple (suite)
La société mère a une dette de 40 000 € envers sa filiale. Cette dernière a donc une créance du même montant à l'actif de son bilan.
Retraitement : dans le regroupement des deux bilans, on élimine la dette de 40 000 € au passif de la société mère et la créance de 40 000 € à l'actif de la filiale.

L'essentiel en une question

Quel élément d'actif n'est pas repris dans le bilan consolidé ?

Consultez le corrigé
liennathan.fr/528rdg

FICHE RESSOURCE 6

Les écritures au journal de consolidation et la présentation du bilan consolidé

I Les écritures de consolidation au niveau du bilan

1. L'annulation des titres de participation et des capitaux propres

Sont annulés, d'une part, les titres de participation détenus par la société mère et, d'autre part, les capitaux propres de la filiale. La différence est répartie entre les intérêts minoritaires et les réserves consolidées.

Exemple : soit SM la société mère et F sa filiale.

Capital (F)	300 000	
Réserves (F)	95 000	
Titres de participation (SM)		180 000
Réserves consolidées		57 000
Intérêts minoritaires[1] (300 000 + 95 000) × 40 %		158 000

[1] Les intérêts minoritaires représentent la part détenue par les autres actionnaires à hauteur de 40 %. Il faut ici se limiter aux montants du capital (300 000 €) et des réserves (95 000 €), la part des intérêts minoritaires dans le résultat étant traitée dans l'écriture suivante.

2. La répartition du résultat entre le groupe et les intérêts minoritaires

Le résultat de la filiale doit être annulé afin de faire apparaître son affectation entre le résultat du groupe et celui des intérêts minoritaires.

Exemple (suite)

Résultat (F)	5 000	
Résultat : part du groupe (5 000 × 60 %)		3 000
Résultat : part des intérêts minoritaires (5 000 × 40 %)		2 000

3. L'élimination des créances et des dettes réciproques

Les créances et les dettes réciproques ne peuvent en aucun cas figurer dans les comptes consolidés de groupe : il faut donc procéder à leur retraitement.

Exemple (suite)

Dettes fournisseurs (SM)	40 000	
Créances clients (F)		40 000

II La présentation du bilan consolidé

Il s'agit de cumuler les sommes des deux bilans en faisant abstraction des titres de participation de la société mère ainsi que des créances et dettes réciproques.

ACTIF	SM	Filiale	Total	PASSIF	SM	Filiale	Total
Immobilisations				**Capitaux propres**			
Constructions	350 000	150 000	500 000	Capital	500 000	0	500 000
Autres immobilisations	50 000	120 000	170 000	Réserves consolidées	90 000	57 000	147 000
Participations dans F	0		0	Résultat consolidé	10 000	3 000	13 000
Total de l'actif immobilisé (I)			**670 000**	**Total des capitaux propres (I)**			**660 000**
Stocks	120 000	100 000	220 000	**Intérêts minoritaires (II)**			**160 000**
Autres actifs circulants[1]	100 000	135 000	235 000	Dettes fournisseurs[2]	100 000	100 000	200 000
				Dettes fiscales et sociales	60 000	45 000	105 000
Total de l'actif circulant (II)			**455 000**	**Total des dettes (III)**			**305 000**
TOTAL GÉNÉRAL (I + II)			**1 125 000**	**TOTAL GÉNÉRAL (I + II + III)**			**1 125 000**

[1] 175 000 – 40 000 = 135 000.

[2] 140 000 – 40 000 = 100 000.

L'essentiel en une question

Pourquoi faire figurer la part des intérêts minoritaires dans le bilan consolidé ?

Consultez le corrigé liennathan.fr/8zv75t

FICHE RESSOURCE 7

La présentation du compte de résultat selon la méthode de l'intégration globale

I Le principe de la méthode de l'intégration globale

Le regroupement des comptes de résultat est simple : il s'agit d'additionner chaque poste en éliminant les opérations réciproques (achats et ventes).

II Le retraitement des opérations réciproques

On élimine du compte de résultat consolidé les achats ou les ventes de la société mère à la filiale, et inversement.

Exemple

Compte de résultat de la société mère (SM)

Charges	Montants	Produits	Montants
Achats (dont 100 000 € à F)	700 000	Ventes	900 000
Autres charges	200 000	Autres produits	10 000
Résultat	10 000		
Total du débit	**910 000**	**Total du crédit**	**910 000**

Compte de résultat de la filiale (F)

Charges	Montants	Produits	Montants
Achats	400 000	Ventes (dont 100 000 € à SM)	690 000
Autres charges	300 000	Autres produits	15 000
Résultat	5 000		
Total du débit	**705 000**	**Total du crédit**	**705 000**

III Les écritures au journal consolidé

Les achats et les ventes internes au groupe doivent être éliminés afin d'éviter un double emploi. Il s'agit donc de les contrepasser. En outre, il est nécessaire d'extraire la part des intérêts minoritaires inclus dans le résultat du groupe pour bien faire apparaître ces derniers.

Exemple (suite)

Ventes (F)	100 000	
Achats (SM)		100 000

Résultat (F)	2 000	
Part des intérêts minoritaires dans le résultat		2 000

IV La présentation du compte de résultat consolidé

Exemple (suite)

Compte de résultat consolidé du groupe

Charges	Montants	Produits	Montants
Achats (700 000 + 400 000 – 100 000)	1 000 000	Ventes (900 000 + 690 000 – 100 000)	1 490 000
Autres charges (200 000 + 300 000)	500 000	Autres produits (10 000 + 15 000)	25 000
Total des charges	**1 500 000**	**Total des produits**	**1 515 000**
Résultat groupe	13 000		
Résultat : part des intérêts minoritaires	2 000		
TOTAL GÉNÉRAL	**1 515 000**	**TOTAL GÉNÉRAL**	**1 515 000**

Élimination des opérations réciproques

L'essentiel en une question

Pourquoi éliminer, dans les charges et les produits, les opérations réciproques du groupe ?

Consultez le corrigé
liennathan.fr/26w5kn

APPLICATIONS

EXOS FLASH

EXO 1 Quiz interactif

Testez vos connaissances sur ce chapitre avec le quiz en ligne.

liennathan.fr/5ta8q8

Votre score ....

EXO 2 Délimiter un périmètre de consolidation

La société Corfou détient des participations dans les sociétés Larissa et Melchior (annexe).

1. **Laquelle des deux sociétés peut faire partie du périmètre de consolidation ?**
2. **Le contrôle exclusif est-il possible pour une des sociétés ? Justifiez votre réponse.**

ANNEXE **Prise de participation dans le capital des sociétés Larissa et Melchior**

Sociétés	Nombre d'actions composant le capital	Nombre d'actions détenues par Corfou
Larissa	5 000	250
Melchior	3 000	750

EXO 3 Définir le périmètre et la méthode de consolidation

La société Relga détient des participations dans les sociétés Beltrand et Vogirard.

1. **Ces deux sociétés font-elles partie du périmètre de consolidation de la société Relga ?**
2. **Définissez le pourcentage de contrôle et précisez son utilité pour les comptes consolidés.**
3. **Calculez, pour chaque filiale du groupe : le pourcentage et la nature du contrôle, la méthode de consolidation et le pourcentage d'intérêt.**
4. **Indiquez si la société Relga a l'obligation de présenter des comptes consolidés.**

ANNEXE **Prise de participation dans le capital des sociétés Beltrand et Vogirard**

Sociétés	Nombre d'actions composant le capital	Nombre d'actions détenues par Relga
Beltrand	10 000	6 000
Vogirard	6 000	2 100

EXO 4 Calculer des pourcentages de contrôle et d'intérêt différents

La société Mastik détient des participations dans les sociétés Alpha, Delta et Oméga.

1. **Calculez les pourcentages de contrôle direct et indirect de Mastik dans chaque société.**
2. **Calculez les pourcentages d'intérêt direct et indirect de Mastik dans chaque société.**
3. **Que se passerait-il si la société Mastik augmentait sa participation de 25 à 30 % dans la société Delta ? Justifiez votre réponse.**

ANNEXE **Participations de la société Mastik**

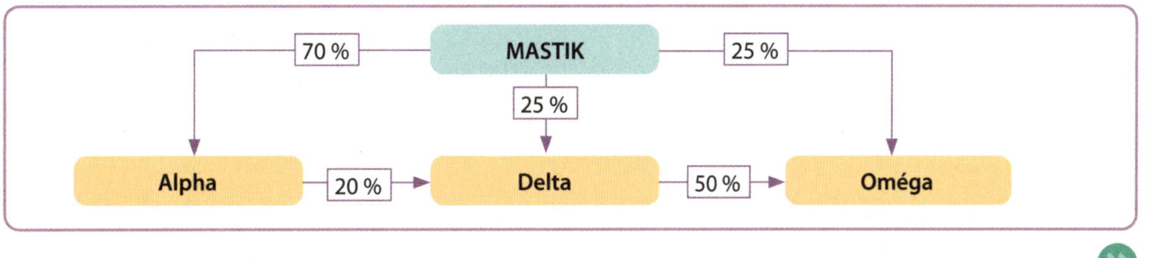

EXO

5 Présenter un bilan consolidé selon la méthode de l'intégration globale

Vous disposez des bilans de la société Morry (annexe 1) et de la société Forty (annexe 2) ainsi que du bilan consolidé (annexe 3).

1. Identifiez la société mère et la filiale. Précisez la méthode de consolidation à appliquer.

2. Repérez les opérations réciproques et justifiez les retraitements nécessaires.

3. Retrouvez les sommes issues du bilan consolidé.

ANNEXE 1 **Bilan de la société Morry au 31/12/N**

ACTIF	Sommes	PASSIF	Sommes
Actif immobilisé		*Capitaux propres et réserves*	
Immobilisations corporelles	2 430 000	Capital	1 600 000
Participations[1]	300 000	Réserves	950 000
		Résultat	226 000
Total I	**2 730 000**	**Total I**	**2 776 000**
Actif circulant		*Dettes*	
Stocks	1 460 000	Fournisseurs[2]	4 000 000
Clients	3 000 000	Dettes fiscales et sociales	616 000
Disponibilités	202 000		
Total II	**4 662 000**	**Total II**	**4 616 000**
TOTAL GÉNÉRAL	**7 392 000**	**TOTAL GÉNÉRAL**	**7 392 000**

(1) Participation dans le capital de la société Forty. (2) Dont dette envers la société Forty : 100 000 €.

ANNEXE 2 **Bilan de la société Forty au 31/12/N**

ACTIF	Sommes	PASSIF	Sommes
Actif immobilisé		*Capitaux propres et réserves*	
Immobilisations corporelles	655 000	Capital	400 000
		Réserves	320 000
		Résultat	– 140 000
Total I	**655 000**	**Total I**	**580 000**
Actif circulant		*Dettes*	
Stocks	795 000	Fournisseurs	2 400 000
Clients[1]	1 600 000	Dettes fiscales et sociales	190 000
Disponibilités	120 000		
Total II	**2 515 000**	**Total II**	**2 590 000**
TOTAL GÉNÉRAL	**3 170 000**	**TOTAL GÉNÉRAL**	**3 170 000**

(1) Dont une créance de 100 000 € envers la société Morry.

ANNEXE 3 **Bilan consolidé au 31/12/N**

ACTIF	Sommes	PASSIF	Sommes
Actif immobilisé		*Capitaux propres et réserves*	
Immobilisations corporelles	3 085 000	Capital	1 600 000
Participations	0	Réserves consolidées	1 190 000
		Résultat consolidé	121 000
		Intérêts minoritaires	145 000
Total I	**3 085 000**	**Total I**	**3 056 000**
Actif circulant		*Dettes*	
Stocks	2 255 000	Fournisseurs	6 300 000
Clients	4 500 000	Dettes fiscales et sociales	806 000
Disponibilités	322 000		
Total II	**7 077 000**	**Total II**	**7 106 000**
TOTAL GÉNÉRAL	**10 162 000**	**TOTAL GÉNÉRAL**	**10 162 000**

ENTRAÎNEMENT AU BTS 1 Analyser un périmètre de consolidation

★★☆

Catherine Lamarque est comptable au sein de la société Équip'Méd, spécialisée dans la distribution de matériel médical (mobilier, instruments, vêtements) destiné aux professionnels et aux particuliers.

La société ne fabrique pas elle-même ses produits mais les distribue auprès de divers professionnels (pharmaciens, vétérinaires, médecins, dentistes, orthopédistes, prothésistes, orthodontistes, etc.). Les produits distribués sont achetés à des fabricants français et européens.

Afin de mieux contrôler son activité, la société Équip'Méd, qui n'est pas cotée sur le marché boursier, a décidé il y a quelques mois de prendre des participations dans cinq sociétés du même secteur d'activité (annexe 1). Du fait de l'importance des prises de participation, elle doit réaliser pour la première fois des travaux de consolidation. Un cabinet spécialisé a été contacté afin d'aider le service comptable dans la présentation des comptes consolidés du groupe.

La direction financière a confié le soin de procéder à certains travaux préparatoires à Mme Lamarque afin d'avoir une vision plus claire. En qualité d'assistant(e) comptable, vous êtes chargé(e) d'effectuer ces travaux d'approche.

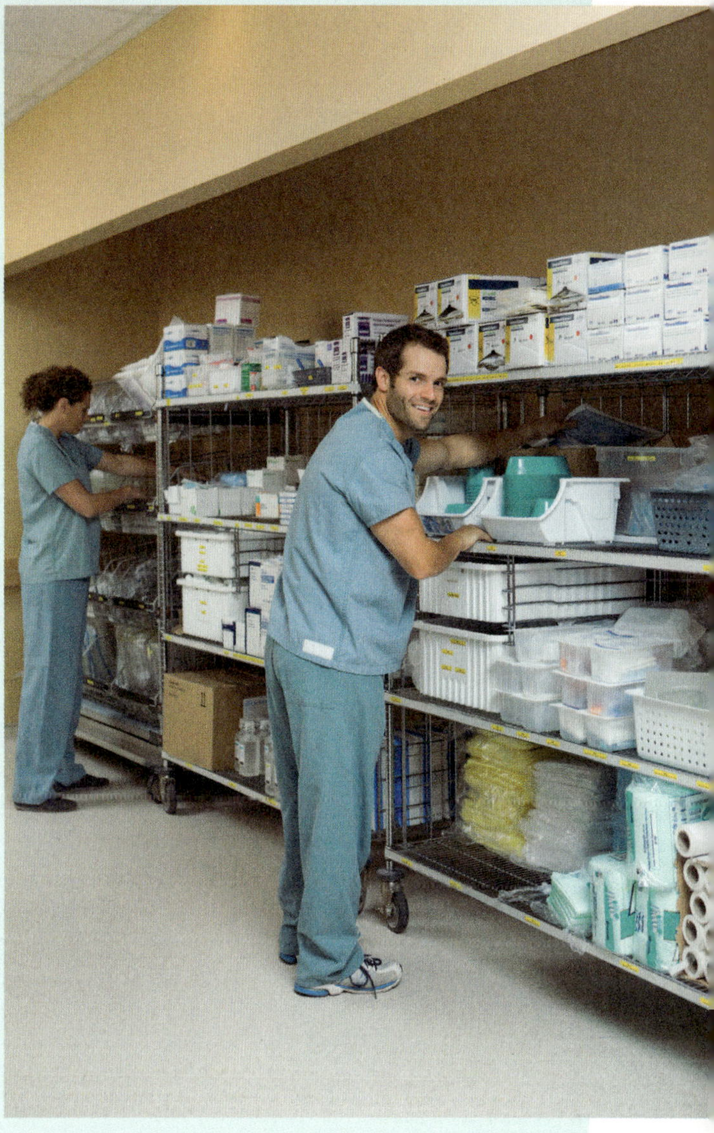

1 **Quel référentiel comptable la société Équip'Méd peut-elle appliquer ? Consultez la documentation fournie en annexe 2.**

2 **Que signifie l'expression « périmètre de consolidation » ?**

3 **Rappelez l'utilité de calculer les pourcentages de contrôle et d'intérêt.**

4 **Afin de préparer l'analyse du périmètre de consolidation d'Équip'Méd, précisez les trois types de contrôle (en indiquant brièvement leurs principales caractéristiques) et les différentes méthodes de consolidation (en rappelant plus particulièrement en quoi consiste la méthode de l'intégration globale).**

5 **Complétez le tableau d'analyse du périmètre de consolidation d'Équip'Méd (annexe 3).**

ANNEXE 1 Informations sur le groupe Équip'Méd

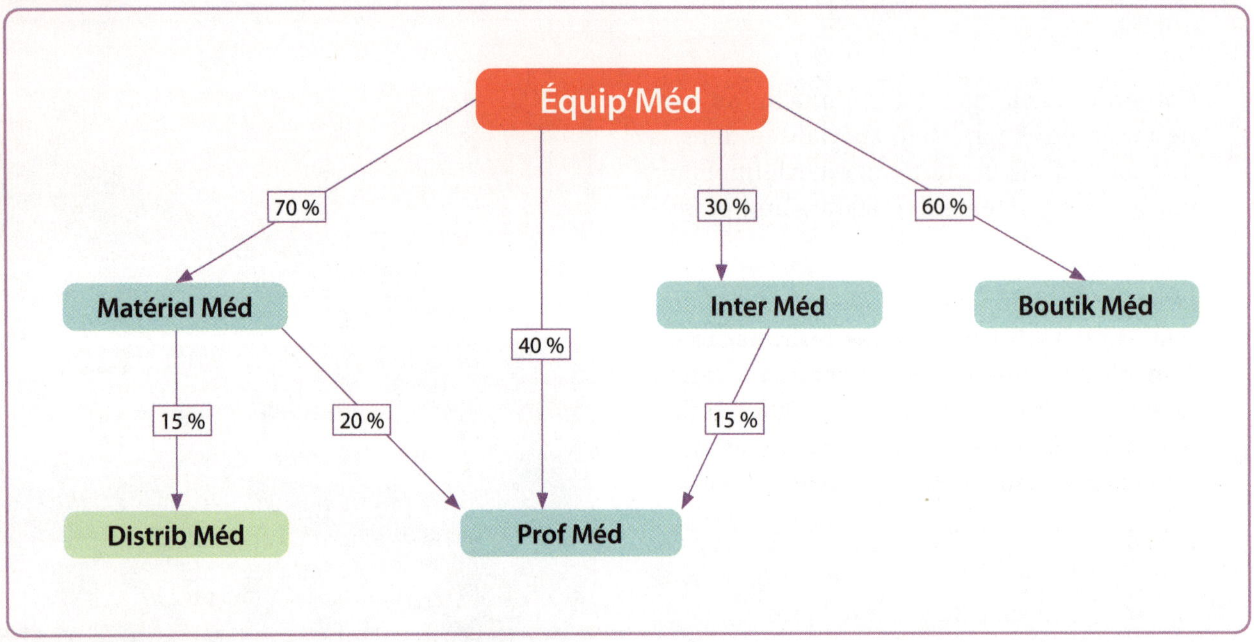

ANNEXE 2 Documentation

Le règlement n° 99-02 du Comité de la réglementation comptable (CRC) pose les règles de consolidation (notamment le périmètre et les méthodes de consolidation) et surtout fixe le principe de l'autonomie des règles et des méthodes comptables applicables aux comptes consolidés.

Le règlement européen IAS 2005 rend obligatoires les normes IFRS (*International Financial Reporting Standards* ou normes comptables internationales) élaborées par l'IASB (*International Accounting Standards Board* ou Bureau international des normes comptables) pour les sociétés européennes cotées sur un marché réglementé. Les sociétés non cotées ont toutefois la possibilité d'opter pour la présentation de leurs comptes consolidés en normes IFRS.

ANNEXE 3 Informations sur le groupe Équip'Méd

Noms des sociétés du groupe	Pourcentages de contrôle			Nature du contrôle	Méthode de consolidation	Pourcentages d'intérêt		
	Direct	Indirect	Total			Direct	Indirect	Total
Matériel Méd								
Distrib Méd								
Inter Méd								
Prof Méd								
Boutik Méd								

ENTRAÎNEMENT AU BTS 2 Réaliser une consolidation par la méthode de l'intégration globale ★★★

La société Le Logis chaud a été créée par Jean Bonnet et Pierre Falco à Mende (Lozère) en 1980. Elle s'est totalement reconvertie il y a une dizaine d'années et s'est spécialisée dans la fabrication de poêles à granulés de bois, également nommés « poêles à pellets ». Ces granulés, qui constituent un combustible très performant et réputé écologique, sont faits de sciure comprimée à haute densité, refroidie puis dépoussiérée. Ils sont ensuite stockés en vrac ou conditionnés en sacs.

La société fabrique cinq gammes de poêles à granulés, qui nécessitent très peu d'entretien.

Devant le succès de ses poêles qui associent rendement élevé et facilité d'utilisation, la société souhaite sécuriser son approvisionnement en granulés de bois car, sans un approvisionnement régulier des clients à un prix convenable, le développement de ce type de poêle est compromis. Elle a donc procédé,

en cours d'année, à une prise de participation dans la société Pellets d'Auvergne, spécialisée dans la fabrication de granulés.

Vous travaillez en qualité de comptable au sein de la société Le Logis chaud. Vous êtes chargé(e) de présenter de manière sommaire le bilan et le compte de résultat consolidés du nouveau groupe. Vous disposez des bilans et comptes de résultat simplifiés des deux sociétés (annexes 1 et 2).

1 **Identifiez le périmètre de consolidation en précisant le type de contrôle et la méthode de consolidation à appliquer.**

P7 **2** **Présentez le bilan consolidé :**

a) **Chiffrez l'écart de consolidation et déterminez sa répartition entre les réserves et le résultat.**

b) **Présentez les écritures relatives à l'établissement du bilan consolidé.**

c) **Présentez le bilan consolidé du groupe à l'aide du tableur.**

P7 **3** **Présentez le compte de résultat consolidé :**

a) **Présentez les écritures relatives à l'établissement du compte de résultat consolidé.**

b) **Présentez le compte de résultat consolidé du groupe.**

Dans les années à venir, la société Le Logis chaud envisage un développement de ses produits en Europe et vise plus particulièrement le marché allemand, très coutumier des modes de chauffage écologiques. Elle a pour cela besoin de trouver des investisseurs prêts à financer ce projet.

4 **Dans une note interne adressée aux deux dirigeants, précisez l'importance des comptes consolidés pour les futurs investisseurs.**

Téléchargez le bilan et le compte de résultat consolidés à compléter.
liennathan.fr/2is87e

ANNEXE 1 **Bilan et compte de résultat simplifiés de la société Le Logis chaud au 31/12/N**

Bilan simplifié de la société Le Logis chaud

ACTIF	Sommes	PASSIF	Sommes
Matériel industriel	2 000 000	Capital (16 000 actions de 100 €)	1 600 000
Autres immobilisations	430 000	Réserves	950 000
Participations(1)	300 000	Résultat	226 000
Total de l'actif immobilisé (I)	**2 730 000**	**Total des capitaux propres (I)**	**2 776 000**
Stocks de matières premières	640 000	Emprunts(2)	1 500 000
Stocks de produits finis (poêles)	820 000	Dettes fournisseurs	2 000 000
Créances clients	1 200 000	Dettes fiscales et sociales	500 000
Autres créances	1 800 000	Autres dettes	616 000
Disponibilités	202 000		
Total de l'actif circulant (II)	**4 662 000**	**Total des dettes (II)**	**4 616 000**
TOTAL GÉNÉRAL (I + II)	**7 392 000**	**TOTAL GÉNÉRAL (I + II)**	**7 392 000**
(1) Titres de participation détenus sur la société Pellets d'Auvergne.		(2) Dont emprunt envers la société Pellets d'Auvergne : 50 000 €.	

Compte de résultat simplifié de la société Le Logis chaud

CHARGES	Sommes	PRODUITS	Sommes
Achats de matières premières	6 150 000	Ventes de produits finis	8 180 000
Variation des stocks de matières premières	573 000	Production stockée	970 000
Autres achats et charges externes	456 000	Autres produits	58 000
Impôts, taxes et versements assimilés	85 000	Reprises d'exploitation	35 000
Charges de personnel	885 000		
Charges sociales	390 000		
Autres charges	11 000		
Dotations d'exploitation	258 000		
Total des charges d'exploitation (I)	**8 808 000**	**Total des produits d'exploitation (I)**	**9 243 000**
Intérêts et charges assimilées(1)	120 000	Produits de placement	4 000
Dotations financières	17 000	Reprises financières	6 000
Total des charges financières (II)	**137 000**	**Total des produits financiers (II)**	**10 000**
Charges except. sur opérations de gestion	7 000	Produits except. sur opérations de gestion	9 000
Dotations exceptionnelles	13 000	Reprises exceptionnelles	4 000
Total des charges exceptionnelles (III)	**20 000**	**Total des produits exceptionnels (III)**	**13 000**
Impôts sur les bénéfices (IV)	**75 000**		
Total des charges (I + II + III + IV)	**9 040 000**	**Total des produits (I + II + III)**	**9 266 000**
Résultat : bénéfice	226 000	Résultat : perte	
TOTAL GÉNÉRAL	**9 266 000**	**TOTAL GÉNÉRAL**	**9 266 000**

(1) Dont intérêts envers la société Pellets d'Auvergne : 4 000 €.

ANNEXE 2 **Bilan et compte de résultat simplifiés de la société Pellets d'Auvergne au 31/12/N**

Bilan simplifié de la société Pellets d'Auvergne

ACTIF	Sommes	PASSIF	Sommes
Matériel industriel	250 000	Capital (4 000 actions de 100 €)	400 000
Autres immobilisations	355 000	Réserves	310 000
Prêts(1)	50 000	Résultat	– 130 000
Total de l'actif immobilisé (I)	**655 000**	**Total des capitaux propres (I)**	**580 000**
Stocks de matières premières	195 000	Emprunts	1 300 000
Stocks de produits finis (granulés)	600 000	Dettes fournisseurs	1 000 000
Créances clients	1 000 000	Dettes fiscales et sociales	190 000
Autres créances	600 000	Autres dettes	100 000
Disponibilités	120 000		
Total de l'actif circulant (II)	**2 515 000**	**Total des dettes (II)**	**2 590 000**
TOTAL GÉNÉRAL (I + II)	**3 170 000**	**TOTAL GÉNÉRAL (I + II)**	**3 170 000**

(1) Prêt à la société Le Logis chaud.

Compte de résultat simplifié de la société Pellets d'Auvergne

CHARGES	Sommes	PRODUITS	Sommes
Achats de matières premières	840 000	Ventes de produits finis	1 430 000
Variation des stocks de matières premières	90 000	Production stockée	– 12 000
Autres achats et charges externes	180 000	Autres produits	1 000
Impôts, taxes et versements assimilés	35 000	Reprises d'exploitation	3 000
Charges de personnel	230 000		
Charges sociales	112 000		
Autres charges	4 000		
Dotations d'exploitation	40 000		
Total des charges d'exploitation (I)	**1 531 000**	**Total des produits d'exploitation (I)**	**1 422 000**
Intérêts et charges assimilées	18 000	Produits de placement(1)	5 000
Dotations financières	7 000	Reprises financières	1 000
Total des charges financières (II)	**25 000**	**Total des produits financiers (II)**	**6 000**
Charges except. sur opérations de gestion	0	Produits except. sur opérations de gestion	0
Dotations exceptionnelles	2 000	Reprises exceptionnelles	0
Total des charges exceptionnelles (III)	**2 000**	**Total des produits exceptionnels (III)**	**0**
Impôts sur les bénéfices (IV)	**0**		
Total des charges (I + II + III + IV)	**1 558 000**	**Total des produits (I + II + III)**	**1 428 000**
Résultat : bénéfice		Résultat : perte	130 000
TOTAL GÉNÉRAL	**1 558 000**	**TOTAL GÉNÉRAL**	**1 558 000**

(1) Dont intérêts perçus sur la société Le Logis chaud : 4 000 €.

SYNTHÈSE

Synthèse audio
liennathan.fr/z966av

La production d'informations nécessaires à la consolidation

1 La notion de groupe

Détention < 10 % du capital

Les sociétés sont liées mais on ne parle pas de groupe, pas de participation, pas de société mère.

Groupe

Lorsqu'une société détient plus de 10 % du capital d'une autre société, elles forment un **groupe**. La société dominante s'appelle **société mère**.

Détention > 10 % et < 50 %

Les sociétés dominées sont des prises de **participation**.

Société mère non majoritaire
→ **Pas de contrôle direct**

Détention > 50 % du capital

Les sociétés dominées sont des **filiales**.

Société mère majoritaire
→ **Contrôle direct**

Les formes de participation

Les participations directes	SM → F
Les participations indirectes	SM → F1 → F2
Les participations réciproques	SM → F F → SM
Les participations circulaires	SM → F1 → F2 → SM

2 Le périmètre de consolidation

Les sociétés à consolider

% de contrôle
= Nombre de droits de vote

Contrôle direct : % SM dans F
+ Contrôle indirect : % dernière société dans F2 si chaîne non rompue

Si % contrôle > 20 %
La société est retenue dans le **périmètre de consolidation**.
Elle est exclue dans le cas contraire.

Calcul des capitaux à intégrer

% d'intérêt
= Nombre de parts dans les capitaux propres

Contrôle direct : % SM dans F
+ Contrôle indirect : produit des participations croisées

Définition du type de contrôle et méthode de consolidation

Contrôle exclusif → Intégration globale
Contrôle conjoint → Intégration proportionnelle
Contrôle notable → Mise en équivalence

3 La consolidation des comptes selon la méthode globale

Bilan consolidé

Addition des actifs SM et F Élimination des titres de la SM Élimination des créances réciproques	Capitaux propres SM Écarts de consolidation Intérêts minoritaires Addition des dettes SM et F Élimination des dettes réciproques

CR consolidé

Cumul des charges et produits SM et F

Élimination des charges et produits internes au groupe

CHAPITRE 14

L'analyse du processus de contrôle et production de l'information financière

Activité
2.8. Contribution à la performance du processus « Contrôle et production de l'information financière » et recherche de la sécurisation des opérations

Composantes d'activité
2.8.1. Présentation des caractéristiques de l'organisation du processus « Contrôle et production de l'information financière »
2.8.2. Analyse du processus « Contrôle et production de l'information financière »

Compétences
– Présenter les principales caractéristiques de l'organisation du contrôle et de la production de l'information financière
– Analyser le processus « Production de l'information financière » et repérer les dysfonctionnements et risques inhérents

P7
– L'interprétation ou l'élaboration du schéma du processus
– L'identification des besoins d'information des acteurs au sein du processus
– Le repérage des failles de sécurité d'une organisation

Vers Pix
1.1. Mener une recherche et une veille d'information
5.1. Résoudre des problèmes techniques

SITUATION PROFESSIONNELLE

La SARL Les Petites Gourmandises produit des chocolats et des nougats de Tours, d'une part, et commercialise des cupcakes fabriqués par une entreprise artisanale locale ainsi que des confiseries diverses, d'autre part.
La comptable, Mme Sorgel, vient d'achever la clôture des comptes de la société. Vous avez collaboré à toutes les opérations d'inventaire afin de vous familiariser à votre future fonction. En effet, Mme Sorgel a organisé son départ de l'entreprise et vous avez été recruté(e) pour assurer son remplacement.

Les documents de synthèse ont pu être établis. Il vous a fallu collecter toutes les informations nécessaires puis les traiter dans le respect de la réglementation comptable. Vous avez dû appréhender l'organisation comptable, prendre connaissance des procédures, vous adapter aux pratiques des salariés… La tâche qui vous a semblé la plus ardue est celle de la collecte de l'information : quelle information chercher ? Auprès de qui ? L'information est-elle pertinente, fiable… ? À de nombreuses reprises, vous avez été confronté(e) à des anomalies dans le fonctionnement de l'entreprise.

VOS MISSIONS

Mme Sorgel a constaté quelques dysfonctionnements lors de la conduite des travaux d'inventaire et souhaite les analyser afin d'améliorer les procédures. Vous l'aidez dans cette démarche.

MISSION 1 **Analyser un processus opérationnel de production de l'information financière** ▶ Fiches ressource 1 et 2

MISSION 2 **Analyser les dysfonctionnements et faire évoluer les processus de pilotage de la fonction comptable** ▶ Fiche ressource 3

MISSION 3 **Repérer les failles dans le processus d'archivage des données** ▶ Fiche ressource 4

VOS MISSIONS

MISSION 1 Analyser un processus opérationnel de production de l'information financière

1. À la lecture de la procédure d'inventaire physique au sein des Petites Gourmandises, déduisez l'organisation de l'entreprise en matière de mise à jour des stocks en comptabilité et schématisez succinctement le processus.
▶ Annexe 1 ▶ Fiche ressource 1

2. Pourquoi peut-on dire que cet inventaire physique correspond à un processus opérationnel ?
▶ Annexe 2 ▶ Fiche ressource 2

3. Quel problème est soulevé par Mme Sorgel ? Imaginez quelques explications.
▶ Annexe 3

4. Quelle solution propose M. Legard ? Quelle explication a-t-il trouvée ?

5. Observez la procédure d'inventaire. Où sont placés les moyens de contrôle ? Quelle est la conséquence en matière de production de l'information financière ?

+ La question de l'expert
À l'aide éventuellement d'une recherche, proposez des ajouts ou modifications à la procédure d'inventaire actuelle. Justifiez. Rédigez un compte rendu à l'attention de Mme Sorgel.

L'autocorrection en vidéo
liennathan.fr/df2g98

MISSION 2 Analyser les dysfonctionnements et faire évoluer les processus de pilotage de la fonction comptable

6. À l'aide d'une recherche sur le phénomène appelé « fraude au président », expliquez l'escroquerie subie par l'entreprise.
▶ Annexe 4

7. Proposez quelques éléments à intégrer dans le processus de règlement de l'entreprise qui pourra, à l'avenir, la protéger de telles escroqueries.
▶ Annexe 5 ▶ Fiche ressource 3

8. À ce jour, l'entreprise reçoit de ses fournisseurs essentiellement des factures papier. Une fois enregistrées, elles sont classées par dates et archivées dans une armoire, sans autre documentation. Ce processus de traitement des factures est-il correct ? Quel est le risque ?
▶ Annexe 6

Besoin d'aide ?
liennathan.fr/s989rm

+ La question de l'expert
À l'aide d'une recherche, démontrez que le fait de rédiger la documentation sur la piste d'audit fiable est un excellent moyen d'améliorer les processus de contrôle des factures, de leur réception, leur paiement jusqu'à leur archivage.

L'autocorrection en vidéo
liennathan.fr/46f8dv

MISSION 3 Repérer les failles dans le processus d'archivage des données

P7 **9.** L'entreprise utilise un PGI pour traiter la comptabilité. En quoi cet outil facilite-t-il les échanges et sécurise-t-il les processus d'élaboration de l'information financière ?
▶ Fiche ressource 4

P7 **10.** En quoi la proposition du prestataire informatique en matière de sauvegarde permettrait-elle d'améliorer le processus d'archivage des données comptables ?
▶ Annexe 7

DONNÉES DE LA SITUATION

ANNEXE 1 Procédure interne d'inventaire des stocks

Les Petites Gourmandises

PROCÉDURE D'INVENTAIRE PHYSIQUE

L'inventaire doit être réalisé une fois par an **entre le 31/12/N et le 05/01/N+1.**

1. Repérer les 5 zones de stockage du magasin.
2. Respecter la procédure de comptage des matières et marchandises : utiliser les feuilles de comptage préétablies et prénumérotées, les compléter au stylo (crayon papier interdit), signer chaque feuille complète.
3. Interdire les mouvements de stocks pendant le comptage, stopper les ventes (fermeture de l'établissement).
4. Valoriser les matières et marchandises : prix d'achat net sur facture ou coût de production pour les produits finis (voir méthode de calcul jointe).
5. Saisir les relevés sur le formulaire « Inventaire physique annuel ».
6. Transmettre le formulaire au service comptable.

ANNEXE 2 Extrait de l'organigramme Les Petites Gourmandises

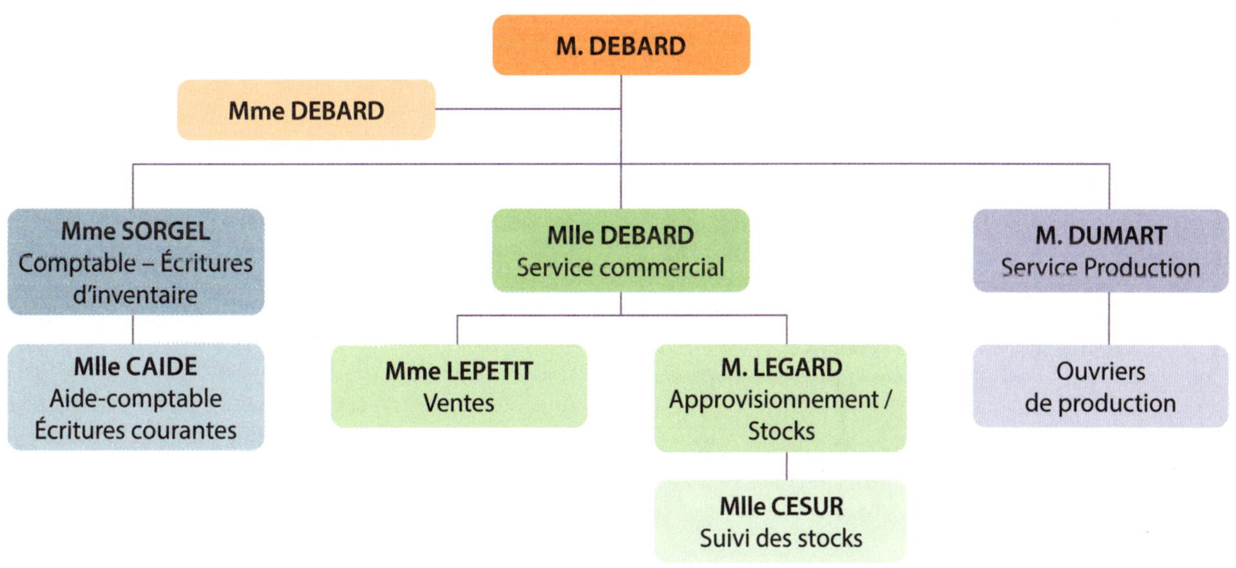

ANNEXE 3 Extrait de l'entretien entre Mme Sorgel et M. Legard

Mme Sorgel : J'ai saisi en comptabilité les valeurs issues de l'inventaire physique réalisé par Mlle Cesur. Les stocks sont beaucoup plus bas qu'habituellement. Je ne m'explique pas un écart aussi important…

M. Legard : Effectivement, cet écart ne me semble pas logique. Mlle Cesur a pourtant l'habitude de faire ces inventaires, elle gère tout cela seule et de main de maître ! Je vous propose de refaire de toute urgence cet inventaire physique avec Mlle Cesur, je n'ai pas d'autre solution…

3 jours plus tard…
M. Legard réalise que le comptage des matières premières stockées dans la chambre froide n° CF2 (zone 4) a été oublié.

ANNEXE 4 Un dysfonctionnement en cours d'année

Au cours de l'année N, l'entreprise Les Petites Gourmandises a perdu 55 000 €.

À l'origine, Mlle Caide, l'aide-comptable, a reçu un appel, confirmé par mail, de M. Debard, le dirigeant, lui demandant de virer immédiatement cette somme sur un compte afin de provisionner ce montant pour une transaction commerciale. Mme Sorgel était absente ce jour-là et la personne au bout du fil – qui s'avérera ne pas être M. Debard – a été convaincante. En confiance, Mlle Caide a effectué un virement manuel…

ANNEXE 5 Recommandations pour se prémunir de la fraude au président

[…] **Respecter les règles essentielles du contrôle interne**

Des **procédures simples** en matière de virements manuels **peuvent limiter les risques**. « *Un **simple comptable** ne doit pas pouvoir ordonner un virement et il faut limiter au maximum le nombre de personnes qui ordonnent les paiements manuels* », explique Raphaël Gauvain. Autre principe évident, mais pas toujours respecté : la **séparation des tâches**, entre celui qui prépare le virement et celui qui l'ordonne. Enfin, il faut mettre en place une **procédure de double signature** au-delà d'un certain montant […].

https://business.lesechos.fr

ANNEXE 6 La piste d'audit fiable (PAF)

Qu'est-ce que la PAF ?

La PAF est une obligation imposée par l'administration fiscale en matière de TVA. Les entités concernées par ce dispositif sont tenues de mettre en place des contrôles pour leurs flux entrants (factures fournisseurs) et sortants (factures clients) concernant l'ensemble des opérations qui en sont l'origine (livraison de biens, réalisation de la prestation de service).

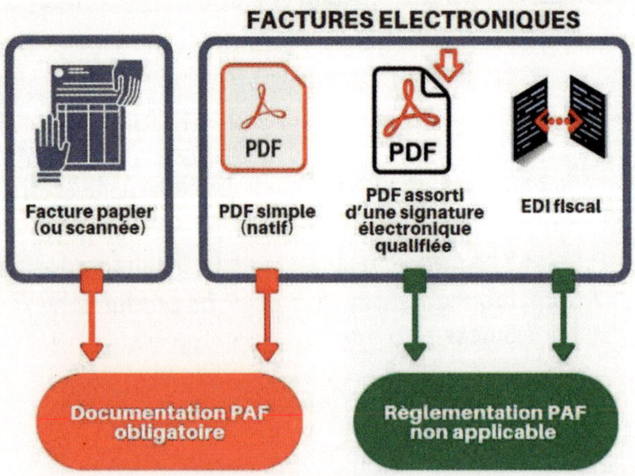

En pratique, il s'agit pour l'entité de formaliser de façon claire et exhaustive ses processus de gestion dans une documentation permettant de rendre compte de chaque opération depuis son origine (contrat, devis, bon de commande) jusqu'à la facturation, l'enregistrement de chaque facture en comptabilité, son règlement et son archivage (et réciproquement).

Votre entité est-elle concernée ?

Vous êtes concerné si vous recevez et/ou collectez des factures au format papier, PDF simple ou *via* tout système jugé « non suffisamment sécurisé » par l'administration fiscale.

www.inextenso.fr

ANNEXE 7 Procédure actuelle de sauvegarde des données comptables

Toutes les données sont enregistrées sur le serveur local. Un disque dur est installé dans le même local que le serveur et une sauvegarde a lieu tous les 2 et tous les 16 de chaque mois.

Le prestataire auprès duquel nous avons acheté le PGI nous a fait une offre commerciale relative à la sauvegarde de nos données, à distance, *via* Internet. Il nous propose une sauvegarde différentielle journalière et une sauvegarde complète tous les 3 jours.

FICHE RESSOURCE 1

Organisation, processus et procédures liés à l'information financière

Les travaux comptables courants et de clôture des comptes représentent une tâche lourde et complexe pour laquelle les entreprises doivent s'organiser.

I L'organisation comptable

L'organisation comptable désigne la manière dont l'ensemble des événements entre l'entreprise et ses partenaires est traduit en comptabilité, puis la manière dont est présenté l'impact de ces événements sur le patrimoine et l'activité de l'entreprise. L'organisation varie d'une entreprise à l'autre :

- certaines entreprises font le choix d'une **gestion interne de la comptabilité** : un service dédié réalise les travaux comptables au quotidien. Le personnel doit être compétent et respecter les obligations légales et réglementaires. Le chef d'entreprise dispose de l'information comptable en permanence ;
- beaucoup d'entreprises de petite taille préfèrent **externaliser une partie** de leur comptabilité auprès d'un expert-comptable. Elles gèrent la comptabilité courante (achats, ventes, trésorerie) et délèguent les opérations plus techniques (déclarations fiscales, travaux d'inventaire…) ;
- certaines entreprises choisissent d'**externaliser l'intégralité** de leur comptabilité. L'expert-comptable assure alors la saisie comptable, la révision et l'établissement des comptes.

Mais relèvent aussi de l'organisation les moyens d'accès à l'information (utilisation ou non d'un PGI), la définition d'un plan de compte personnalisé et/ou l'archivage des pièces justificatives, par exemple.

L'organisation comptable doit tenir compte des contraintes de l'entreprise et faciliter le travail de tous.

II Le processus comptable

Quelle que soit l'organisation comptable choisie par l'entreprise, le processus comptable suit toujours le même déroulé. Il regroupe les **différentes activités** à mettre en œuvre, dans un ordre précis, afin de tenir une comptabilité précise et d'établir des documents de synthèse fidèles à la réalité.

Analyse des transactions → Enregistrement en comptabilité → Analyse des comptes → Analyse de la balance avant clôture → Travaux d'inventaire → Enregistrement des écritures d'ajustement → Présentation de la balance après clôture → Production des documents de synthèse → Validation

À chaque étape du processus comptable, on décrit les tâches à entreprendre mais aussi les contrôles à effectuer. On peut distinguer de nombreux « sous-processus » :
– les **processus comptables opérationnels** : par exemple, les activités du responsable commercial lorsqu'il transmet les factures en comptabilité ou les tâches du magasinier pour réaliser un inventaire ;
– le **processus de pilotage de la fonction comptable** : ce sont les activités à mettre en œuvre par le service comptable (ex. : organiser une veille, paramétrer le PGI, pointer les comptes).

III Les procédures comptables

Alors que le processus comptable présente, généralement sous forme schématique, des activités à réaliser, les procédures comptables, généralement écrites, détaillent la manière dont il faut les réaliser.

> **Exemple :** une des tâches du processus d'analyse des transactions est de « contrôler les factures ». La procédure précise alors qu'il faut : comparer les quantités facturées avec les quantités livrées inscrites sur le bon de commande, s'assurer que les conditions commerciales sont bien respectées, contrôler le taux de TVA…

La formalisation des procédures est indispensable pour garantir la qualité de l'organisation comptable.

? L'essentiel en une question

Quelle différence faites-vous entre l'organisation, un processus comptable et une procédure comptable ?

Consultez le corrigé
liennathan.fr/yx988q

FICHE RESSOURCE 2

Le contrôle des processus comptables opérationnels

On entend par « processus comptables opérationnels » les processus situés **en amont du service comptable** (ex. : processus ventes/clients, achats/fournisseurs, gestion de trésorerie, gestion des stocks). Ils sont pris en charge par des acteurs terrain qui deviennent des « fournisseurs d'informations comptables ».

I La nécessité de contrôler l'alimentation des données en comptabilité

Une grande partie des difficultés rencontrées en comptabilité se situe **en amont de la clôture des comptes**, en provenance des acteurs terrain : une information erronée et non contrôlée, des délais non respectés, des données incomplètes…

Lorsque ces irrégularités ne sont pas repérées avant leur transmission en comptabilité, elles déclenchent des anomalies comptables (erreurs, écarts…) et une perte de temps pour les analyser puis les corriger.

La clôture des comptes est alors impactée par de nombreux allers-retours entre les différentes étapes des processus, ce qui peut générer des tensions et un retard de production.

Ainsi, l'objectif de ce contrôle est d'améliorer ces processus afin de réduire les risques d'erreur et/ou d'améliorer l'efficacité de l'alimentation des données en comptabilité.

II Les points à contrôler

1. La préparation des informations comptables

Il s'agit de s'assurer que les intervenants opérationnels maîtrisent les différents schémas comptables à mettre en œuvre à chaque événement (ex. : une vente, un retour de marchandise, des écarts d'inventaire liés à la casse).

Pour chaque événement clairement identifié, il faut savoir précisément la **nature des informations à transmettre** : pièces comptables, liste de contrôle, relevé d'heures…

Il faut connaître aussi la **forme** donnée à l'information avant de la transmettre en comptabilité : le plus efficace est d'utiliser des **documents standardisés** en fonction de critères précis étudiés en amont par le service comptable.

2. La transmission des informations à la comptabilité

Il est important de maîtriser parfaitement certains points :
- savoir qui s'occupe de transmettre l'information en comptabilité ;
- savoir quand transmettre l'information (à quel rythme, quelle échéance…) ;
- connaître les circuits choisis (PGI, papier, mail…) ;
- savoir anticiper les éventuelles difficultés (goulet d'étranglement, retard prévisible…).

3. L'organisation de la traçabilité des informations transmises

Les intervenants opérationnels doivent disposer de procédures précises en matière de classement des informations, sauvegarde ou archivage.

? L'essentiel en une question

À quoi correspond un processus comptable opérationnel ? Donnez un exemple.

Consultez le corrigé
liennathan.fr/8i6qb9

FICHE RESSOURCE 3

Le contrôle de l'organisation de la fonction comptable

Il s'agit de s'assurer que le **pilotage de la comptabilité** est réalisé de manière à produire des documents de synthèse dans le respect des normes et des échéances réglementaires.

Points à contrôler		Intérêt du contrôle
Veille réglementaire	• Le processus de recherche d'information et de veille réglementaire est fiable : choix des sources, exhaustivité des sources, alertes mises en place… • Les moyens de diffusion de l'information nouvelle permettent de toucher les personnes concernées. • Les informations collectées sont prises en compte par les personnes concernées, dans les délais impartis…	La fiabilité des documents de synthèse est garantie.
Homogénéité des supports et des traitements comptables	• Les supports de travail et les règles à suivre, dans une situation ou une entreprise qui aurait plusieurs établissements, sont homogènes. Exemples : dernière réglementation connue de tous, processus internes communs, documents standardisés, PGI avec base de données unique. • Pour un événement donné, les traitements comptables sont conformes (ils doivent être identiques pour tous les personnels concernés).	L'**unification du langage comptable** permet d'éviter les pertes de temps liés à la comparaison des informations issues de systèmes différents ou de divergences d'interprétation.
Ressources humaines	• Les tâches sont clairement distribuées. • Le personnel concerné par les activités comptables dispose des compétences nécessaires, est régulièrement formé et informé sur l'évolution de la réglementation, des règles internes, adhère à une culture tournée vers la production rapide des documents. • Le personnel concerné est disponible sur les périodes clés. • Les procédures sont clairement rédigées (afin d'éviter tout problème en cas d'absence d'une personne…).	Un personnel **formé et régulièrement informé**, partie prenante et conscient des enjeux, facilite les échanges, garantit la fiabilité des tâches accomplies.
Répartition des travaux d'analyse des comptes et anticipation du travail de fin d'exercice	• Les travaux d'analyse des comptes sont bien répartis tout au long de l'exercice comptable. • Le personnel est sensibilisé sur la notion d'autocontrôle à chaque intervention : systématiser les recoupements, les contrôles réciproques, les moyens techniques de contrôle. • Des contrôles sont réalisés à des rythmes réguliers sans attendre la clôture des comptes. • Les travaux en cours d'année sont formalisés de telle manière qu'ils anticipent la clôture de fin d'année.	La répartition des travaux de contrôle permet de gagner du temps en fin d'exercice. Une **préclôture** peut être effectuée fin novembre pour alléger les travaux de clôture annuelle. Il est avantageux de définir et d'exploiter un **planning de clôture**.

? L'essentiel en une question

Citez un ou deux points de contrôle que vous jugez déterminants afin d'améliorer le processus de production des informations comptables.

Consultez le corrigé
liennathan.fr/22c7jw

FICHE RESSOURCE 4

Le contrôle interne et le circuit informatique

L'introduction de l'informatique de façon transversale dans l'entreprise a fait apparaître de nouveaux risques que le contrôle interne et l'audit doivent prendre en compte.

Phases principales	Objectifs du contrôle interne	Moyens du contrôle interne
Conception et acquisition des solutions informatiques	– S'assurer de la réalité des besoins. – Évaluer le degré d'automatisation mis en place et la possibilité de faire évoluer les outils.	– Documents de recensement des besoins de chacun – Élaboration du cahier des charges – Schéma décrivant l'état actuel du système informatique
Distribution et support informatique	– S'assurer de la qualité du support fourni aux utilisateurs. – S'assurer de la qualité des services des prestataires. – Anticiper l'unification des outils et des bases (par exemple, à l'aide d'un PGI) afin de faciliter les échanges et de limiter les risques d'erreur. – S'assurer de la fiabilité du système.	– Contenu conforme aux dispositions réglementaires – Rédaction de contrats de sous-traitance écrits – Visa de ces contrats par la personne habilitée – Contrôle de la transmission des données
Gestion de la sécurité	– S'assurer que la continuité du service peut être garantie. – S'assurer que la sécurité logicielle est satisfaisante. – S'assurer que la sécurité physique est satisfaisante.	– Attribution de mots de passe – Mise à jour régulière des mots de passe – Attribution de droits d'accès spécifiques selon les responsabilités de chacun – Installation d'antivirus – Actions de blocage en cas de manipulations dangereuses – Mesures de protection contre les risques matériels – Confier la responsabilité de la sécurité informatique à un informaticien
Gestion des projets informatiques	– S'assurer que le coût du projet informatique n'est pas trop élevé. – S'assurer qu'une organisation claire a été définie. – S'assurer des compétences de chaque acteur du projet.	– Vérification par le directeur financier du budget alloué – Suivi des coûts du projet – Attribution des rôles à chacun – Élaboration d'une documentation – Formation des utilisateurs – Vérification du respect du planning prévu

? L'essentiel en une question

Pourquoi le contrôle des processus informatiques est-il devenu un élément de contrôle des processus de production de l'information financière ?

Consultez le corrigé
liennathan.fr/75n9cq

APPLICATIONS

EXOS FLASH

EXO 1 Quiz interactif

Testez vos connaissances sur ce chapitre avec le quiz en ligne.

liennathan.fr/8s27aq

Votre score ....

EXO 2 Analyser un processus de gestion des stocks

Le responsable administratif constate que l'inventaire physique des stocks présente des valeurs très éloignées de celles à disposition dans les fiches de stock (annexe).

- **Mettez en évidence les problèmes de procédure soulevés et expliquez-en les raisons.**

ANNEXE **Entretien entre le magasinier et le responsable administratif (extrait)**

Le magasinier : Je peux seulement vous dire que j'ai eu un accident lors d'une manipulation avec un chariot élévateur, à la suite duquel des produits ont été détruits. Dans la panique, je n'ai rien noté sur l'ordinateur… puis j'ai été en arrêt de travail.

Le responsable administratif : Qui a assuré votre remplacement ?

Le magasinier : Personne en particulier. J'ai cru comprendre que M. Dumont a eu accès au magasin.

Le responsable administratif : Est-il informé des procédures de gestion du stock ?

EXO 3 Améliorer un processus

Le comptable de l'entreprise Cosma a constaté des incohérences dans les soldes de la balance après inventaire. Il a perdu beaucoup de temps à rechercher les causes puis a fini par repérer des erreurs de saisie (annexe).

1. **Quelle erreur constatez-vous ?**
2. **Proposez des améliorations dans la procédure comptable pour éviter que ce type d'erreur apparaisse lors de la clôture des comptes.**

ANNEXE **Extrait du grand-livre – Compte 411 « Albert »**

DÉBIT			CRÉDIT		
Dates	Libellés	Montants	Dates	Libellés	Montants
23/04/N-2	Facture n° 23042021001	3 658,80 €	23/07/N-1	Chèque n° 7795631	3 658,80 €
25/07/N-1	Facture n° 25072022008	1 728,14 €	10/10/ N-1	Chèque n° 7800551	1 728,14 €
20/10/N-1	Facture n° 20102022014	8 985,60 €	25/11/ N-1	Chèque n° 2587964	11 975,00 €
31/12/N	***Solde créditeur***	***2 989,40 €***			

EXO 4 Préparer des procédures

Nouvellement embauché(e) dans l'entreprise Girault, vous êtes chargé(e) de rédiger des procédures afin de faciliter le travail de tous dans les processus d'élaboration de l'information financière.

- **Commencez votre travail par l'un des trois sujets suivants (au choix) :**
  - **Procédure de contrôle de l'information financière liée aux clients**
  - **Procédure de contrôle de l'information financière liée aux fournisseurs**
  - **Procédure de contrôle de la valeur des immobilisations en fin d'exercice comptable**

ENTRAÎNEMENT AU BTS

Réaliser un audit du contrôle interne ★☆☆

Vous travaillez au sein des Établissements Grinpelli, joaillier-bijoutier depuis 1895. Leur renommée n'est plus à faire et la clientèle est essentiellement composée de personnes très fortunées et de nationalités diverses.

L'entreprise a pour activité principale la fabrication de joyaux sur la base des modèles demandés ou imaginés par les clients. Il arrive même que ceux-ci fournissent les pierres qu'ils souhaitent voir intégrées aux bijoux.

Les stocks comprennent des pierres et des métaux précieux, les joyaux en cours de production et quelques bijoux (créés sur la base de dessins du chef d'entreprise).

Vous devez réaliser un audit du contrôle interne mis en place dans l'entreprise. Vous décidez de limiter votre travail aux risques principaux et majeurs auxquels est confrontée l'entreprise :
- les variations des cours de matières premières ;
- les variations des taux de change avec les devises étrangères ;
- la nature même des stocks.

Vous donnez la priorité aux risques liés à la nature des stocks.

Vous vous êtes déjà assuré(e) de l'existence des procédures de contrôle interne et voulez à présent vérifier leur permanence. Pour cela, vous avez commencé la rédaction d'un questionnaire (annexe).

1 Précisez quelles sont les conséquences des risques inhérents à chacun des points que vous avez repérés.

2 Pour chacune des questions de l'annexe, indiquez si l'objectif est :
– de sauvegarder les actifs (ici, le stock) ;
– d'optimiser les ressources ;
– de préserver la fiabilité des informations ;
– de respecter les règles comptables en vigueur.

3 Organisez le questionnaire en fonction des objectifs concernés.

4 Concevez un document qui vous permettra de collecter les réponses et de comparer leur conformité aux procédures. Vous devrez également pouvoir y consigner les éventuelles discordances, leurs causes et les corrections et/ou solutions à apporter.

ANNEXE **Liste de questions**

1. Les pierres sont-elles rangées dans un coffre-fort ?
2. Les métaux sont-ils rangés dans un coffre-fort ?
3. Les joyaux en cours de réalisation sont-ils rangés dans un coffre-fort ?
4. À qui sont confiés les codes des coffres-forts ?
5. Quels contrats d'assurance avons-nous souscrits ?
6. Quelle est la valeur assurée ?
7. Comment est évaluée la prime d'assurance ?
8. Qui sort les pierres du coffre-fort ?
9. Qui rédige les bons de demande de sortie des coffres ?
10. Quand sont rédigés ces bons de demande de sortie ?
11. Qui vise les bons de demande de sortie ?
12. Quelle est la méthode de tenue de valorisation des stocks ?
13. Qui évalue le stock ?
14. À quelle fréquence est-il évalué ?
15. Qui tient à jour les fiches de stock ?
16. Qui vérifie les fiches de stock ?
17. Quand sont-elles vérifiées ?
18. Comment sont conservées les fiches de stock ?
19. Qui conserve les certificats de provenance des pierres ?
20. Qui conserve les certificats de propriété des pierres en stock ?
21. Qui actionne les alarmes ?
22. Quand les actionne-t-on ?
23. Qui vérifie que tous les articles sont effectivement remis aux coffres, lors du départ du personnel ?
24. Les fiches de suivi de fabrication des bijoux sont-elles correctement renseignées ?
25. Des documents de mise en fabrication existent-ils ?
26. Ces documents sont-ils correctement renseignés ?
27. Qui les conserve ?
28. Comment chaque pièce en stock est-elle identifiée ?
29. Que fait-on des déchets ?
30. Quels documents sont rédigés pour recenser les déchets ?
31. Qui conserve ces documents ?

Synthèse audio
liennathan.fr/46y8zk

L'analyse du processus de contrôle et production de l'information financière

1 L'analyse d'un processus opérationnel de production de l'information financière

L'organisation, le processus, les procédures

Organisation : manière de produire les informations.
Ex. : réaliser un inventaire permanent.

Processus : ensemble de plusieurs activités, classées dans un ordre précis.
Ex. : processus comptable.

Procédures : document détaillant la manière de réaliser chaque tâche dans un processus.

Les processus de la fonction comptable

Processus opérationnels : situés en amont du service comptable.
Ex. : ventes/clients.

Processus de pilotage : émane du service comptable.
Ex. : processus de clôture des comptes.

Les points de contrôle

Objectif : réduire les difficultés en amont de la clôture des comptes.

Contrôler
Ex. : qui prépare les informations ? Sous quelle forme ? À quel rythme ? Sous quel délai ? Qui contrôle avant transmission ? Quel est le mode de transmission ? Quelles sont les difficultés ? Quelle est la traçabilité ?

Mettre à jour les procédures

2 L'analyse des dysfonctionnements et l'évolution des processus

Les alertes liées aux dysfonctionnements

Les dysfonctionnements alertent sur les failles dans les processus.
Ex. : fraude au président et processus de règlements des factures, incohérence de données et règles d'autocontrôle, contrôle fiscal et veille informationnelle.

→

Le contrôle de l'organisation de la fonction comptable

Contrôler la fiabilité de la **veille** réglementaire, l'homogénéité des **supports** et traitements (PGI…), la compétence du **personnel** (formation), l'**anticipation** des tâches (préclôture, planning de clôture), la place des **autocontrôles**…

3 L'impact des risques informatiques dans les processus comptables

Les types de risques

Ex. :
Supports informatiques variés : échanges complexifiés
Bases de données multiples : risques d'erreur de données
Sauvegardes internes : pertes de données…

La mise à jour des procédures

Unifier les supports (*ex. : PGI*), unifier les procédures de transmission des informations, organiser des sauvegardes journalières, externes…

Bilan et compte de résultat

Bilan – Système de base

ACTIF	Exercice N			Exercice N-1
	Brut	Amortissements et dépréciations (à déduire)	Net	Net
Capital souscrit - non appelé				
ACTIF IMMOBILISE				
Immobilisations incorporelles :				
Frais d'établissement				
Frais de recherche et de développement				
Concessions, brevets, licences, marques, procédés, logiciels, droits et valeurs similaires				
Fonds commercial (1)				
Autres				
Immobilisations incorporelles en cours				
Avances et acomptes				
Immobilisations corporelles :				
Terrains				
Constructions				
Installations techniques, matériel et outillage industriels				
Autres				
Immobilisations corporelles en cours				
Avances et acomptes				
Immobilisations financières (2) :				
Participations				
Créances rattachées à des participations				
Titres immobilisés de l'activité de portefeuille				
Autres titres immobilisés				
Prêts				
Autres				
Total I				
ACTIF CIRCULANT				
Stocks et en-cours :				
Matières premières et autres approvisionnements				
En-cours de production [biens et services]				
Produits intermédiaires et finis				
Marchandises				
Avances et acomptes versés sur commandes				
Créances (3) :				
Créances Clients et Comptes rattachés				
Autres				
Capital souscrit - appelé, non versé				
Valeurs mobilières de placement :				
Actions propres				
Autres titres				
Instruments de trésorerie				
Disponibilités				
Charges constatées d'avance (3)				
Total II				
Charges à répartir sur plusieurs exercices (III)				
Primes de remboursement des emprunts (IV)				
Ecarts de conversion Actif (V)				
TOTAL GENERAL (I + II + III + IV+V)				
(1) Dont droit au bail (2) Dont à moins d'un an (brut) (3) Dont à moins d'un an (brut)				

Bilan – Système de base (suite)

PASSIF (avant répartition)	Exercice N	Exercice N-1
CAPITAUX PROPRES *		
Capital [dont versé...] (a)		
Primes d'émission, de fusion, d'apport,...		
Ecarts de réévaluation (b)		
Ecart d'équivalence (c)		
Réserves :		
Réserve légale		
Réserves statutaires ou contractuelles		
Réserves réglementées		
Autres		
Report à nouveau (d)		
Résultat de l'exercice [bénéfice ou perte] (e)		
Subventions d'investissement		
Provisions réglementées		
Total I		
PROVISIONS		
Provisions pour risques		
Provisions pour charges		
Total II		
DETTES (1) (g)		
Emprunts obligataires convertibles		
Autres emprunts obligataires		
Emprunts et dettes auprès des établissements de crédit (2)		
Emprunts et dettes financières diverses (3)		
Avances et acomptes reçus sur commandes en cours		
Dettes Fournisseurs et Comptes rattachés (f)		
Dettes fiscales et sociales		
Dettes sur immobilisations et Comptes rattachés		
Autres dettes		
Instruments de trésorerie		
Produits constatés d'avance (1)		
Total III		
Ecarts de conversion Passif (IV)		
TOTAL GENERAL (I + II + III + IV)		
(1) Dont à plus d'un an Dont à moins d'un an (2) Dont concours bancaires courants et soldes créditeurs de banques (3) Dont emprunts participatifs		

* Le cas échéant, une rubrique "Autres fonds propres" est intercalée entre la rubrique "Capitaux propres" et la rubrique "Provisions" avec ouverture des postes constitutifs de cette rubrique sur des lignes séparées (montant des émissions de titres participatifs, avances conditionnées, ...). Un total I bis fait apparaître le montant des autres fonds propres entre le total I et le total II du passif du bilan. Le total général est complété en conséquence.

(a) Y compris capital souscrit non appelé.

(b) A détailler conformément à la législation en vigueur.

(c) Poste à présenter lorsque des titres sont évalués par équivalence.

(d) Montant entre parenthèses ou précédé du signe moins (-) lorsqu'il s'agit de pertes reportées.

(e) Montant entre parenthèses ou précédés du signe moins (-) lorsqu'il s'agit d'une perte.

(f) Dettes sur achats ou prestations de services.

(g) A l'exception, pour l'application du (1), des avances et acomptes reçus sur commandes en cours.

Compte de résultat – Système de base

CHARGES (hors taxes)	Exercice N	Exercice N-1
Charges d'exploitation (1) :		
Achats de marchandises *(a)*		
Variation des stocks *(b)*		
Achats de matières premières et autres approvisionnements (*a*)		
Variation des stocks *(b)*		
* Autres achats et charges externes		
Impôts, taxes et versements assimilés		
Salaires et traitements		
Charges sociales		
Dotations aux amortissements et dépréciations : Sur immobilisations : dotations aux amortissements *(c)* Sur immobilisations : dotations aux dépréciations Sur actif circulant : dotations aux dépréciations Dotations aux provisions		
Autres charges		
TOTAL I		
Quote-parts de résultat sur opérations faites en commun (II)		
Charges financières :		
Dotations aux amortissements, aux dépréciations et aux provisions		
Intérêts et charges assimilées (2)		
Différences négatives de change		
Charges nettes sur cessions de valeurs mobilières de placement		
TOTAL III		
Charges exceptionnelles :		
Sur opérations de gestion		
Sur opérations en capital		
Dotations aux amortissements, aux dépréciations et aux provisions		
TOTAL IV		
Participation des salariés aux résultats (V)		
Impôts sur les bénéfices (VI)		
Total des charges (I + II + III + IV + V + VI)		
Solde créditeur = **bénéfice** (3)		
TOTAL GENERAL		
* Y compris - redevances de crédit-bail mobilier - redevances de crédit-bail immobilier		
(1) Dont charges afférentes à des exercices antérieurs. Les conséquences des corrections d'erreurs significatives, calculées après impôt, sont présentées sur une ligne séparée sauf s'il s'agit de corriger une écriture ayant été directement imputée sur les capitaux propres. (2) Dont intérêts concernant les entités liées. (3) Compte tenu d'un résultat exceptionnel avant impôts de		

(a) Y compris droits de douane.
(b) Stock initial moins stock final : montant de la variation en moins entre parenthèse ou précédé du signe (-).
(c) Y compris éventuellement dotations aux amortissements des charges à répartir.

Compte de résultat – Système de base (suite)

PRODUITS (hors taxes)	**Exercice N**	**Exercice N-1**
Produits d'exploitation (1) :		
Ventes de marchandises		
Production vendue [biens et services] (*a*)		
Sous total A - Montant net du chiffre d'affaires dont à l'exportation :		
Production stockée (*b*)		
Production immobilisée		
Subventions d'exploitation		
Reprises sur provisions, dépréciations (et amortissements) et transferts de charges		
Autres produits		
Sous-total B		
Total I (A + B)		
Quote-part de résultat sur opérations faites en commun (II)		
Produits financiers :		
De participation (2)		
D'autres valeurs mobilières et créances de l'actif immobilisé (2)		
Autres intérêts et produits assimilés (2)		
Reprises sur provisions, dépréciations et transferts de charges		
Différences positives de change		
Produits nets sur cessions de valeurs mobilières de placement		
Total III		
Produits exceptionnels :		
Sur opérations de gestion		
Sur opérations en capital		
Reprises sur provisions, dépréciations et transferts de charges		
TOTAL IV		
Total des produits (I + II + III + IV)		
Solde débiteur = **perte** (3)		
TOTAL GENERAL		
(1) Dont produits afférents à des exercices antérieurs. Les conséquences des corrections d'erreurs significatives, calculées après impôt, sont présentées sur une ligne séparée sauf s'il s'agit de corriger une écriture ayant été directement imputée sur les capitaux propres. (2) Dont produits concernant les entités liées. (3) Compte tenu d'un résultat exceptionnel avant impôts de		

(a) A inscrire, le cas échéant, sur des lignes distinctes.
(b) Stock final moins stock initial : montant de la variation en moins entre parenthèses ou précédé du signe (-).

Compte de résultat en liste

	Exercice N	Exercice N-1
Produits d'exploitation (1) :		
Ventes de marchandises		
Production vendue [biens et services] *(a)*		
Montant net du chiffre d'affaires dont à l'exportation :		
Production stockée *(b)*		
Production immobilisée		
Subventions d'exploitation		
Reprises sur provisions (et amortissements), transferts de charges		
Autres produits		
Total I		
Charges d'exploitation (2) :		
Achats de marchandises *(d)* :		
Variation de stock *(e)*		
Achats de matières premières et autres approvisionnements *(c)*		
Variation de stock *(d)*		
* Autres achats et charges externes		
Impôts, taxes et versements assimilés		
Salaires et traitements		
Charges sociales		
Dotations aux amortissements et aux dépréciations :		
Sur immobilisations : dotations aux amortissements *(e)*		
Sur immobilisations : dotations aux dépréciations		
Sur actif circulant : dotations aux dépréciations		
Dotations aux provisions		
Autres charges		
Total II		
* Y compris : - Redevances de crédit-bail mobilier - Redevances de crédit-bail immobilier		
(1) Dont produits afférents à des exercices antérieurs. Les conséquences des corrections d'erreurs significatives, calculées après impôt, sont présentées sur une ligne séparée sauf s'il s'agit de corriger une écriture ayant été directement imputée sur les capitaux propres. (2) Dont charges afférentes à des exercices antérieurs. Les conséquences des corrections d'erreurs significatives, calculées après impôt, sont présentées sur une ligne séparée sauf s'il s'agit de corriger une écriture ayant été directement imputée sur les capitaux propres.		

(a) A inscrire, le cas échéant, sur des lignes distinctes.
(b) Stock final moins stock initial : montant de la variation en moins entre parenthèses ou précédé du signe (-).
(c) Y compris droits de douane.
(d) Stock initial moins stock final : montant de la variation en moins entre parenthèses ou précédé du signe (-).
(e) Y compris éventuellement dotations aux amortissements des charges à répartir.

Compte de résultat en liste (suite)

	Exercice N	Exercice N-1
1. RESULTAT D'EXPLOITATION (I - II)		
Quote-part de résultat sur opérations faites en commun :		
Bénéfice ou perte transférée III		
Pertes ou bénéfice transféré IV		
Produits financiers :		
De participation (3)		
D'autres valeurs mobilières et créances de l'actif immobilisé (3)		
Autres intérêts et produits assimilés (3)		
Reprises sur provisions et dépréciations et transferts de charge		
Différences positives de change		
Produits nets sur cessions de valeurs mobilières de placement		
Total V		
Charges financières :		
Dotations aux amortissements, aux dépréciations et aux provisions		
Intérêts et charges assimilées (4)		
Différences négatives de change		
Charges nettes sur cessions de valeurs mobilières de placement		
Total VI		
2. RESULTAT FINANCIER (V - VI)		
3. RESULTAT COURANT avant impôts (I - II + III - IV + V - VI)		
Produits exceptionnels :		
Sur opérations de gestion		
Sur opérations en capital		
Reprises sur provisions, dépréciations et transferts de charges		
Total VII		
Charges exceptionnelles :		
Sur opérations de gestion		
Sur opérations en capital		
Dotations aux amortissements, aux dépréciations et aux provisions		
Total VIII		
4. RESULTAT EXCEPTIONNEL (VII - VIII). + X		
Participation des salariés aux résultats (IX)		
Impôts sur les bénéfices (X)		
Total des produits (I + III + V + VII)		
Total des charges (II + IV + VI + VIII + IX + X)		
Bénéfice ou perte		
(3) Dont produits concernant les entités liées (4) Dont intérêts concernant les entités liées		

N.B. - Outre le résultat exceptionnel avant impôts que les sociétés de capitaux doivent faire ressortir, les entités ont la faculté de faire apparaître distinctement le résultat d'exploitation et le résultat financier. Le bénéfice ou la perte résulte alors de la somme algébrique des résultats courant et exceptionnel (3 + 4) et les charges IX et X.

Bilan – Système développé

ACTIF	Exercice N			Exercice N-1
	Brut	Amortissements et dépréciations (à déduire)	Net	Net
Capital souscrit - non appelé				
ACTIF IMMOBILISE				
Immobilisations incorporelles :				
Frais d'établissement				
Frais de recherche et de développement				
Concessions, brevets, licences, marques, procédés, logiciels, droits et valeurs similaires				
Fonds commercial (1)				
Autres				
Immobilisations incorporelles en cours				
Avances et acomptes				
Immobilisations corporelles :				
Terrains				
Constructions				
Installations techniques, matériel et outillage industriels				
Autres				
Immobilisations corporelles en cours				
Avances et acomptes				
Immobilisations financières (2) :				
Participations				
Créances rattachées à des participations				
Titres immobilisés de l'activité de portefeuille				
Autres titres immobilisés				
Prêts				
Autres				
Total I				
ACTIF CIRCULANT				
Stocks et en-cours :				
Matières premières et autres approvisionnements				
En-cours de production [biens et services]				
Produits intermédiaires et finis				
Marchandises				
Avances et acomptes versés sur commandes				
Créances d'exploitation (3) :				
Créances Clients et Comptes rattachés				
Autres				
Capital souscrit - appelé, non versé				
Valeurs mobilières de placement :				
Actions propres				
Autres titres				
Instruments de trésorerie				
Disponibilités				
Charges constatées d'avance (3)				
Total II				
Charges à répartir sur plusieurs exercices (III)				
Primes de remboursement des emprunts (IV)				
Ecarts de conversion Actif (V)				
TOTAL GENERAL (I + II + III + IV + V)				

(1) Dont droit au bail (2) Dont à moins d'un an (3) Dont à plus d'un an

Bilan – Système développé (suite)

PASSIF (avant répartition)	Exercice N	Exercice N-1
CAPITAUX PROPRES *		
Capital [dont versé...]		
Primes d'émission, de fusion, d'apport,...		
Ecarts de réévaluation		
Ecart d'équivalence		
Réserves :		
Réserve légale		
Réserves statutaires ou contractuelles		
Réserves réglementées		
Autres		
Report à nouveau		
Résultat de l'exercice [bénéfice ou perte]		
Subventions d'investissement		
Provisions réglementées		
Total I		
PROVISIONS		
Provisions pour risques		
Provisions pour charges		
Total II		
DETTES (1)		
Dettes financières :		
Emprunts obligataires convertibles		
Autres emprunts obligataires		
Emprunts et dettes auprès des établissements de crédit (2)		
Emprunts et dettes financières diverses (3)		
Avances et acomptes reçus sur commandes en cours		
Dettes d'exploitation :		
Dettes Fournisseurs et Comptes rattachés		
Dettes fiscales et sociales		
Autres		
Dettes diverses :		
Dettes sur immobilisations et Comptes rattachés		
Dettes fiscales (impôts sur les bénéfices)		
Autres		
Instruments de trésorerie		
Produits constatés d'avance (1)		
Total III		
Ecarts de conversion Passif (IV)		
TOTAL GENERAL (I + II + III + IV)		
(1) Dont à plus d'un an Dont à moins d'un an (2) Dont concours bancaires courants et soldes créditeurs de banques (3) Dont emprunts participatifs		

Compte de résultat – Système développé

CHARGES (hors taxes)	Exercice N		Exercice N-1
		Totaux partiels	Totaux partiels
Charges d'exploitation (1) :			
Coût d'achat des marchandises vendues dans l'exercice			
• Achats de marchandises			
• Variation des stocks de marchandises			
Consommations de l'exercice en provenance de tiers			
• Achats stockés d'approvisionnements :			
- matières premières			
- autres approvisionnements			
• Variation des stocks d'approvisionnements			
• Achats de sous-traitances			
• Achats non stockés de matières et fournitures			
• Services extérieurs :			
- personnel extérieur			
- loyers en crédit-bail			
- autres			
Impôts, taxes et versements assimilés			
Sur rémunérations			
Autres			
Charges de personnel			
Salaires et traitements			
Charges sociales			
Dotations aux amortissements et dépréciations			
Sur immobilisations : dotations aux amortissements			
Sur immobilisations : dotations aux dépréciations			
Sur actif circulant : dotations aux dépréciations			
Dotations aux provisions			
Autres charges			
Quote-parts de résultat sur opérations faites en commun			
Charges financières			
Dotations aux amortissements, aux dépréciations et aux provisions			
Intérêts et charges assimilées (2)			
Différences négatives de change			
Charges nettes sur cessions de VMP			
Charges exceptionnelles			
Sur opérations de gestion			
Sur opérations en capital :			
- valeurs comptables des éléments immobilisés et financiers cédés (e) - autres			
Dotations aux amortissements, aux dépréciations et aux provisions : - dotations aux provisions réglementées			
- dotations aux amortissements, aux dépréciations et aux autres provisions			
Participation des salariés aux résultats Impôts sur les bénéfices			
Solde créditeur = bénéfice			
TOTAL GENERAL			
(1) Dont charges afférentes à des exercices antérieurs. Les conséquences des corrections d'erreurs significatives, calculées après impôt, sont présentées sur une ligne séparée sauf s'il s'agit de corriger une écriture ayant été directement imputée sur les capitaux propres. (2) Dont intérêts concernant les entités liées.			

Compte de résultat – Système développé (suite)

PRODUITS (hors taxes)	Exercice N		Exercice N-1
		Totaux partiels	Totaux partiels
Produits d'exploitation (1) :			
Ventes de marchandises			
Production vendue			
Ventes			
Travaux			
Prestations de services			
Montant net du chiffre d'affaires *dont à l'exportation : ....*			
Production stockée			
En-cours de production de biens			
En-cours de production de services			
Produits			
Production immobilisée			
Subventions d'exploitation			
Reprises sur provisions, dépréciations (et amortissements)			
Transferts de charges			
Autres produits			
Quote-part de résultat sur opérations faites en commun			
Produits financiers			
De participation (2)			
D'autres valeurs mobilières de créances de l'actif immobilisé (2)			
Autres intérêts et produits assimilés (2)			
Reprises sur provisions et dépréciations et transfert de charges financières			
Différences positives de change			
Produits nets sur cessions de valeurs mobilières de placement			
Produits exceptionnels			
Sur opérations de gestion			
Sur opérations en capital :			
- produits des cessions d'éléments d'actif			
- subventions d'investissement virées au résultat de l'exercice			
- autres			
Reprises sur provisions et dépréciations et transferts de charges exceptionnelles			
Solde débiteur = perte			
TOTAL GENERAL			
(1) Dont produits afférents à des exercices antérieurs. Les conséquences des corrections d'erreurs significatives, calculées après impôt, sont présentées sur une ligne séparée sauf s'il s'agit de corriger une écriture ayant été directement imputée sur les capitaux propres. (2) Dont produits concernant les entités liées			

Éléments de l'annexe présentés sous forme de tableau Système de base

Tableau des immobilisations

Rubriques (a) \ Situations et mouvements (b)	A Valeur brute à l'ouverture de l'exercice	B Augmentations	C Diminutions	D Valeur brute à la clôture de l'exercice (c)
Immobilisations incorporelles				
Immobilisations corporelles				
Immobilisations financières				
TOTAL				

(a) A développer si nécessaire selon la nomenclature des postes du bilan. Lorsqu'il existe des frais d'établissement, ils font l'objet d'une ligne séparée.

(b) Les entités subdivisent les colonnes pour autant que de besoin [cf. ci-dessous développement des colonnes B (augmentations) et C (diminutions)].

(c) La valeur brute à la clôture de l'exercice est la somme algébrique des colonnes précédentes (A + B - C = D).

Tableau des amortissements

Rubriques (*a*) \ Situations et mouvements (*b*)	A Amortissements cumulés au début de l'exercice	B Augmentations : dotations de l'exercice	C Diminutions d'amortissements de l'exercice	D Amortissements cumulés a la fin de l'exercice (*c*)
Immobilisations incorporelles				
Immobilisations corporelles				
Immobilisations financières				
TOTAL				

(a) A développer si nécessaire selon la même nomenclature que celle du tableau des immobilisations.

(b) Les entités subdivisent les colonnes pour autant que de besoin [cf. ci-dessous développement des colonnes B (augmentations) et C (diminutions)].

(c) Les amortissements cumulés à la fin de l'exercice sont égaux à la somme algébrique des colonnes précédentes (A + B - C = .

Tableau des dépréciations

	Situations et mouvements (b)			
	A	B	C	D
Rubriques (a)	Dépréciations au début de l'exercice	Augmentations : dotations de l'exercice	Diminutions : reprises de l'exercice	Dépréciations à la fin de l'exercice (*c*)
Immobilisations incorporelles				
Immobilisations corporelles				
Stocks				
Créances				
Immobilisations financières				
TOTAL				

(a) A développer si nécessaire.

(b) Les entités subdivisent les colonnes pour autant que de besoin.

(c) Le montant des dépréciations à la fin de l'exercice est égal à la somme algébrique des colonnes précédentes (A + B - C = D).

Tableau des provisions

	Situations et mouvements (*b*)			
	A	B	C	D
Rubriques (*a*)	**Provisions au début de l'exercice**	**Augmentations : dotations de l'exercice**	**Diminutions reprises de l'exercice**	**Provisions à la fin de l'exercice (*c*)**
Provisions réglementées				
Provisions pour risques				
Provisions pour charges				
TOTAL				

(a) A développer si nécessaire (le cas échéant, mettre en évidence entre autres les provisions pour pensions et obligations similaires, les provisions pour impôts, les provisions pour renouvellement des immobilisations concédées...).

(b) Les entités subdivisent les colonnes pour autant que de besoin [cf. ci-dessous développement des colonnes B (augmentations) et C (diminutions)].

(c) Le montant des provisions à la fin de l'exercice est égal à la somme algébrique des colonnes précédentes (A + B - C = D).

État des échéances des créances et des dettes à la clôture de l'exercice

Créances (*a*)	**Montant brut**	**Liquidité de l'actif**		**Dettes (*b*)**	**Montant brut**	**Degré d'exigibilité du passif**		
							Echéances	
		Echéances à moins 1 an	**Echéances à plus 1 an**			**Echéances à moins 1 an**	**à plus 1 an**	**à plus 5 ans**
Créances de l'actif immobilisé : Créances rattachées à des participations Prêts (1) Autres Créances de l'actif circulant : Créances Clients et Comptes rattachés Autres Capital souscrit - appelé, non versé Charges constatées d'avance				Emprunts obligataires convertibles (2) Autres emprunts obligataires (2) Emprunts (2) et dettes auprès des établissements de crédit dont : - à 2 ans au maximum à l'origine - à plus de 2 ans à l'origine Emprunts et dettes financières divers (2) (3) Dettes Fournisseurs et Comptes rattachés Dettes fiscales et sociales Dettes sur immobilisations et Comptes rattachés Autres dettes (3) Produits constatés d'avance				
TOTAL				**TOTAL**				
(1) Prêts accordés en cours d'exercice Prêts récupérés en cours d'exercice				(2) Emprunts souscrits en cours d'exercice Emprunts remboursés en cours d'exercice (3) Dont ..... envers les associés (indication du poste concerné)				

(a) Non compris les avances et acomptes versés sur commandes en cours

(b) Non compris les avances et acomptes reçus sur commandes en cours

Tableau des soldes intermédiaires de gestion

Produits (Colonne 1)		**Charges (Colonne 2)**		**Soldes intermédiaires (Col. 1 – Col. 2)**	**N**	**N-1**
Ventes de marchandises		Coût d'achat des marchandises vendues		• Marge commerciale		
Production vendue						
Production stockée		ou Déstockage de production*(a)*				
Production immobilisée						
Total		**Total**		• Production de l'exercice		
• Production de l'exercice		Consommation de l'exercice en provenance de tiers				
• Marge commerciale						
Total		**Total**		• Valeur ajoutée		
• Valeur ajoutée		Impôt, taxes et versements assimilés *(b)*				
Subventions d'exploitation		Charges de personnel		• Excédent brut (ou insuffisance brute) d'exploitation		
Total		**Total**				
• Excédent brut d'exploitation		• ou Insuffisance brute d'exploitation				
Reprises sur charges et transferts de charges		Dotations aux amortissements, aux dépréciations et aux provisions				
Autres produits		Autres charges				
Total		**Total**		• Résultat d'exploitation (bénéfice ou perte)		
• Résultat d'exploitation		• ou Résultat d'exploitation				
Quote-part de résultat sur opérations faites en commun		Quote-part de résultat sur opérations faites en commun				
Produits financiers		Charges financières		• Résultat courant avant impôts (bénéfice ou perte)		
Total		**Total**				
Produits exceptionnels		Charges exceptionnelles		• Résultat exceptionnel (bénéfice ou perte)		
• Résultat courant avant impôts		• ou Résultat courant avant impôts				
Résultat exceptionnel		• ou Résultat exceptionnel				
		Participation des salariés Impôts sur les bénéfices				
Total		**Total**		• Résultat de l'exercice (bénéfice ou perte) *(c)*		
Produits des cessions d'éléments d'actif		Valeur comptable des éléments cédés		Plus-values et moins-values sur cessions d'éléments d'actif		

(a) En déduction des produits dans le compte de résultat.

(b) Pour le calcul de la valeur ajoutée, sont assimilés à des consommations externes, les impôts indirects à caractère spécifique inscrits au compte 635 "Impôts, taxes et versements assimilés" et acquittés lors de la mise à la consommation des biens taxables.

(c) Soit total général des produits - total général des charges.

Détermination de la capacité d'autofinancement (à partir des postes du compte de résultat)

Excédent brut d'exploitation (ou insuffisance brute d'exploitation) + Transferts de charges (d'exploitation) + Autres produits (d'exploitation) – Autres charges (d'exploitation) ± Quote-parts de résultat sur opérations faites en commun + Produits financiers *(a)* – Charges financières *(b)* + Produits exceptionnels *(c)* – Charges exceptionnelles *(d)* – Participation des salariés aux résultats – Impôts sur les bénéfices
= CAPACITE D'AUTOFINANCEMENT

(a) Sauf reprises sur provisions et dépréciations.

(b) Sauf dotations aux amortissements, aux dépréciations et aux provisions financiers.

(c) Sauf : - produits des cessions d'immobilisations ;
- quote-parts des subventions d'investissement virées au résultat de l'exercice ;
- reprises sur provisions et dépréciations exceptionnelles.

(d) Sauf : - valeur comptable des immobilisations cédées ;
- dotations aux amortissements, aux dépréciations et aux provisions exceptionnels.

Modèle de tableau des emplois et des ressources
I. Tableau de financement en compte

Emplois	Exercice N	Exercice N-1	Ressources	Exercice N	Exercice N-1
Distributions mises en paiement au cours de l'exercice			Capacité d'autofinancement de l'exercice		
Acquisitions d'éléments de l'actif immobilisé : Immobilisations incorporelles Immobilisations corporelles Immobilisations financières Charges à répartir sur plusieurs exercices (*a*) Réduction des capitaux propres (réduction de capital, retraits) Remboursements des dettes financières (*b*)			Cessions ou réductions d'éléments de l'actif immobilisé : Cessions d'immobilisations : incorporelles corporelles Cessions ou réductions d'immobilisations financières Augmentation des capitaux propres : Augmentation de capital ou apports Augmentation des autres capitaux propres Augmentation des dettes financières (*b*) (*c*)		
Total des emplois			**Total des ressources**		
Variation du fonds de roulement net global (ressource nette)			Variation du fonds de roulement net global (emploi net)		

(a) Montant brut transféré au cours de l'exercice.
(b) Sauf concours bancaires courants et soldes créditeurs de banques
(c) Hors primes de remboursement des obligations

Modèle de tableau des emplois et des ressources
II. Tableau de financement en compte

Variation du fonds de roulement net global	Exercice N			Exercice N-1
	Besoins 1	Dégagement 2	Solde 2 - 1	Solde
Variation "Exploitation" : Variation des actifs d'exploitation : Stocks et en-cours Avances et acomptes versés sur commandes Créances Clients, Comptes rattachés et autres créances d'exploitation (a) Variation des dettes d'exploitation : Avances et acomptes reçus sur commandes en cours Dettes Fournisseurs, Comptes rattachés et autres dettes d'exploitation (*b*)				
Totaux				
A. Variation nette "Exploitation" (*c*)				
Variation "Hors exploitation" :				
Variation des autres débiteurs (*a*) *(d)* Variation des autres créditeurs (*b*)				
Totaux				
B. Variation nette "Hors exploitation" (*c*)				
Total A + B : Besoins de l'exercice en fonds de roulement ou Dégagement net de fonds de roulement dans l'exercice				
Variation "Trésorerie" Variation des disponibilités Variation des concours bancaires courants et soldes créditeurs de banques				
Totaux				
C. Variation nette "Trésorerie" (*c*)				
Variation du fonds de roulement net global (Total A + B + C) : **Emploi net** ou **Ressource nette**				

(a) Y compris charges constatées d'avance selon leur affectation à l'exploitation ou non.

(b) Y compris produits constatés d'avance selon leur affectation à l'exploitation ou non.

(c) Les montants sont assortis du signe (+) lorsque les dégagements l'emportent sur les besoins et du signe (-) dans le cas contraire.

(d) Y compris valeurs mobilières de placement.

Nota : Cette partie II du tableau peut être adaptée au système de base. Dans ce cas, les variations portent sur l'ensemble des éléments ; aucune distinction n'est faite entre exploitation et hors exploitation.

Immobilisations : rapprochements entre les valeurs comptables à l'ouverture et à la clôture, et variation des entrées et des sorties ou mises au rebut de l'exercice

Immobilisations	Valeur brute à l'ouverture de l'exercice	Augmentations	Diminutions	Valeur brute à la clôture de l'exercice
Fonds commercial				
Autres immobilisations incorporelles				
Total immobilisations incorporelles (I)				
Terrains				
Constructions				
Installations techniques matériels et outillages industriels				
Installations générales agencements divers				
Matériel de transport				
Autres immobilisations corporelles				
Total immobilisations corporelles (II)				
Immobilisations financières (III)				
Total général (I + II + III)				

Amortissements : rapprochements par catégorie d'immobilisations entre les valeurs comptables cumulées à l'ouverture et à la clôture de l'exercice, et indication des augmentations et diminutions de l'exercice

Amortissements	Durée (a)	Montant cumulé à l'ouverture de l'exercice	Augmentations	Diminutions	Montant cumulé à la clôture de l'exercice
Fonds commercial					
Autres immobilisations incorporelles					
Total immobilisations incorporelles (I)					
Terrains					
Constructions					
Installations techniques matériels et outillages industriels					
Installations générales agencements divers					
Matériel de transport					
Autres immobilisations corporelles					
Total immobilisations corporelles (II)					
Total général (I + II)					

(a) Durée exprimée en nombre d'années. Indiquer, le cas échéant, la fourchette des durées retenues.

LES ÉPREUVES DU BTS CG

BTS CG

Les processus 1, 2, 3, 4 et 7 préparent, ensemble, à trois épreuves du BTS CG.

P1	P2	P3	P4	P7
Contrôle et traitement comptable des opérations commerciales	Contrôle et production de l'information financière	Gestion des obligations fiscales	Gestion des relations sociales	Fiabilisation de l'information et système d'information comptable (SIC)

U41 : Étude de cas. Épreuve écrite de 4 h 30. Coef. 9

U42 : Pratiques comptables fiscales et sociales Épreuve pratique de 30 min. Coef. 4.

U6 : Parcours de professionnalisation. Épreuve pratique de 30 min. Coef. 5.

1 Préparation de l'épreuve U41 : étude de cas (coefficient 9)

L'unité 41 valide l'acquisition des compétences relevant des processus 1, 2, 3, 4 et 7 (à l'exception des activités A.1.1, A1.7, A.2.1, A.2.8, A.3.1, A.4.1, A.4.4 et des composantes d'activité A.3.2.5.et A3.3.8 qui sont évaluées à l'épreuve E6).

Le sujet ne comprend pas de question spécifique portant sur l'enseignement de CEJM appliquée. Cependant, les compétences travaillées peuvent être utiles pour réaliser les travaux demandés.

Le déroulement de l'épreuve

▶ **Il s'agit d'une épreuve écrite d'une durée de 4 h 30.**

Elle s'appuie sur un ou plusieurs cas concrets présentant une situation réelle ayant trait aux traitements relatifs aux obligations comptables, fiscales et sociales.

Elle peut comporter plusieurs parties qui peuvent être indépendantes.

Le sujet est structuré de la façon suivante :

I. Présentation du contexte associé à la situation
II. Présentation de la mission ou des missions à réaliser
III. Documentation comptable, financière, fiscale et sociale associée à la situation
IV. Extraits issus de la réglementation comptable, financière, fiscale et sociale en vigueur

▶ **Matériel autorisé**

- Liste des comptes du plan comptable général, à l'exclusion de toute autre information, et si l'autorisation figure explicitement sur le sujet.
- Éventuellement une calculatrice avec mode examen ou dépourvue de mémoire.

La règlementation comptable, fiscale et sociale applicable le jour de l'épreuve est celle en vigueur au 31 décembre de l'année précédant la session d'examen.

L'évaluation de l'épreuve

L'épreuve est évaluée par des professeurs enseignant en BTS CG en P1, P2, P3 ou P4.

▶ **Critères d'évaluation :**

1. Conformité et mise en œuvre des procédures de travail, de contrôle et des normes en vigueur
2. Maîtrise des techniques de traitement des informations comptables, financières, fiscales et sociales
3. Précision et rigueur de la présentation des productions réalisées et de la démarche mise en œuvre
4. Qualité et conformité des documents comptables, financiers, fiscaux et sociaux produits ou renseignés
5. Qualité de l'adaptation du candidat à la spécificité des situations rencontrées
6. Qualité et efficacité de l'argumentation et de la présentation des travaux effectués

2 Préparation de l'épreuve U42 : pratiques comptables fiscales et sociales (coefficient 4)

L'unité 42 valide l'acquisition des compétences relevant du processus 7, à partir de situations professionnelles reprenant les activités des processus 1, 2, 3 et 4 (sauf les activités A.1.1, A1.7, A.2.1, A.2.8, A.3.1, A.4.1, A.4.4 et les composantes d'activité A.3.2.5.et A3.3.8 qui sont évaluées à l'épreuve E6).

Remise préalable d'un dossier.

Le déroulement de l'épreuve

▶ L'épreuve prend appui sur des situations professionnelles vécues.

On appelle « situation professionnelle » la réalisation de plusieurs travaux complémentaires pour répondre à une mission donnée. Une situation professionnelle mobilise obligatoirement le SIC (PGI, tableur, base de données…) et les compétences relevant des activités des processus 1, 2, 3, 4 et 7.

Il faut qu'au moins 3 processus différents soient mobilisés, dont obligatoirement le processus 7.

Ces situations doivent avoir été vécues par le candidat au cours de sa formation, en ateliers ou en stage.

▶ En amont de l'épreuve, un dossier est mis à la disposition du jury.

Le candidat aura transmis un dossier qui comprend son passeport professionnel + 3 fiches de situations, couvrant l'ensemble des processus 1, 2, 3, 4 et 7.

Modèle de fiche de situation professionnelle :

liennathan.fr/7ul13y

La conformité du dossier est contrôlée par les autorités académiques. Si le dossier n'est pas conforme, le candidat se verra attribué la mention NV (non valide) pour cette épreuve ; il ne sera pas interrogé et ne pourra pas avoir son diplôme.

▶ L'épreuve se déroule sur poste informatique.

Le candidat apporte son matériel et ses documents. Il doit prendre contact avec l'établissement OU le centre d'examen afin de s'assurer de la compatibilité entre l'environnement offert et celui requis pour le déploiement de ses ressources.

Juste avant l'épreuve, le jury sélectionne une situation professionnelle qui sera utilisée comme support de l'épreuve. Le candidat dispose de 15 minutes de préparation (relecture, organisation des contenus, essais…).

L'épreuve de 30 minutes est composée d'une première partie (10 minutes) de présentation des travaux par le candidat (contexte, problème de gestion, ressources…), suivie d'un entretien, puis une seconde partie (20 minutes) de questionnement sur poste informatique au cours de laquelle le candidat explicite sa démarche et manipule les supports.

L'évaluation de l'épreuve

L'épreuve est évaluée par deux professeurs chargés des enseignements en P1, P2, P3 ou P4 et par un professionnel, à l'aide d'une grille d'évaluation.

▶ Critères d'évaluation :

Exemple de grille d'évaluation ponctuelle

1. Qualité et conformité des documents produits
2. Efficacité dans la mise en œuvre de l'environnement numérique mobilisé pour réaliser les productions
3. Pertinence des solutions numériques retenues pour effectuer les traitements
4. Précision et rigueur de la présentation des productions réalisées et de la démarche mise en œuvre
5. Pertinence et justification des démarches mises en œuvre
6. Qualité et efficacité de la communication
7. Capacité à prendre en compte les ajustements demandés
8. Couverture des processus P1 à P4

Grilles d'évaluation complètes (épreuve en CCF ou ponctuelle) :

liennathan.fr/87btqe

3 Préparation de l'épreuve E6 : parcours de professionnalisation (coefficient 5)

Cette épreuve évalue les compétences relatives à la veille et à l'analyse de l'organisation d'un processus : activités A.1.1, A1.7, A.2.1, A.2.8, A.3.1, A.4.1, A.4.4 et composantes d'activité A.3.2.5.et A3.3.8.

Elle repose sur la totalité du parcours de professionnalisation du candidat et notamment sur les situations recensées dans le passeport professionnel.

Remise préalable d'un dossier.

Le déroulement de l'épreuve

▶ L'épreuve prend appui sur un dossier comprenant :

- le passeport professionnel du candidat ;
- un écrit produit par le candidat de 12 pages maximum (sans annexes), à partir des situations professionnelles vécues ou observées. Cet écrit doit intégrer une présentation et analyse de l'organisation d'un processus et une présentation et analyse des activités de veille ;
- les attestations de stage ou certificats de travail.

▶ En amont de l'épreuve, le dossier est mis à la disposition du jury.

La conformité du dossier est contrôlée par les autorités académiques. Si le dossier n'est pas conforme (non valide), le candidat est interrogé puis informé, à la fin de l'épreuve, du doute de la commission. La note est mise sous réserve.

Les lacunes constatées seront pénalisées dans les limites prévues par la grille nationale d'aide à l'évaluation.

▶ L'épreuve se déroule sous forme d'entretien.

Avant l'entretien, le jury lit l'écrit produit par le candidat et l'évalue.

Puis l'épreuve comporte 2 phases :

- une première phase de 15 minutes maximum porte sur l'analyse d'un processus. Le candidat justifie ses choix et explicite la démarche mise en œuvre pour conduire la veille ;
- une seconde phase de 15 minutes maximum est centrée sur le parcours professionnel du candidat. Le jury conduit un entretien destiné à apprécier la capacité du candidat à évaluer l'ensemble de son parcours professionnel.

L'évaluation de l'épreuve

L'épreuve est évaluée par deux professeurs chargés des enseignements en P1, P2, P3 ou P4 et un professionnel, à l'aide d'une grille d'évaluation.

L'évaluation porte à la fois sur l'entretien et sur le dossier remis au jury.

▶ Critères d'évaluation :

1. Qualité de la présentation d'une situation organisationnelle
2. Pertinence de l'analyse des caractéristiques et des choix opérés
3. Efficacité et pertinence du travail de veille dans les activités réalisées
4. Efficacité et pertinence du contrôle interne dans les activités réalisées
5. Qualité de l'analyse réflexive sur son parcours de professionnalisation
6. Qualité de l'argumentation
7. Qualité de la communication écrite et orale

Grille d'évaluation complète :

liennathan.fr/zj9nuq

Crédits photographiques

p. 21-37-55-77-103-117-131-147-161-175-191-207 h-**225-241** (quiz) : UKRAINIAN/stock.adobe.com

p. 11 : Sebastian Duda/stock.adobe.com ; **p. 13** : contrastwerkstatt/stock.adobe.com ; **p. 25** : Rawpixel/stock.adobe.com ; **p. 29** : Rawpixel/stock.adobe.com ; **p. 30** : Viktoria Kurpas ; **p. 38** : Syda Productions/stock.adobe.com ; **p. 40** : WavebreakmediaMicro/stock.adobe.com ; **p. 41** : Sandra Cunningham/stock.adobe.com ; **p. 43** : Prostockstudio/stock.adobe.com ; **p. 43** : Alexander Raths/stock.adobe.com ; **p. 45** : Markobe/stock.adobe.com ; **p. 48** : vvoe/stock.adobe.com ; **p. 53** : DifferR/stock.adobe.com ; **p. 56** : Maceo/stock.adobe.com ; **p. 58** : Roland Spiegler/stock.adobe.com ; **p. 59** : Tadeusz Ibrom/stock.adobe.com ; **p. 60** : Jeanette Dietl/stock.adobe.com ; **p. 63** : Olivier Rault/stock.adobe.com ; **p. 66** g : Chesky/stock.adobe.com ; **p. 66** m : Osipovev/stock.adobe.com ; **p. 66** d : dan8/stock.adobe.com ; **p. 67** : Andres Rodriguez/stock.adobe.com ; **p. 79** h : kalou1927/stock.adobe.com ; **p. 79** b : mtsaride/stock.adobe.com ; **p. 81** : Laure-Hélène MAILLET/stock.adobe.com ; **p. 83** : Discovod/stock.adobe.com ; **p. 85** : Vladislav Kochelaevs/stock.adobe.com ; **p. 86** : Arsel/stock.adobe.com ; **p. 87** : fotomek/stock.adobe.com ; **p. 89** : Onidji/stock.adobe.com ; **p. 104** : Andrey Popov/stock.adobe.com ; **p. 105** : David Vallée/stock.adobe.com ; **p. 106** : Lsantilli/stock.adobe.com ; **p. 109-110** : DifferR/stock.adobe.com ; **p. 112** : Anthony PELLIEUX/stock.adobe.com ; **p. 118** : TarikVision/stock.adobe.com ; **p. 119** m : atScene/stock.adobe.com ; **p. 119** b : milamon0/stock.adobe.com ; **p. 121** : goodluz/stock.adobe.com ; **p. 124** : Wayhome Studio/stock.adobe.com ; **p. 132** : Jeanette Dietl/stock.adobe.com ; **p. 134** : Paul Vinten/stock.adobe.com ; **p. 135** : Alliance/stock.adobe.com ; **p. 137** : D.SERIN/stock.adobe.com ; **p. 139** g : Tof - Photographie/stock.adobe.com ; **p. 139** md : Andres Rodriguez/stock.adobe.com ; **p. 140** h : fizkes/stock.adobe.com ; **p. 140** b : iWorkAlone/stock.adobe.com ; **p. 148** h : KopoPhoto/stock.adobe.com ; **p. 149** m : Monkey Business/stock.adobe.com ; **p. 151-152** : akiyoko/stock.adobe.com ; **p. 153** : Andres Rodriguez/stock.adobe.com ; **p. 161** : VectorMine/stock.adobe.com ; **p. 171** : apops/stock.adobe.com ; **p. 165** : dreamnikon/stock.adobe.com ; **p. 166** : momius/stock.adobe.com ; **p. 177** : Photographee.eu/stock.adobe.com ; **p. 178** : Zarya Maxim/stock.adobe.com ; **p. 181** : Ingo Bartussek/stock.adobe.com ; **p. 192** : maram/stock.adobe.com ; **p. 193** : homepepper/stock.adobe.com ; **p. 195** : ivector/stock.adobe.com ; **p. 197** : kjekol/stock.adobe.com ; **p. 202** : Naiyana/stock.adobe.com ; **p. 204** : Maxim_Kazmin/stock.adobe.com ; **p. 207** m : Who is Danny/stock.adobe.com ; **p. 208** hg : ChiccoDodiFC/stock.adobe.com ; **p. 208** hm : mickyso/stock.adobe.com ; **p. 208** hd : cylonphotoft/stock.adobe.com ; **p. 208** mg : Jeanette Dietl/stock.adobe.com ; **p. 208** md : jamdesign/stock.adobe.com ; **p. 208** bg : Vladislav Kochelaevs/stock.adobe.com ; **p. 208** bm : PRILL Mediendesign/stock.adobe.com ; **p. 209** : Stefan Andronache/stock.adobe.com ; **p. 211-212** : SweetBunFactory/stock.adobe.com ; **p. 227** : Tyler Olson/stock.adobe.com ; **p. 229** h : maho/stock.adobe.com ; **p. 229** b : Eyematrix/stock.adobe.com ; **p. 233** : helenedevun/stock.adobe.com ; **p. 242** : Stefan Gräf/stock.adobe.com ; **p. 261** : Seventyfour/stock.adobe.com : **p. 262** : NDABCREATIVITY/stock.adobe.com ; **p. 263** : Photographee.eu/stock.adobe.com

N° de projet : 10288636 - Dépôt légal : avril 2023
Imprimé en Italie par L.E.G.O. S.p. A., en mars 2023